dtv

»Unsere Weihnacht naht auf leisen Sohlen«, so beschreibt sie Iwan Schmeljow, »wenn du siehst, daß man gefrorene Schweine herankarrt, dann kommt Weihnachten.« Boris Pasternak erlebt sie ganz anders: Bethlehem liegt im tiefsten Winter. Anna Achmatowa erinnert an die großen Feuer, die in St. Petersburg auf den Vorplätzen der Theater angezündet wurden, damit die Kutscher nicht Stein und Bein froren. Gutsherrenweihnacht wiederum kann kaum sinnlicher erlebt werden als in den Schilderungen großer Revolutionäre, und wie es bei Tolstois wirklich zuging, verrät die Tochter. Russische Weihnacht läßt sich auch satirisch genießen; selbst die Magier aus dem Morgenland können zu »Wölfen« werden in diesem Buch, das in zwölf Kapiteln alle erdenklichen Winter- und Weihnachtsfreuden bereit hält.

Ulf Diederichs, geboren 1937 in Jena, stammt aus einer alten Verlegerfamilie. Neben vielen anderen Veröffentlichungen gab er bei dtv mehrere erfolgreiche Anthologien heraus: u.a. ›Schöne wilde Weihnacht‹ (dtv 2287), ›Ostern. Ein Spaziergang rund um die Welt‹ (dtv 12325), ›Allerlei Glück. Ein Fontane-Lebensbuch‹ (dtv 12538).

Wenn Väterchen Frost kommt

Weihnachtsfreuden
in Rußland

Mit 15 Bildern

Herausgegeben von
Ulf Diederichs

Deutscher Taschenbuch Verlag

Originalausgabe
Oktober 1999
Deutscher Taschenbuch Verlag GmbH & Co. KG,
München
© 1999 Deutscher Taschenbuch Verlag GmbH & Co. KG,
München
Umschlagkonzept: Balk & Brumshagen
Umschlagbild: Jindra Čapek
Satz: Fotosatz Reinhard Amann, Aichstetten
Gesetzt aus der Bembo 10/12˙ (QuarkXPress)
Druck und Bindung: C. H. Beck'sche Buchdruckerei,
Nördlingen
Gedruckt auf säurefreiem, chlorfrei gebleichtem Papier
Printed in Germany · ISBN 3-423-12699-X

INHALT

I

BALD HABEN WIR WEIHNACHTEN

Anna Achmatowa

PETERSBURG IM JAHRE 1913

Die Rauhnächte waren von Feuern erwärmt,
Es rollten die Kutschen dicht über die Brücken.
Die in Trauer gekleidete Stadt
Schwamm mit unbekannter Bestimmung
Die Newá hinab oder gegen den Strom, –
Nur fort von den Gräbern.
Es dunkelte der Galernaja Bogen,
Im Sommergarten die Wetterfahne
Sang im Falsett, und der silberne Mond
Fror hell überm Silber der Zeit.

Wladimir Korolenko

AUF DEN TEICHEN VON ROWNO

Im Herbst, wenn die Teiche sich mit einer dünnen Eiskruste
zu überziehen begannen, verfolgten wir Buben mit größter
Ungeduld ihre fortschreitende Vereisung. Bis heute noch
habe ich den hellen klirrenden Ton vom Fall der Prüfsteine
im Ohr, die wir vom Ufer auf das dünne Eis zu werfen pfleg-
ten, um seine Dicke festzustellen. Das Eis wird nach und nach
fester, schon können darauf die Schwäne aufrecht stehen, die
man bald in ihren Häuschen einwintern wird. Dann schnal-
len wir beide, mein Bruder und ich, als die Ersten unsere
Schlittschuhe an und versuchen auf die Gefahr hin, ins Wasser
zu stürzen oder in den Karzer zu wandern, einen Eislauf.

Etwa eine Woche nach unseren Probefahrten läßt sich gewöhnlich feierlich der riesenhafte Stepan Jakowlewitsch vom Ufer aufs Eis herab, der Pförtner Sawelij versucht das Eis mit Brechstangen und endlich, endlich wird das Schlittschuhlaufen offiziell gestattet.

An jedem Nachmittag kreisen denn auch und gleiten auf dem Teich Hunderte munterer Knaben und Knäblein, laufen zusammen, trennen sich, purzeln, tummeln sich unter geschäftigem Lärm und Lachen. Zwischen dem Kroppzeug bewegen sich auf Schlittschuhen mit schwerfälliger Grazie, wie Hechte unter kleinen Fischlein, die Herren Professoren.

Da schiebt der überlebensgroße Petrow wie der schiefe Turm von Pisa, da ist sogar unser zylindrischer Franzose, Monsieur Lumpi, der zwar ohne Schlittschuhe, aber mit feuerrotem Gesicht herumtrippelt und erzählt, wie sie in der Pestalozzischule Schlittschuh liefen. Der deutsche Professor Gluck konnte es lange nicht lernen, auch nur auf den Schlittschuhen zu stehen, und hatte sich eigens welche mit Doppelschienen bestellt. Zum Stehen sind solche Schlittschuhe sehr bequem, zum Wenden aber beim Lauf sehr beschwerlich. Der kräftige Wind ergreift nun die schmächtige Gestalt des Deutschen in seinem dicken Pelz und treibt sie auf der spiegelglatten Fläche direkten Wegs zum Flüßchen hin. Wir rufen ihm warnend zu, dort sei's gefährlich. Herr Gluck fuchtelt mit den Armen, sein Pelzmantel öffnet und bläht sich wie ein Segel. Im nächsten Augenblick ist der Unselige schon auf dem verräterischen dunklen Fleck, das Eis kracht unter ihm, und der hilflose Pädagoge plumpst richtig ins Wasser, zum Glück an einer seichten Stelle. Die Knirpse binden rasch ihre Tuchkapuzen zu einer Art Rettungsseil zusammen, stellen sich in einer Reihe auf, der leichteste gleitet zur Unfallstelle und wirft dem Verunglückten das Ende des improvisierten Seils hin. Dann schleppt die ganze lose Bande unter Kommandorufen, Gesang und lautem Hallo den nassen Erzieher auf eine trockene Stelle ...

An besonders schönen Wintertagen erscheinen auch Bürger und Bürgerinnen des Städtchens auf der Eisbahn. Zuweilen kommt, von ihrer Schwester und Mutter begleitet, auch sie, das Idol so manches jugendlichen Herzens, das bei ihrem Anblick unter dem grauen Uniformrock stürmisch zu schlagen beginnt – so ach, nicht minder dasjenige meines armen Zeitgenossen... Man schiebt ihr um die Wette einen Sessel hin... Der Glücklichste reißt den Sessel aus dem Haufen der Nebenbuhler an sich... Dann folgt ein sausender Lauf, das Klingen der Stahlschienen auf dem Eis, ein schneidender Wind, gemischt mit einem leisen Duft des Parfüms, und dicht vorn ein Köpfchen, das sich vor Kälte und Angst in den Muff drückt... Der enorme Teich kommt einem in diesen Augenblicken so klein und eng vor – kaum war man losgesaust, als auch schon, leider, das Ufer da ist...

Nun dunkelt es. Zwei Pförtner, der Pedell und der Inspektor, marschieren um den Teich herum und treiben die Saumseligen nach Hause. Die Eisbahn leert sich... Hinter dem dichten Schilf steigt das silberne Gesicht des Mondes auf und streift mit seinem kalten Licht die Silhouette der Schloßruine. Die weiße Eistafel funkelt, hie und da kracht sie leicht und ächzt. Auf ihr kreisen unverdrossen und unbekümmert weiter fünf bis sechs dunkle Schülergestalten. Am Ufer erscheint auf der Treppe des Hauses, worin der Inspektor wohnt, dicht neben dem Gymnasium, ein großer schwarzer Schatten: Stepan Jakowlewitsch ist es, der nach den verbrecherischen Eisläufern Ausguck hält. Aus dem Gymnasialgebäude steigen mehrere dunkle Silhouetten herunter, das will sagen: es gibt heute eine Treibjagd! Der »hinkende Bote« schleicht vielleicht schon von der anderen Seite, von der Insel heran. Doch das Mondlicht täuscht oft, es ist unmöglich von weitem zu erkennen, wer die Eisläufer sind. Wir lassen den Verfolgern Zeit, nahe an uns heranzukommen, uns fast einzukreisen. Dann laufen wir rasch zu den gefährlichen Stellen hin... Das

Eis klingt immer heller, unter den Schlittschuhen klirrt die dünne schwankende Kruste, ganz nahe schimmern schon schwarz die nicht zugefrorenen Wasserlachen ... Unter lautem Kreischen der Stahlschienen setzen die Läufer nun, einer nach dem anderen, über das gefährliche Terrain auf den anderen Teich hinüber ... Die Verfolger bleiben stehen, halten Rat und treten in den meisten Fällen den Rückzug an. Wie Schatten zerrinnen sie in dem frostigen Nebel. Und wieder hört man nur das helle Zischen der Stahlschienen auf dem Eise, und die schweigsamen Gestalten kreisen unermüdlich im Mondlicht weiter.

Iwan Schmeljow

DIE VORFASTEN

Übermorgen beginnen die vierzigtägigen Weihnachtsfasten: sie werden auch »Philippsfasten« genannt – nach dem Apostel Philippos, welcher am 14. November seinen Namenstag hat, dem letzten Tag vor den Fasten, an dem man noch Fleisch essen darf; dann kommt Mariä Opferung und dann der Nikolajtag* und dann ... Nein, es hat noch lange bis Weihnachten.

Der letzte Tag vor den Weihnachtsfasten wird wie ein richtiger Feiertag begangen: denn man muß die Seele vor Beginn der Fastenzeit erheitern, wie diejenigen erklären, welche von geistlichen Dingen nichts verstehen. Aber Gorkin und ich verstehen schon etwas davon. Um die Seele zu erheitern; aber die Seele freut sich doch über die Fasten! – nein, am letzten

---

* 21. November alten Stils (d. h. nach dem Julianischen Kalender).

14

Tag wird gründlich gezecht, um den Mammon – den Teufel – zu erfreuen.

»Aber was ist denn das, der Mam-mon? Ist es was Sündiges? Was ist der Mam-mon?« – »Das da ist er, der Mammon«, Gorkin deutet lachend auf meinen Bauch. »Der sündige Unterleib. Aber die Seele freut sich über die Fasten. Nun, Weihnachten kommt heran, und da wird auch die Seele in voller Reinheit erstrahlen, und dann muß man auch mit dem Mammon Nachsicht üben: freue auch du dich, Mammon!«

Das arbeitende Volk erhält ein reichliches Festessen, denn die Arbeit im Winter ist gar schwer: es gibt fette Kohlsuppe mit Pökelfleisch, fetten Rindermagen mit Grütze, Milchnudeln. Gorkin ißt zum letztenmal Zander – denn in der Fastenzeit wird kein Fisch gegessen –, gerösteten Zander-Rogen und als Nachtisch einen süßen Eierkuchen und Milchsuppe mit Nudeln: denn Milchsuppe mit Nudeln ist der Auftakt zur Fastenzeit.

Der letzte Tag vor den Fasten, die Vorfasten, wird bei uns festlich begangen. Man lädt den Geistlichen von der Kasanschen Kirche ein samt dem Protodiakon – damit sie die Philippsfasten segnen mögen. Es gibt zwar kein solches Kirchengesetz, aber es ist angenehm für die Seele und erleichtert ihr die Fastenzeit, am letzten Tag mit geistlichen Personen zusammen zu speisen. Es gab einen reichgedeckten Tisch mit Mineralwasser der Firma Lanin und leichtem Wein von den Moskauer Firmen Depré und Levé. Der Protodiakon mag keinen »Depré-Wein«; denn wenn man diese Yquême- und Madeira-Weine trinkt, »verliert man seine Stimme«: deshalb setzt man ihm Schnaps von der »Witwe Popow«* vor. Man nimmt den Imbiß ein – zu Beginn eines umfassenden Vorfastens: Äsche (Schnäpel), Kaviar, heiße, kleine Piroggen mit

* Berühmte Schnapsfabrik in Moskau.

15

Lachs und Eiern. Danach kommt das eigentliche Festessen: ein reiches Menu. Suppe mit Gänseklein und Piroggen mit Leberfülle. Der Pope bekommt eine Gänsepfote, der Protodiakon ebenfalls. Ich kriege nie Gänseklein, weil eine Gans nur zwei Pfoten hat. Heute aber wäre ich mal dran, statt dessen aber kriege ich nur den Hals! Neulich hat Kolja eine bekommen, letzten Sonntag die Manitschka – und ich muß jetzt bis Weihnachten warten! Mascha stellt mir die Suppe hin, darin schwimmt der Gänsehals mit der rauhen Haut; so widerlich sehen diese Bläschen aus! Der Pope ist sehr froh, daß er die Pfote erhalten hat, und sagt so sanft: »Es stimmt wirklich – ›Gänsepfoten sind zu loben‹.«

Der Protodiakon steckt eine ganze Gänsepfote in den Mund, zieht den Knochen heraus, schmatzt, wie wenn er den Mund ausspüle, und sagt: »In welchem Dreck ist sie herumgewatschelt – aber es schmeckt so-o süß!« Dann gibt es Stör in Gelee, hernach Gansbraten mit Kohl und eingemachten Äpfeln, »Paradiesäpfeln«, und allerlei eingemachten Früchten: Preißelbeerkompott, Kirschen, Johannisbeeren, Pfeffergürklein, die so scharf sind, daß es einen kalt überläuft. Dann – Apfelkuchen aus Blätterteig, Pflaumentorte, Speiseeis und Schokolade mit Biskuiten. Der Protodiakon möchte noch mehr Gans essen und sagt: »Ach, diese Törtchen da! das ist ja nur eine luftige Leere!«

Der Geistliche erklärt aufseufzend, er käme nie dazu, richtig zu fasten, weil es bald Taufen bald Namenstage gäbe, wo man mitmachen müsse: heute sei der Namenstag Philipp, und was für Namen folgen dann! Alexander am Tag Alekssandr Njewskijs, die Großmärtyrerin Jekaterina. – »Wie viele Katerinen haben wir in unserer Gemeinde, bedenken Sie nur! – die Großmärtyrerin Warwara, der heilige Nikolaj, der Mann Gottes! ... lauter Namenstage während der Philippsfasten – und dann noch so viele Leichenschmäuse ... morgen wird der alte Loschtschenow beerdigt – es sind gastfreie, biedere

Leute, sie rüsten ein Gedächtnismahl mit einem Konditor, wie es sich gehört ...«

Der Protodiakon ruft aufseufzend: »O die-se Sün-den! ... Unser Amt ist reich an Verführung durch Bauchdienerei ...« Von der Torte und dem Eis tun ihm die Zähne weh – zur Beruhigung setzt man ihm eine süße Pirogge vor. Nach dem Essen hängt man ihm ein Spankörbchen für seine Kinder um. »Sein neuntes Kind fängt eben zu laufen an!« er ist zufrieden, legt seine Tatze auf seinen feisten Bauch und seufzt: »Und die Reste vom Mahl überließen sie den Kindern.« Der Pope lobt die Torte und bittet um das Rezept – denn er möchte Hochwürden einmal damit bewirten.

S. T. Aksakow

MUTTERS MANDELGEBÄCK

Zuweilen kamen die Gäste zum Essen, und mein Gott, welche Mühe gab sich dann meine Mutter mit dem Koch Makej, der seine Sache sehr schlecht verstand. Das Mandelgebäck machte sie immer eigenhändig, und den Vorbereitungen zuzuschauen, gehörte zu meinem Lieblingsvergnügen. Ich beobachtete aufmerksam, wie Mutter die Mandeln abbrühte, wie sie die gequollenen Häute abzog, wie sie die reinsten und weißesten Mandeln aussuchte, wie sie zerstampft wurden, wie das Gebäck aus dem Mandelteig zubereitet wurde, indem Mutter den Teig mit dem Messer zerschnitt, die Stücke in mit Zucker geschlagenem Eiweiß wälzte, knetete und zu hübschen Figuren formte, zu Kränzen oder Kronen oder Blumen oder Sternen. Dann wurde alles auf ein mit Mehl bestreutes Eisenblech gelegt und in den Küchenherd geschoben; von dort wurde das Gebäck kurz vor dem Essen ganz frisch und knusprig gebacken herausgezogen. Mutter, festlich gekleidet, eilte auf einen Wink von mir aus dem Besucherzimmer, band sich eine lange weiße Schürze um, löste vorsichtig mit dem Messer das herrliche Gebäck vom Blech, besprengte jede Figur mit Himbeersaft, legte alles hübsch nebeneinander auf eine große Schale und kehrte zu ihren Gästen zurück.

Bei Tisch wartete ich immer ungeduldig auf das Mandelgebäck, nicht nur, um mich daran zu delektieren, sondern mehr noch, um mich zu freuen, wie die Gäste das schöne Gebäck lobten, nach einer zweiten Figur griffen und sagten, daß es bei niemandem so gutes Mandelgebäck gebe wie bei Sofja Nikolajevna. Ich triumphierte und konnte nicht ruhig auf meinem hohen Stühlchen sitzen, sondern mußte unbedingt dem Gast neben mir ins Ohr flüstern, daß dies alles Mama selbst zubereitet habe. Ich erinnere mich, daß es bei unseren Einladungen damals so lustig zuging wie später niemals wieder, solange wir in Ufa wohnten. Aber ich wußte auch damals schon, daß wir tagtäglich in Geldnot und ärmer waren und schlechter lebten als die anderen.

Anton Tschechow

Die Jungens

»Wolodja ist gekommen!« rief jemand auf dem Hof. »Woloditschka ist gekommen!« schrie Natalja, ins Eßzimmer hereinlaufend.

Die ganze Familie Koroljow, die ihren Wolodja von Stunde zu Stunde erwartete, stürzte zu den Fenstern. Vor der Haustür hielt ein breiter Schlitten, und vom weißen Dreigespann stieg dichter Nebel auf. Der Schlitten war leer, weil Wolodja schon im Flur stand und mit seinen roten, erfrorenen Fingern den Baschlyk aufband. Sein Gymnasiastenmantel, die Mütze, die Galoschen und die Haare auf seinen Schläfen waren mit Reif bedeckt, und er selbst duftete vom Kopf bis zu den Füßen so appetitlich nach Kälte, daß man, wenn man ihn ansah, den Wunsch hatte, einmal durchzufrieren und »brr!« zu rufen. Die Mutter und die Tante fielen über ihn her und fingen an, ihn zu küssen. Natalja kniete vor ihm nieder und zog ihm die Filzstiefel von den Füßen, die Schwestern kreischten, die Türen knarrten und klopften, und Wolodjas Vater lief in Hemdsärmeln, eine Schere in der Hand, in den Flur und rief erschrocken: »Wir hatten dich aber schon gestern erwartet! Bist du gut angekommen? Wohlbehalten? Du lieber Gott, laßt ihn doch den Vater begrüßen! Oder bin ich nicht sein Vater?«

»Wau! Wau!« brüllte im Baß Mylord, ein riesengroßer schwarzer Hund, mit dem Schwanz an die Wände und Möbel klopfend.

Alles vermischte sich zu einem einzigen freudigen Laut, der an die zwei Minuten anhielt. Als der erste Freudenausbruch vorbei war, merkten die Koroljows, daß sich im Flur außer Wolodja noch ein anderer in Tücher, Schals und Baschlyks (Wollkapuzen) eingewickelter, mit Reif bedeckter kleiner Mann befand. Er stand unbeweglich in einer Ecke, im Schatten, den ein großer Fuchspelz warf.

»Woloditschka, wer ist denn das?« fragte die Mutter im Flüsterton. »Ach!« erinnerte sich plötzlich Wolodja. »Ich habe die Ehre vorzustellen, es ist mein Freund Tschetschewizyn, Schüler der zweiten Klasse ... Ich habe ihn als Gast mitgebracht.« – »Sehr angenehm, ich heiße Sie willkommen!« sagte der Vater erfreut. »Entschuldigen Sie, ich bin nicht angezogen, ohne Rock. Treten Sie doch näher! Natalja, hilf dem Herrn Tschetschewizyn aus dem Mantel! Mein Gott, jagt doch diesen Hund hinaus! Es ist eine Strafe Gottes.«

Eine Weile später saßen Wolodja und sein Freund Tschetschewizyn, durch den stürmischen Empfang betäubt und
noch immer rosig vor Kälte, am Tisch und tranken Tee. Die
Wintersonne schien durch den Schnee und die Eisblumen an
den Fenstern herein, zitterte auf dem Samowar und badete
ihre reinen Strahlen im Spülnapf. Im Zimmer war es warm,
und die Jungen fühlten, wie in ihren durchfrorenen Körpern,
ohne einander nachzugeben, sich kitzelnd die Wärme und
die Kälte regten.

»Nun, bald haben wir Weihnachten!« sagte in singendem
Tonfall der Vater, sich aus dunkelgelbem Tabak eine Zigarette
drehend. »Und ist es lange her, daß wir Sommer hatten und
die Mutter beim Abschied von dir weinte? Und jetzt bist du
wieder da . . . Schnell vergeht die Zeit, mein Bester. Eh' du
dich versiehst, ist schon das Alter da. Herr Tschibissow, grei-
fen Sie doch bitte zu, seien Sie ganz ungeniert! Bei uns geht es
einfach zu.«

Die drei Schwestern Wolodjas, Katja, Ssonja und Mascha –
die älteste von ihnen war erst elf – saßen am Tisch und blickten unverwandt den neuen Bekannten an. Tschetschewizyn
war ebenso alt und groß wie Wolodja, doch weniger voll und
weiß; er war sehr schmächtig und hatte ein dunkles, sommer-
sprossenbedecktes Gesicht. Seine Haare waren struppig, die
Augen enggeschlitzt, die Lippen dick; er war überhaupt nicht
schön, und wenn er nicht die Gymnasiastenuniform anhätte,
könnte man ihn für den Sohn einer Köchin halten. Er blickte
finster drein, schwieg die ganze Zeit und lächelte kein einziges Mal. Die Mädchen sagten sich gleich auf den ersten Blick,
daß er ein sehr kluger und gelehrter Mann sein müsse. Er
dachte die ganze Zeit über etwas nach und war so in seine
Gedanken vertieft, daß er, wenn man an ihn irgendeine Frage
richtete, zusammenfuhr, den Kopf schüttelte und um Wiederholung der Frage ersuchte.

Die Mädchen merkten, daß auch Wolodja, der sonst immer so lustig und gesprächig gewesen war, diesmal sehr wenig sprach, gar nicht lächelte und gar nicht froh darüber zu sein schien, daß er nach Hause zurückgekehrt war. Während des Teetrinkens wandte er sich an die Schwestern nur ein einziges Mal, und zwar mit sehr seltsamen Worten. Er zeigte mit dem Finger auf den Samowar und sagte: »In Kalifornien trinkt man aber statt Tee – Gin.«

Auch er schien mit irgendwelchen Gedanken beschäftigt, und nach den Blicken, die er zuweilen mit seinem Freund Tschetschewizyn wechselte, zu schließen, hatten beide Jungen die gleichen Gedanken.

Nach dem Tee gingen alle ins Kinderzimmer. Der Vater und die Mädchen setzten sich an den Tisch und machten sich wieder an die Arbeit, die durch die Ankunft der Jungen unterbrochen worden war. Sie fertigten aus Buntpapier Blumen und Fransen für den Weihnachtsbaum an. Die Arbeit war interessant, und es ging dabei recht laut zu. Die Mädchen begrüßten jede neu angefertigte Blume mit begeisterten Schreien, selbst mit Rufen des Entsetzens, als wäre die Blume vom Himmel gefallen; auch der Herr Papa geriet oft in Begeisterung und warf mitunter seine Schere zu Boden aus Ärger, daß sie stumpf sei. Die Mama stürzte ab und zu mit besorgtem Gesicht ins Kinderzimmer und fragte: »Wer hat meine Schere genommen? Iwan Nikolajitsch, hast du wieder meine Schere genommen?« – »Du lieber Gott, selbst die Schere gönnt man einem nicht!« antwortete Iwan Nikolajitsch mit weinerlicher Stimme. Er warf sich in die Stuhllehne zurück und nahm die Pose eines schwer gekränkten Menschen an; aber nach einer Minute war er schon wieder in heller Begeisterung.

Bei seinen früheren Besuchen pflegte sich Wolodja an allen diesen Vorbereitungen zu beteiligen oder in den Hof zu laufen, um zuzusehen, wie der Kutscher und der Hirt den Schneeberg zum Rodeln machten; jetzt aber schenkte er, ebenso wie Tschetschewizyn dem Buntpapier nicht die geringste Beachtung; sie gingen sogar kein einziges Mal in den Pferdestall, sondern setzten sich gleich ans Fenster und begannen zu tuscheln. Dann schlugen sie einen Geographieatlas auf und vertieften sich in die Betrachtung einer Karte.

»Zuerst nach Perm . . .« sagte leise Tschetschewizyn: »Von dort nach Tjumen . . . dann nach Tomsk . . . dann . . . dann . . . nach Kamtschatka . . . Von dort bringen uns die Samojeden mit Booten über die Beringstraße . . . Und dann sind wir gleich in Amerika. Dort gibt es viel Pelztiere.« – »Und Kalifornien?« fragte Wolodja. »Kalifornien ist weiter unten . . . Wenn wir einmal in Amerika sind, so ist's auch nach Kalifornien nicht mehr weit. Und den Unterhalt erwerben wir uns durch Jagd und Raub.«

Tschetschewizyn ging den Mädchen den ganzen Tag aus dem Weg und blickte sie unfreundlich an. Nach dem Abendtee blieb er aber zufällig an die fünf Minuten mit ihnen allein. Da er sich schämte, noch länger zu schweigen, hüstelte er streng, rieb sich mit der rechten Hand den linken Arm, blickte Katja finster an und fragte: »Haben Sie den Main-Reed gelesen?« – »Nein . . . Hören Sie, können Sie Schlittschuh laufen?«

Tschetschewizyn war aber schon wieder in seine Gedanken vertieft und gab keine Antwort. Er blähte nur die Backen auf und gab einen solchen Laut von sich, als ob es sehr heiß hätte. Er blickte Katja noch einmal an und sagte: »Wenn die Büffelherde durch die Pampas rennt, so zittert die Erde, und die erschrockenen Mustangs schlagen aus und wiehern.«

Tschetschewizyn lächelte wehmütig und fügte hinzu: »Und die Indianer überfallen die Züge. Am schlimmsten sind aber die Moskitos und die Termiten.« – »Was ist denn das?« – »Eine Art Ameisen, doch mit Flügeln. Die beißen furchtbar. Wissen Sie, wer ich bin?« – »Herr Tschetschewizyn.« – »Nein. Montigomo, die Habichtkralle, der Häuptling der Unbesiegbaren«

Mascha, die Jüngste, sah ihn ernst an, blickte dann auf das Fenster, hinter dem es schon dunkelte, und sagte nachdenklich: »Und wir haben gestern Linsen (russ. Tschetschewiza), gehabt.«

Die absolut unverständlichen Worte Tschetschewizyns, und daß er immer mit Wolodja tuschelte, und daß Wolodja nicht mehr spielte, sondern über etwas nachdachte – all das war rätselhaft und seltsam. Die beiden älteren Mädchen, Katja und Ssonja fingen nun an, die Jungens aufmerksam zu beobachten. Wenn die Jungens abends zu Bett gingen, schlichen die beiden Mädchen zur Tür und horchten. Ach, was sie da hören mußten! Die Jungens wollten irgendwohin nach Amerika, um Gold zu graben, und hatten schon alles für die Reise fertig: eine Pistole, zwei Messer, Zwieback, ein Vergrößerungsglas, um Feuer zu machen, einen Kompaß und vier Rubel bar. Sie erfuhren, daß die Jungens einige tausend Werst zu Fuß zu gehen hatten; unterwegs mußten sie mit Tigern und mit Wilden kämpfen, dann Gold graben, Elfenbein erbeuten, Feinde töten, Seeräuber sein, Gin trinken und schließlich schöne Frauen heiraten und Pflanzungen bearbeiten. Wolodja und Tschetschewizyn unterbrachen einander immer vor lauter Begeisterung. Tschetschewizyn nannte sich dabei »Montigomo, die Habichtsklaue« und seinen Freund Wolodja – »Bruder Blaßgesicht«.

»Paß auf, erzähl' nichts der Mama«, sagte Katja zu Ssonja vor dem Zubettgehen. »Wolodja bringt uns aus Amerika Gold und Elfenbein mit; wenn du es aber der Mama sagst, läßt man ihn nicht gehen.«

Einen Tag vor dem Christabend studierte Tschetschewizyn den ganzen Tag die Karte von Asien und schrieb sich etwas auf; Wolodja aber ging matt und mit aufgeschwollenem Gesicht, wie von einer Biene gestochen, von Zimmer zu Zimmer, blickte finster drein und wollte nichts essen. Einmal blieb er im Kinderzimmer vor dem Heiligenbild stehen, bekreuzigte sich und sagte: »Herr, vergib mir die Sünde! Herr, beschütze meine arme, unglückliche Mama!«

Gegen Abend fing er zu weinen an. Vor dem Schlafengehen umarmte er den Vater, die Mutter und die Schwestern ungewöhnlich lange. Katja und Ssonja wußten gut, warum er so war, aber die Jüngste, Mascha, verstand gar nichts, absolut nichts; nur als sie den Tschetschewizyn ansah, wurde sie nachdenklich und sagte aufseufzend: »An Fasttagen, sagt die Kinderfrau, muß man Erbsen und Linsen essen.«

Am nächsten Morgen standen Katja und Ssonja früh auf und schlichen leise zur Tür, um zu sehen, wie die Jungens nach Amerika durchbrennen.

»Du fährst also nicht mit?« fragte Tschetschewizyn böse: »Sag: du fährst nicht mit?« – »Mein Gott!« wimmerte Wolodja leise. »Wie soll ich fahren? Die Mama tut mir leid.« – »Bruder Blaßgesicht, ich bitte dich, komm mit! Du hast doch selbst beteuert, daß du hingehst, hast mich überredet, und jetzt, wo man aufbrechen muß, hast du plötzlich Angst bekommen.« – »Ich . . . ich hab' keine Angst . . . mir tut nur die Mama leid.« – »Sag: kommst du mit oder nicht?« – »Ja, ich komm schon mit . . . aber nicht gleich. Ich will noch ein wenig zu Hause bleiben.« – »In diesem Fall fahre ich allein!« sagte Tschetschewizyn entschieden. »Werde auch ohne dich auskommen. Und du wolltest noch Tiger jagen und kämpfen! Gib mir meine Zündblättchen zurück!«

Wolodja weinte so laut, daß seine Schwestern sich nicht länger beherrschen konnten und gleichfalls in Tränen ausbrachen. Dann wurde alles still.

»Du kommst also nicht mit?« fragte Tschetschewizyn wieder. – »Ich . . . ich komme mit.« – »Dann zieh dich an!«

Um Wolodja endgültig zu überreden, lobte Tschetschewizyn Amerika, brüllte wie ein Tiger, mimte ein Dampfschiff, fluchte und versprach Wolodja das ganze Elfenbein und alle Tiger- und Löwenfelle.

Dieser schmächtige Junge mit dem dunklen Gesicht, mit den struppigen Haaren und Sommersprossen erschien den Mädchen als ein ungewöhnlicher, hervorragender Mensch. Er war ein Held, ein entschlossener, furchtloser Mann und verstand so zu brüllen, daß man, hinter der Tür stehend, wirklich glauben konnte, es sei ein Löwe oder ein Tiger.

Als die Mädchen wieder in ihrem Zimmer waren und sich ankleideten, sagte Katja mit Tränen in den Augen: »Ach, ich habe solche Angst!«

Bis zwei Uhr, als man sich zu Tisch setzte, war alles ruhig, doch da zeigte es sich, daß die Jungens verschwunden waren. Man schickte ins Dienstbotenzimmer, nach dem Pferdestall, zum Gutsverwalter – sie waren nirgends zu finden. Man schickte aufs Dorf – auch dort waren sie nicht. Auch den Tee trank man ohne sie, und als man sich zum Abendessen setzte, war die Mama sehr unruhig und weinte. Nachts suchte man wieder im Dorf und ging mit Laternen zum Fluß. Mein Gott, das war eine Unruhe!

Am andern Tag kam der Polizeiwachtmeister gefahren, und im Eßzimmer wurde irgendein Papier aufgesetzt. Die Mama weinte.

Da hielt aber schon vor der Haustür ein breiter Schlitten, und vom weißen Dreigespann stieg dichter Nebel auf. »Wolodja ist gekommen!« rief jemand auf dem Hof. »Woloditschka ist gekommen!« schrie Natalja, ins Eßzimmer stürzend.

Auch Mylord brüllte »Wau! wau!« Es stellte sich heraus, daß man die Jungens in der Stadt im Kaufhaus angehalten hatte (sie gingen von Laden zu Laden und fragten überall, wo man Schießpulver kaufen könne). Als Wolodja in den Flur trat, fiel er der Mutter um den Hals und brach in Tränen aus. Die Mädchen zitterten und dachten mit Schrecken, was jetzt wohl kommen würde. Sie hörten, wie der Papa sich mit Wolodja und Tschetschewizyn auf sein Zimmer zurückzog und mit ihnen lange sprach; auch die Mama redete und weinte.

»Darf man denn das?« ermahnte der Papa. »Wenn man es, Gott behüte, im Gymnasium erfährt, religiert man euch beide. Sie sollten sich schämen, Herr Tschetschewizyn! Es ist nicht schön! Sie sind der Rädelsführer, und ich hoffe, daß Ihre Eltern Sie bestrafen werden. Darf man denn das? Wo habt ihr übernachtet?« – »Auf dem Bahnhof!« erwiderte Tschetschewizyn stolz.

Wolodja mußte liegen und bekam Essigkompressen um den Kopf. Man telegraphierte irgendwohin, und am nächsten Tag erschien eine Dame, die Mutter Tschetschewizyns, und holte ihren Sohn ab. Tschetschewizyn zeigte vor der Abreise eine strenge, hochmütige Miene und sagte beim Abschied zu den Mädchen kein Wort; er ließ sich nur von Katja ihr Heft geben und schrieb ihr zum Andenken hinein: »Montigomo die Habichtskralle.«

Iwan A. Gontscharow

Das Weihnachtsfest

Die Feiertage stehen vor der Tür. Die Zeitungen müssen ihre Leser natürlich darauf hinweisen, obgleich diese das selbst ganz gut wissen, die einen das Fest kaum erwarten können, während die anderen denken: ›Ach, wenn es doch bloß ausfiele!‹

Überhaupt nicht daran zu erinnern geht nun wirklich nicht; es muß einfach sein! So hielten's unsere Väter und Großväter, die ›Nördliche Biene‹, der ›Sohn des Vaterlandes‹ und der ›Wohlwollende‹ – und so werden es auch ihre Kinder halten: die nachfolgenden ›Bienen‹, die ›Enkel des Vaterlandes‹ und die ›Mißgünstigen‹.

Überhaupt gibt es von dem, was ›einfach sein muß‹, mehr auf dieser Welt, als die Menschen und die Zeitungen meinen, ja als sie eigentlich wünschen!

So ist es denn auch mit diesem Fest – wie ›brauchen‹ wir es und was bringt es nicht alles mit sich! Es hat, wie jedes Ding, zwei Seiten. Auf der einen Seite – wieviel Angenehmes, Frohes, Gutes und . . . wieviel Notwendiges erst!

Schon lange vor dem eigentlichen Fest – jetzt um diese Zeit etwa –, wie überschlagen sich förmlich alle, welch ein Durcheinander setzt ein, nachgerade, wie der Dichter es ausdrückt, ein ›Mäusehuschen‹.

Die Menschenmenge auf den Straßen ist doppelt so groß geworden; aus der Provinz sind Besucher angekommen, die hier ansässigen Stubenhocker verlassen ebenfalls öfter ihr warmes Plätzchen, um geschäftig herumzulaufen, zum Fest ihre kleinen Besorgungen zu erledigen, Bestellungen aufzugeben und Einkäufe zu tätigen – also all das zu tun, was ›sein muß‹!

In den Läden und auf den Märkten herrscht gleichfalls äußerste Geschäftigkeit. In den Schaufenstern und Regalen sieht man massenweise ganze Berge von Neuheiten, Spielzeug und all der übrigen ›notwendigen‹ Dinge. Auch alter, unverkäuflicher Kram prangt hier. Schlitten bringen Hammel und Schweine auf die Märkte – man lädt zu Tisch!

Schmale Theaterprogramme verwandeln sich in dickleibige Hefte, Zeitungen in Broschüren – gefüllt mit Annoncen für die ›notwendigen‹ Dinge und Waren.

Jeder hat nur noch das festtäglich bunte Kaleidoskop im Sinn – die Besuche, Schmäuse, Diners, Tanzabende, Theatervorstellungen, das üppige Essen und Trinken, den Putz – und die Jugend denkt ans Flirten, dieses von keinerlei Fortschritt auszumerzende, ›allernotwendigste‹ Spiel der Liebe, das dem eigentlichen Ziel vorausgeht und ihr ständiger Begleiter ist.

Für die Alten gibt es die Diners und die Spielkarten – jetzt sogar ohne daß sie Sitzungen, Ausschüsse und Komitees vorschieben müssen.

Frohsinn, nichts als Frohsinn! Was ist allein der Weihnachtsbaum wert! Er ist das ›Allernotwendigste‹! Der Stadtwald und die Wälder der Umgebung stöhnen und zittern schon unter den Äxten!

Bei der fröhlichen Feier am Heiligen Abend oder an den Weihnachtstagen nicht dabeizusein ist so, als müßte man bei einem Hochzeitsmahl auf das Glas Sekt verzichten!

Wer von den Erwachsenen hat nicht schon den Augenblick genossen, wenn die Kinderschar durch die lang verschlossene Tür zum hell erstrahlenden und mit Früchten überladenen Baum drängt? Wer ihre Freude nicht mitempfunden hat, ist wohl auch unfähig, sich über irgend etwas anderes richtig zu freuen.

Wie strahlen diese erstaunten, glücklichen Augen! Wie die Wangen gerötet sind, wie absolut, ungetrübt und unerschütterlich ist dieses Glück!

Erwachsene haben nie solche Gesichter. Auch wenn man eine ganze Schar von ihnen zusammenriefe und sie plötzlich erfreuen würde – es käme nur dummes Zeug, am Ende gar etwas Häßliches dabei heraus.

Dumme und widerwärtige, das heißt häßliche Kinder gibt es nicht. Es gibt zwar kranke Kinder, doch die sind bedauernswert und nicht häßlich.

Alle Kinder sind schön – wie die Kindheit selbst das Alter der bedingungslosen Schönheit ist. Was für Faxen ein Kind auch macht, was für Grimassen es auch schneidet – immer sieht es lieb und hübsch aus. Diese bedingungslose Schönheit der Kindheit hat ihr Ende, wenn die ersten Anzeichen von Bewußtsein, und damit wohl auch der Verderbtheit, einsetzen.

Wir haben also Kinder im Alter von fünf, sechs, sieben Jahren im Sinn. Nicht umsonst sagt der Volksmund, daß ein

Kind bis zu sieben Jahren ein Engel, von sieben bis zehn Jahren aber ein Bengel sei.

Und später – ein Holzklotz!

Letzteres übrigens sagt nicht der Volksmund, sondern irgendein Herr Sobakewitsch. Wir indes meinen, daß man sehr wohl auch zwischen zehn und sechzehn Jahren ein gesitteter und guterzogener, kurz, ein anständiger Junge sein kann.

Und darum ist es für die Erwachsenen nicht nur eine Pflicht, sondern auch ein Vergnügen, den Kindern eine Freude zu bereiten und sie mit ihnen zu teilen. Das ist die ›allernotwendigste‹ Sache!

Es lebe denn das Weihnachtsfest!

Um so mehr, als sich inzwischen auch die Erwachsenen aus begreiflichen Gründen mit ihm angefreundet haben! ›Was wird mir wohl mein Bräutigam, mein Cousin oder ›er‹ schenken?‹ denkt sie.

›Womit wird mich bloß mein Mann überraschen?‹ sinnt die Gattin (der Gatte denkt an etwas anderes – davon weiter unten, auf der Kehrseite der Medaille sozusagen). Die Neffen erhoffen etwas von ihren reichen Onkeln und Tanten, die armen Onkel und Tanten etwas von ihren reichen Verwandten usw. usf.

Und sie alle umringen unterm Weihnachtsbaum wie eine Wand die Kinderschar und spähen hinterm Rücken der Papas, Gouvernanten und Kinderfrauen nach dem, was für sie selbst gedacht ist ...

Und dann kommt Neujahr, die wirkliche, große, allernotwendigste Bescherung für die Erwachsenen: Beförderungen, Dekorierungen, Ernennungen, wiederum Geschenke von der Familie und von anderen Leuten! Es ist einfach ein Füllhorn, aus dem das Schicksal über die betrübte Menschheit das Glück ergießt – in Form diverser Auszeichnungen, fröhlicher Zusammenkünfte und Vergnügungen, kurz – alles ›Notwendigen‹!

Doch was ist die Kehrseite der Medaille?

›Das Fest steht vor der Tür‹ ächzt der Gatte und Vater. ›Dieses verfluchte Weihnachten!‹ Und von Anfang Dezember an überrechnet oder berechnet er in Gedanken, wieviel er vom Armband für seine Frau und den Ohrringen für seine Tochter wohl abzwacken, wie er seinem Sohn in die Brieftasche, die unter den Baum kommt, einiges weniger stecken könne und wo er die Spielsachen für die Kleinen etwas billiger erstehen könne.

Und seine Frau lädt zu Weihnachten noch dazu Bekannte ein – und die wiederum bringen Kinder mit, denen man ja auch was schenken muß!

Und die Gouvernanten und den Erzieher gibt es auch noch!

›Wie ich mich auch drehe und wende – unter anderthalbtausend komme ich nicht weg!‹ stöhnt er mit der gleichen heimlichen Bosheit, mit der er in das secret de polichinelle der weiblichen Familie, die ihm eine Überraschung bereitet, eindringt – es wird ein gesticktes Kissen sein oder ein Ofenschirm, und wenn nicht das, dann ein höchst elegantes Album mit einer Einlegearbeit aus Malachit oder Perlmutt, das die Porträts der ›herzlieben‹ Familienangehörigen enthält.

»Freu dich nur!« sagen sie. »Väterchen!«

›Das brauche ich wirklich sehr dringend – als ob ich all diese Visagen noch nie gesehen hätte! Dafür nun anderthalbtausend!‹ knirscht er im stillen mit den Zähnen und nimmt mit dürren Küssen sein Geschenk in Empfang. Und ohne seinen Sohn anzusehen, klopft er ihm für ein hübsches Zigarrenetui auf die Schulter – dies der Ausgleich für eine Brieftasche mit drei oder vier Hunderten!

Der Beamte ist bei seinen Berechnungen noch knausriger: Wieviel geht drauf für ein Kleid für seine Frau, wieviel für ein ausgenommenes Schwein oder die Weihnachtsgans, wieviel für Spielzeug für Mascha und Wasja – und wieviel für Gelee und Nüsse, für Feigen und all den anderen Baumbehang?!

Außerdem hat er der Kinderfrau ein Tuch und der Köchin ein Kleid versprochen!

Und diese Sucht nach einem Weihnachtsbaum - was ist das doch für eine Unsitte! Ihm fällt ein, daß in seinem Ministerium schon lange ein Briefwechsel mit zwei anderen Ministerien über Maßnahmen zur Erhaltung der Wälder geführt wird und daß auch der Heilige Synod auf die Verfügung, zu Himmelfahrt und Pfingsten keine Birken zu schlagen, positiv reagiert hat.

Die Tannen zu Weihnachten zu verbieten wäre gar nicht so schlecht. Denn die Weihnachtsbäume sind ein so sinnloser Waldverlust! Angenommen, in Petersburg gibt es zwanzigtausend Häuser; rechnen wir auf jedes Haus zwei Bäume – so sind das vierzigtausend Bäume! In den Häusern sind aber zehn, ja zwanzig Wohnungen – mein Gott! Wieviel zukünftige Häuser, Schiffe, Wagen, Schlitten, Geschirr und anderes wird so für nichts und wieder nichts vernichtet! Ihm geht durch den Kopf, was für ein plumper, deutscher, geistloser Einfall das doch ist – sich einen nassen, schmutzigen Baum aus dem Wald zu holen, Lichtstümpfe draufzustecken, Walnüsse an Fäden aufzuhängen und ringsherum Geschenke zu drapieren! Das hat doch etwas Unnatürliches, selbst den Kindern muß es häßlich vorkommen – den Erwachsenen aber müßte es einfach unerträglich sein! Blakende Kerzen, Hitze, Schmutz und – im Handumdrehen geht womöglich noch ein Vorhang in Flammen auf!

In Wirklichkeit können es die doch kaum erwarten, daß der Weihnachtsbaum endlich wieder hinausgetragen und die Spieltische aufgestellt werden.

Man müßte sich etwas Geistreicheres einfallen lassen: vielleicht eine Glücksgöttin in Gestalt der Fortuna selbst oder in anderer Gestalt, zum Beispiel in Form eines chinesischen

Schattenspiels, die den Kindern ihre Gaben bringt! Man sähe da ein ganz beschneites Alterchen, den Nordwind etwa, in einem Seemannsheim oder in einer Karawanserei, mit einem Papierbaum, über und über behängt mit den verschiedensten Dingen. Das wäre doch weit besser als eine Tanne!

Doch plötzlich fällt ihm ein, daß so ein Weihnachtsbaum ja nur drei Zwanzigkopekenstücke kostet – wie teuer hingegen würde so ein Alterchen sein!

›Trotzdem wird's durch einen Weihnachtsbaum nicht besser!‹ Aber da ist nichts zu machen, und so kommt er zu dem Schluß: ›Es muß halt sein!‹

Doch im Vergleich zu Neujahr ist Weihnachten – nichts!

Welch anderen Sinn hat an diesem Tag das Notwendige bekommen; so meint man, wenn man auf die Straße schaut. Was für Equipagen, Pferde und Kutscher – und erst was für Insassen jagen in Frostwolken gehüllt dahin!

Alle sind mit ihren Angelegenheiten beschäftigt, nervös klirrt das Gelächter – die Portiers schaffen es kaum, den jeweiligen Wagenschlag zu öffnen, die Lakaien springen wie besessen herzu, und noch besessener springen die Herren heraus, stürzen hinein durchs Portal und schon wieder heraus – weiter geht's!

Jedermann hastet in furchtbarer Eile hin und her; bloß die Hunde wissen nicht, wie sie sich verhalten sollen. Immer aufs neue losstürzen und bellen – das schaffen sie gar nicht. Und so ziehen sie die Schwänze ein und drücken sich vor dem wilden Durcheinander dicht an die Wand.

Da reitet ein Offizier auf einem rassigen Traber vorbei, da fährt ein General in einer Kutsche dahin, seinen Helm auf die Knie gepreßt, hier fährt ein solider Zivilbeamter in einem Zweispänner vorüber. Und dort, zwischen den rassigen Trabern der Offiziere und den schweren Pferden der Generalskutsche, hoppelt auf einem scheckigen Droschkenpferdchen ein kleiner Gymnasiast dahin, dem seine fürsorgliche Mutter

Ohrenschützer umgebunden hat und der seinen Onkel, Taufpaten und Wohltäter zum neuen Jahr beglückwünschen will. Zwei lang aufgeschossene Kadetten mit frostgeröteten Wangen und Ohren fahren in leichten Havelocks zur Obrigkeit, um sich zu präsentieren. Dort geht ein Beamter von der Wyborger Seite oder von der Wassili-Insel in seiner Uniform, den Dreispitz unterm Rockschoß verborgen, ins Marineamt zum Direktor, das heißt also, um sich beim Portier ›einzuschreiben‹.

All diese jungen Männer und Beamten – was gäben sie nicht für einige Stunden der Erholung und für einige Zehnkopekenstücke! Aber: ›Es muß halt sein‹!

Diejenigen jedoch, die auf ihren Trabern und in den eleganten Equipagen dahinjagen, in die Runde stolz blicken – die sind natürlich froh! Wie mögen sie sich fühlen?

Nun, wohl so: Wenn sie sich in den Pförtnerlogen drängen und einander das Visitenbuch reichen, so schauen sie nach Möglichkeit niemandem in die Augen – am allerwenigsten dem Pförtner und der Dienerschar mit den wie Schöpfkellen ausgestreckten Händen! Sie wollen sich eintragen und weiterfahren, weiter – bis es endlich Zeit zum Mittagessen ist.

Was soll man machen – das Ganze ist zwar peinlich, aber ›es muß sein‹!

»Aber«, ruft da ein anderer Philosoph aus, der dieses Treiben beobachtet, »was, wenn man zu Neujahr oder in der Karwoche nun einfach bei niemandem vorspräche?«

Oder der aufsässige Vater sagte vor Weihnachten wirklich einmal: »Was, wenn wir in diesem Jahr keinen Baum kauften?«

Das gäbe einen Aufstand unter eben den Leuten, die jetzt über Weihnachten die Nase rümpfen und die Neujahrsvorbereitungen verfluchen!

Mehr als alle anderen freut sich über Weihnachten das Volk – das auf seine Art Kind geblieben ist, all diese unsere geringsten Brüder; und seine Freude ist so groß, daß es stets bis zum Morgengrauen betrunken ist!

Auch hier gab es den traditionellen Baum, unter dem sich dieses Kind einst vergnügte; der Baum ist inzwischen verschwunden, die Lustigkeit jedoch ist geblieben, sie hat nicht ab-, sondern eher noch zugenommen. Das leibeigene Volk trank aus Kummer, das befreite Volk trinkt auch, und zwar aus Freude . . .

Es trinkt Fusel und denkt: Die schwere Zeit, da wir Rekruten waren, ist vorbei, man kann frei arbeiten; es gibt jetzt die billigen Schankstuben und die Teestuben anstelle von (das Volk rümpft die Nase) Wein und Schlägereien in den Wirtshäusern. Wozu raufen und schimpfen – schimpf nur, aber sieh dich vor! Zu Neujahr, hörst du, müssen wir alle ohne Ausnahme (es rümpft die Nase und schüttelt den Kopf) lesen und schreiben können . . .

»Pässe werden wir ja wohl keine kriegen: denn der Paß hält den Bauern so an der Leine der Gesellschaft, wie der Strick den Bären am Pfosten. Und so dürfen wir gar nicht frei arbeiten, und feiern sollen wir auch nicht!«

»Komisch sind sie, das stimmt! Was sie sich nicht alles einfallen lassen! Immer unterdrücken sie einen! Es wird noch, Gott behüte, dahin kommen, daß der Bauer sich nicht einmal mehr ordentlich betrinken kann!«

Und in tiefes Sinnen versunken, trinkt das Volk.

Nein, das wäre doch gelacht: soweit lassen wir es nicht kommen!

Denn zum Fest berauscht zu sein – das ist doch das Allerwichtigste!

II

VÄTERCHEN FROST
UND DAS SCHNEEKIND

Väterchen Frost

Es waren einmal ein alter Mann und eine alte Frau, die hatten drei Töchter. Die Frau konnte die älteste nicht leiden, denn sie war ihre Stieftochter. Sie zankte mit ihr, weckte sie früh und lastete ihr alle Arbeit auf. Das Mädchen mußte das Vieh tränken und füttern, Holz und Wasser tragen, den Ofen heizen und Kleider nähen. Sie mußte die Hütte stets vor Tagesanbruch fegen und in Ordnung bringen. Die Alte war aber trotzdem immer unzufrieden und brummte: »Wie faul und unordentlich, der Besen steht nicht an seinem Platz, dies fehlt und jenes, und die Hütte ist schmutzig.«

Das Mädchen weinte und schwieg dazu, sie versuchte alles, um die Stiefmutter zufriedenzustellen und ihren Töchtern behilflich zu sein. Die Töchter machten es aber wie die Mutter, sie kränkten Marfuschka, stritten mit ihr, und wenn sie darüber weinte, so war es ihnen recht. Sie selbst standen spät auf, wuschen sich in dem vorbereiteten Wasser, trockneten sich mit reinen Handtüchern ab und machten sich erst an die Arbeit, wenn es zum Essen ging.

So wuchsen die Mädchen heran und wurden reif zur Ehe.

Rasch erzählt man, langsam erlebt man.

Dem Alten tat seine Tochter leid; er liebte sie, weil sie gehorsam war und arbeitsam: niemals war sie eigensinnig, immer tat sie, was man ihr auftrug, ohne ein Wort der Widerrede. Der Alte konnte aber dem Jammer nicht abhelfen, er war schwächlich, die Alte zänkisch und die Töchter faul und störrisch.

Die Alten überlegten: er, wie die Töchter zu verheiraten seien, und sie, wie man die älteste loswerden könnte. Eines Tages sagte die Alte zu ihm: »Alter! Verheiraten wir Marfuschka!« – »Gut!« sagte er und stieg auf den Herd.

Die Alte folgte ihm nach und sprach: »Steh morgen früh auf, spanne das Pferd vor den Holzschlitten und fahre mit Marfuschka fort. Du, Marfuschka, sammle dein Hab und Gut in ein Körbchen, ziehe ein reines Hemd an, morgen fährst du auf Besuch.«

Die gute Marfuschka war froh über das Glück und schlief die ganze Nacht süß. Frühmorgens stand sie auf, wusch sich, betete, packte alles ordentlich ein und schmückte sich. Das Mädchen war so schön, wie man noch kein Bräutchen gesehen.

Es war Winter, und es herrschte ein grimmiger Frost. Vor Morgengrauen stand der Alte auf, spannte das Pferd vor den Schlitten und führte es vor das Haus. Er selbst ging hinein, setzte sich auf die Bank und sagte: »Nun habe ich alles vorbereitet.« – »Setzt euch an den Tisch und eßt«, sagte die Alte.

Der Brotkorb stand auf dem Tisch, und er nahm ein Brot heraus, das er mit seiner Tochter teilte. Die Stiefmutter brachte mittlerweile alte Suppe und sagte: »Nun, Liebchen, iß und fort mit dir, ich mußte dich lange genug ansehen! Alter, führe Marfuschka zu ihrem Bräutigam, aber gib auf den Weg acht, alter Narr, fahre erst die gerade Straße hinunter und dann biege rechts in den Wald ein – weißt du, gerade bei der großen Fichte, die auf dem Hügel steht, dort übergib Marfuschka dem Frost.«

Der Alte riß die Augen auf, sperrte den Mund auf, hörte auf zu kauen, und das Mädchen heulte. »Was gibt es da zu jammern! Der Bräutigam ist ja schön und reich! Seht nur, wieviel Gut er hat: alle Tannen und Fichten glitzern, und die Birken sind voll Flaum. Ein herrlicheres Leben gibt es kaum, und er selber ist ein starker Held.«

Der Alte sammelte schweigend alle Habseligkeiten zusammen, befahl der Tochter, ihr Schafpelzchen anzuziehen, und machte sich auf den Weg. Ob die Reise kurz war oder lang, ist mir wirklich nicht bekannt.

Rasch erzählt man, langsam erlebt man.

Endlich erreichten sie die Fichte, bogen vom Weg ab – da stürmte gerade der Schnee. In der Einöde machte der Alte halt, befahl der Tochter auszusteigen, setzte ihr Körbchen unter eine ungeheure Fichte und sagte: »Setz dich hierher, erwarte den Bräutigam und empfang ihn nur ja freundlich.« Daraufhin wandte er sein Pferd um und fuhr nach Hause.

Das Mädchen saß da und zitterte, Kälte durchschauerte sie. Sie wollte weinen, doch ihr fehlte die Kraft, nur die Zähne schlugen zusammen. Plötzlich hörte sie von Ferne den Frost auf einer Tanne knarren, er sprang von Tanne zu Tanne und pfiff. Endlich war er hoch oben auf der Fichte, unter der das Mädchen saß, und er fragte: »Mädchen, ist dir warm?« – »Ach ja, Väterchen Frost!«

Der Frost ließ sich tiefer herab, knarrte und pfiff noch etwas mehr als vorher: »Mädchen, sag, schönes Mädchen, ist dir warm?« Dem Mädchen verging fast der Atem, aber sie sagte noch: »Warm ist mir, Väterchen Frost.«

Da knirschte der Frost noch mehr und pfiff: »Ist dir warm, Mädchen, ist dir warm, schönes Kind, ist dir warm, mein Herzchen?« Das Mädchen war fast erstarrt und sagte kaum hörbar: »Warm, Väterchen.« Da hatte der Frost Erbarmen und hüllte das Mädchen in Pelze und wärmende Decken ein.

Am nächsten Morgen sagte die Alte zu ihrem Mann: »Geh, alter Narr, und wecke das junge Paar.« Der Alte spannte sein Pferd vor den Schlitten und fuhr zu seiner Tochter. Er fand sie am Leben, eingehüllt in einen schönen Pelz und in ein seidenes Tuch, und schöne Geschenke lagen in ihrem Körbchen. Ohne ein Wort zu sagen, legte der Alte alles in seinen Schlitten, stieg mit der Tochter ein und fuhr nach Hause. Dort fiel das Mädchen der Stiefmutter zu Füßen.

Die Alte wunderte sich sehr, als sie das Mädchen am Leben sah und den neuen Pelz und den Korb voll Wäsche. »Eh, mich betrügst du nicht!« sagte sie.

Nach einigen Tagen sagte die Alte: »Führe meine Töchter zum Bräutigam, er wird sie noch ganz anders beschenken.«

Langsam erlebt man, schnell erzählt man! Am Morgen weckte die Alte ihre Töchter, schmückte sie wie es sich zur Hochzeit schickt und ließ sie ziehen.

Der Alte fuhr denselben Weg und ließ die Mädchen bei derselben Fichte zurück.

Die Mädchen saßen und lachten. »Was fällt Mütterchen ein, uns plötzlich beide zu verheiraten? Als wären bei uns im Dorf nicht Burschen genug! Wer weiß, was hier für ein Teufel kommt!«

Die Mädchen hatten große Pelze an, aber trotzdem nagte die Kälte an ihnen. »Paracha, mir läuft der Frost über die Haut, wenn die Erwählten nicht bald kommen, erfrieren wir.« – »Unsinn, Mascha, seit wann kommt ein Bräutigam so früh, jetzt ist erst Mittag.« – »Paracha, wenn nur einer kommt, wen wird er da nehmen?« – »Dich nicht, du Gans.« – »Dich etwa?« – »Gewiß.« – »Laß dich nicht auslachen!«

Der Frost nagte den Mädchen an den Händen. Sie versteckten ihre Hände im Pelz und begannen neuerdings: »Du verschlafener Fratz, du böse Pest, du Lästermaul. Spinnen kannst du nicht, und ans Beten denkst du gar nicht.« – »Oh du Prahlerin, was kannst denn du? In den Spinnstuben herumlaufen und tratschen. Warten wir es ab, wen er nimmt.« So stritten die Mädchen und froren ernstlich. »Ei, bist du blau geworden!« sagten sie einstimmig.

Weit weg knarrte der Frost, sprang von Tanne zu Tanne und pfiff. Den Mädchen schien, als käme jemand gefahren. »Hui, Paracha, er kommt mit Glöckchen gefahren!« – »Geh' weg, Närrin, mich schüttelt der Frost.« – »Aber heiraten willst du doch?«

Sie bliesen auf ihre Finger. Der Frost kam näher und näher, endlich ließ er sich auf der Fichte über den Mädchen nieder.

»Ist euch warm, Mädchen, ist euch warm, schöne Täubchen?« – »Ach, Frost, uns ist so kalt, wir sind fast erfroren. Wir erwarten den Bräutigam, und der Teufel kommt nicht!«

Der Frost ließ sich tiefer herab und knarrte und pfiff noch mehr: »Ist euch warm, Mädchen, ist euch warm, meine Schönen?« – »Geh zum Teufel! Bist du blind, Hände und Füße sind uns schon abgefroren.« Da ließ sich der Frost noch näher herab, schlug fest zu und fragte: »Mädchen, ist euch warm?« – »Geh zu allen Teufeln ins Wasser und faule, Verfluchter!«

Da waren die Mädchen erstarrt.

Am Morgen sagte die Alte zu ihrem Mann: »Spanne ein, nimm Heu in den Schlitten und warme Decken, den Mädchen wird kalt sein. Ein starker Wind ist draußen! Mach flink, alter Narr!«

Der Alte ließ sich kaum Zeit zum Fruhstück und fuhr fort. Als er zu den Töchtern kam, waren sie tot. Er lud sie auf den Schlitten, schlug sie in die Decken ein, legte das Heu darüber und kehrte heim.

Die Alte sah ihn von weitem kommen und lief ihm entgegen: »Wo sind die Kinder?« – »Im Schlitten.«

Die Alte stieß das Heu beiseite, hob die Decken auf und fand die Kinder tot. Da ging sie wie ein Gewitter über den Alten nieder und schimpfte: »Was hast du alter Hund getan? Mit meinen Töchterchen, meinen eigenen, süßen Sprößlingen, meinen roten Beerchen? Ich erschlage dich mit dem Besenstiel, mit dem Feuerhaken erschlage ich dich!« – »Ruhig, alte Hexe, dich lockte der Reichtum, aber deine Töchter waren widerspenstig. Ich bin nicht schuld, du wolltest es selbst!«

Die Alte war zornig und zankte noch lange, versöhnte sich aber später mit der Stieftochter, und so lebten sie gut und mit Bedacht, an das Böse wurde nicht mehr gedacht. Ein Nachbar kam und freite und hielt mit Marfuschka Hochzeit. Es ging ihr gut. Der Alte nahm die Enkel in seine

Hut, schüchterte mit dem Frost sie ein und hieß sie willig und fleißig sein.

Ich war bei der Hochzeit, trank Honigbier. Es kam mir nicht in den Mund, nur über den Schnurrbart floß es mir.

FROST, SONNE UND WIND

Ein Mensch begegnete einmal der Sonne, dem Frost und dem Wind. Im Vorübergehen sprach er den Gruß: »Gelobt sei Jesus Christus!« Wem hatte nun der Gruß gegolten?

»Mir natürlich«, sagte die Sonne, »damit ich ihn nicht versenge!«

»Mir und nicht dir«, sagte der Frost, »denn mich fürchtet er mehr!«

»Oho, Ihr Lügner«, sagte der Wind, »der Mensch grüßte mich, nicht euch.«

Sie fingen an zu streiten und gerieten einander beinahe in die Haare. »Fragen wir den Menschen lieber, wen er gegrüßt hat«, beschlossen sie endlich. Sie jagten dem Menschen nach und fragten ihn.

»Ich grüßte den Wind.«

»Ei, was habe ich euch gesagt?«

»Warte, ich senge dich krebsrot!« sagte die Sonne. »Du wirst mein gedenken!«

Der Wind sagte aber: »Fürchte dich nicht, ich fächle dir Kühlung zu.«

»Dann werde ich den Lump erstarren machen«, sagte der Frost.

»Fürchte dich nicht, Freund, wenn ich nicht blase, kann er dir nichts tun, ohne Wind erfriert man nicht.«

Nikolaj A. Nekrassow

FROST ROTNASE

*Der Frost, die mächtige Naturgewalt, ist in Nekrassows Poem der
König des Waldes. Die folgende Szene zeigt, wie Darja, die nach
dem Begräbnis ihres Mannes in den Wald gefahren ist, um Holz zu
holen, tiefe Erschöpfung befällt. In Gedanken versunken, bemerkt sie
nicht, wie Waldkönig Frost auf Rundgang durch sein Revier sich ihr
nähert und sie allmählich mit seinem eisigen Atem einhüllt. Während sie erstarrt, fühlt sie, es ist ihr Mann, der sie küßt.*

Denn nicht der Waldgeist war's mit dem Barte,
Dem an die Brust sie sank,
Prokl, der Liebste, war's, der die Erstarrte
Mit seinen Armen umschlang.

Willig ließ sie sich von ihm küssen,
Von seinen Worten berauscht,
So wie sie einst als Braut seiner süßen
Liebesbeteurung gelauscht.

Glücklich wie damals im Sommer, als beide
Glühten vor Liebe heiß,
Stand sie im Schnee nun, fern allem Leide,
Aufrecht, erstarrt zu Eis.

In ihrer Liebe Traum verloren,
Kam ihre Seele zur Ruh.
Tränen, auf Wimpern und Brauen gefroren,
Schlossen die Augen ihr zu.

»Weib, ist dir warm genug?« fragte er leise.
»Merkst du, wie wohl das tut?«
»Feuer fühl ich im Blut mir kreisen«,
Sagte sie. »Alles wird gut!«

Seinen Zauberstab senkte er tiefer.
»Warm genug?« – Schon ganz nah
Kam seine Stimme herab von der Kiefer.
Darja hauchte nur: »Ja!«

Aber als sie sein Atem berührte
Und sein eisgrauer Bart,
Schien es, daß sie schon nichts mehr spürte,
Daß sie schon ganz erstarrt.

Lächelnd, befreit von allem Harme,
Sah er sie vor sich stehn.
Freundlich nahm er sie in die Arme –
Und sie ließ es geschehn.

DAS SCHNEEKIND

Es lebten einmal ein alter Mann und eine alte Frau, die hatten
weder Sohn noch Tochter, und ihre Fenster hatten sie mit
Brettern zugenagelt. Einmal liegen sie auf dem Ofen, da sagt
der Mann zu seiner Frau: »Mir ist ein Gedanke gekommen;
geh und bring etwas Schnee!«

Die Alte brachte in einem Sieb Schnee. Den Schnee kneteten und kneteten sie, bis sie ein Schneekind herausgeknetet
hatten. Das stellten sie in ihren Ofen. Es wurde trocken und
begann zu wachsen, nicht von einem Tag zum anderen, son-

dern von einer Stunde zur anderen. So schnell wuchs es heran, daß es zum Frühjahr schon eine Jungfrau war. Die Leute im Dorf erfuhren, daß der Alte ein Schneekind hatte, und kamen gelaufen: »Laß das Schneekind mit in den Wald zum Beerensammeln!« Sie baten wohl an die zwanzig Mal. Schließlich erlaubte es der Alte: »Es sei, geht nur!« Da machten sie sich auf den Weg. Die Alte hatte dem Schneekind ein Schüsselchen mitgegeben und ein Stück Brot. Schneekind hatte das Schüsselchen genommen und auch das Stück Brot. Die Mädchen essen, Schneekind aber pflückt indessen Beeren und legt sie ins Schüsselchen. Wie die Mädchen hinschauen, ist Schneekinds Schüsselchen schon voll, sie selbst aber haben noch gar nichts gepflückt. Da wurden sie zornig und schlugen das Schneekind tot. Schlugen's tot, das Schüsselchen aber zerbrachen sie, die Beeren teilten sie, und das Brot aßen sie. Schneekinds Leib vergruben sie und steckten noch Weidenruten in die Erde darüber. Dann gingen sie heim. »Und wo ist unser Schneekind?« – »Wir wissen's nicht, haben es verloren!« Da weinten sie bitterlich, aber das half auch nichts.

Einmal fuhren Kaufleute mit ihren Waren denselben Weg, die hatten einen kleinen Sohn. Der sah, wie unter einem Strauch Rohr für eine Pfeife wuchs. »Vater, schneid mir eine Pfeife, ich will darauf spielen!« Sie schnitten ihm eine Pfeife, und er begann darauf zu spielen. Die Pfeife aber sang:

Lieber Knabe, leise, leise,
Spiel und hör die Trauerweise.
Zwei Schwestern haben mich erschlagen,
Haben mich unter dem Strauch begraben,
Haben's Schüsselchen zerbrochen,
Haben alle Beeren genommen,
Haben zum Totenmahl 's Brot gegessen,
Haben mich noch mit Ruten besteckt.

Sie fuhren weiter, und der Knabe spielte ohne Unterlaß. Als sie zum Dorf kamen, wollten sie ausruhen und fuhren gerade zu jenem Alten. Der fütterte die Pferde und stellte den Samowar auf den Tisch. Der Knabe aber saß draußen auf den Stufen, holte sein Pfeifchen hervor und spielte das Lied:

Lieber Knabe, leise, leise,
Spiel und hör die Trauerweise.
Zwei Schwestern haben mich erschlagen,
Haben mich unter dem Strauch begraben,
Haben's Schüsselchen zerbrochen,
Haben alle Beeren genommen,
Haben zum Totenmahl 's Brot gegessen,
Haben mich noch mit Ruten besteckt.

Das hörte die Alte: »Ach, wie klingt das schön. Laß mich auch einmal versuchen.« Nahm's, das Pfeifchen aber sang:

Mütterchen, ach leise, leise,
Spiel und hör die Trauerweise.
Zwei Schwestern haben mich erschlagen,
Haben mich unter dem Strauch begraben,
Haben 's Schüsselchen zerbrochen,
Haben alle Beeren genommen,
Haben zum Totenmahl 's Brot gegessen,
Haben mich noch mit Ruten besteckt.

Als die Alte das gehört hatte, erblaßte sie: »Was ist das? Alter, spiel du einmal!« Der Alte nahm das Pfeifchen, das aber sang:

Väterchen, ach leise, leise,
Spiel und hör die Trauerweise.
Zwei Schwestern haben mich erschlagen
Haben mich unter dem Strauch begraben,

Haben s' Schüsselchen zerbrochen,
Haben alle Beeren genommen,
Haben zum Totenmahl 's Brot gegessen,
Haben mich noch mit Ruten besteckt.

Viele Nachbarn waren zusammengelaufen, alle hörten das Lied, und auch jene Mädchen waren herbeigekommen. Denen gibt die Alte das Pfeifchen. Das eine Mädchen aber, kaum daß es nach dem Pfeifchen greift, sinkt zu Boden: »Ich will nicht spielen!« Das Pfeifchen zerbrach, und im gleichen Augenblick saß das Schneekind dort. Da freuten sie sich sehr, ich weiß gar nicht, was sie alles vor Freude angestellt haben. Die Kaufleute aber tranken ihren Tee und fuhren dann weiter zum Markt.

SNEGUROTSCHKA

Snegurotschka, »Schneeflöckchen«, ist eine der beliebtesten russischen Märchengestalten. Das Mädchen hat von ihrem Vater her, dem eisigen Ded Moroz (»Väterchen Frost«), die kühle Sinnesart und nur schwache Begabung, sich für irgendwen zu erwärmen. Von ihrer Mutter her, der Vesna-Krasna (»Frühlingsgöttin«) hat sie tief in sich die Sehnsucht nach Sonnenschein und Liebe.

Als Snegurotschka volljährig wurde, gerieten ihre Eltern in einen Streit über ihre Zukunft. Sie einigten sich schließlich darauf, das Mädchen zu den Menschen zu schicken. Snegurotschka kam nun hernieder geschwebt in das Land der Berendejer. So hieß das Zarenreich, in welchem Bauern, Bojaren und Kaufleute einträchtig zusammenlebten, regiert von einem ebenso weisen wie milden Zaren.

Vor allem bei den Jünglingen im Land der Berendejer erregte die Schönheit Snegurotschkas großes Aufsehen, und von allen Seiten schlug ihr Bewunderung und Begehren entgegen. Doch Snegurotschka konnte nur Liebe erwecken, sie nicht erwidern. Alle wendeten sich mit der Zeit von ihr ab, und ihr war sehr traurig zu Mute. Ihre Mutter, die Frühlingsgöttin, litt mit ihr, und als sie das Leid ihrer Tochter nicht länger mit ansehen konnte, erfüllte sie ihr schweren Herzens den sehnlichen Wunsch, einmal wie die Menschen fühlen und lieben zu können.

Und schon verliebte sich die bis dahin so kühle Snegurotschka: in den Jüngling Mizgir, der nicht nur von stattlichem Wuchs war, sondern auch ein wohlhabender Kaufmann. Als das Fest des Sonnengottes Jarilo nahte, erbat Mizgir vom Zaren die Erlaubnis zur Heirat. Sie wurde ihm, wie an dem Tag allen heiratswilligen jungen Leuten, gewährt.

Das Fest des Jarilo, Fest des Lichts und des Lebens, hatte begonnen. Doch beim ersten Strahl der machtvollen Sonne begann Snegurotschka zu tauen, zu zerfließen, und keine Macht hielt sie auf. Als Mizgir das sah, wie sie weniger und immer weniger wurde und schließlich zerrann, da war er aus tiefstem Herzen verzweifelt, und er stürzte sich in den See.

Das ist die alte Geschichte von Snegurotschka, dem Schneeflöckchen. Alexander Ostrowskij hat ihr ein Märchenspiel gewidmet, und Peter Tschaikowskij hat es vertont. Auch Nikolaj Rimskij-Korsakow hat sich von dem Märchenspiel bezaubern lassen und es zur Singoper umgestaltet. Deren Musik kennt in Rußland ein jeder.

III

VOM HEILIGEN NIKOLAJ

Vom heiligen Nikolaj

Es war einmal in einer Stadt ein Dieb, der hatte schon viel
Schlimmes getan. Einmal beraubte er einen reichen Mann,
das wurde entdeckt, und man verfolgte ihn. Lange Zeit lief
der Dieb durch den Wald davon, aber endlich kam er an eine
freie Steppe, die war vielleicht zehn Werst lang. Da blieb der
Dieb stehen und wußte nicht, was er machen sollte.

Lief er über die Steppe, so fingen ihn seine Verfolger gleich
ein, denn man sah auf der Steppe alles von weitem, und er
hörte, daß seine Verfolger ihm schon nahe waren. Da begann
er zu beten: »Herr, vergib meiner sündigen Seele! Väterchen,
heiliger Nikolaj, verbirg mich, dann opfere ich dir eine dicke
Wachskerze.«

Plötzlich stand ein älterer Mann vor dem Dieb und fragte:
»Was hast du gesagt?« Der Dieb antwortete: »Ich flehte: Väterchen, heiliger Nikolaj, verbirg mich in dieser Öde, und
dann versprach ich, ihm eine Kerze zu weihen.« Darauf
beichtete der Dieb dem Alten seine Sünde.

Der Alte sagte: »Wenn du willst, krieche ich in dieses Aas.«
Es lag da ein Aas in der Nähe, und der Dieb konnte sich nicht
helfen und mußte in das Aas kriechen, denn er wollte nicht
gefangen werden. Er kroch hinein, und im selben Augenblick
war der Alte verschwunden, denn es war der heilige Nikolaj
selber gewesen.

Die Verfolger kamen, ritten wohl eine halbe Werst weit
in die Steppe hinein, aber als sie niemand sahen, kehrten sie
wieder um. Der Dieb lag mittlerweile im Aas und konnte
kaum atmen, des faulen Geruchs wegen. Als die Verfolger
verschwunden waren, stieg er heraus und sah wieder jenen
Greis in der Nähe stehen und Wachs einsammeln. Der Dieb

trat zu ihm und dankte für seine Befreiung. Da fragte der Alte wieder: »Was hast du dem heiligen Nikolaj versprochen, als du eine Zuflucht suchtest?« Der Dieb antwortete: »Ich versprach ihm eine Kerze.«

»So ist es! So übelriechend aber wie dir das Aas erschien, in dem du verborgen lagst, ebenso erschiene dem heiligen Nikolaj deine Kerze! Flehe niemals«, fügte der Alte noch hinzu, »Gott den Herrn und die Heiligen, seine Diener, um schlechter Dinge willen an, denn Gott segnet sie nicht. Gib acht und merk dir meine Worte. Sag es auch den andern, daß sie Gott nicht um Böses bitten!«

Er sagte es und verschwand.

DER HEILIGE NIKOLAJ
WETTET MIT DEM TEUFEL

Einmal ... damals als der heilige Nikolaj noch auf seinem Esel durch die Welt geritten ist ... da passierte es ihm, daß er dem Teufel begegnete.

»Grüß dich, Nikolaj!« sagte der Teufel, »was machst du, was treibst du?« – »Ich«, sagte der Heilige, »ich schaue mir die Welt an. Und wo es mir gefällt, da bleibe ich.« – »Aber das ist doch langweilig«, sagte der Teufel. »Weißt du was?« – »Nein.« – »Wollen wir miteinander wetten? Dann vergeht die Zeit schneller.« – »Gut, wetten wir also.«

Da sagt der Teufel: »Wir wetten, und wer gewinnt, kann den anderen auffressen.« – »Mahlzeit!« sagte Nikolaj, »wenn du es meinst. Also ... worum sollen wir wetten?« – »Wir wollen wetten, daß einer errät, was der andere denkt.« – »Ja, ist mir recht. Also denke was! Und ich werde raten.«

Nun, der Teufel macht die Augen zu und denkt: ›Dich

habe ich schon, denn du wirst es nicht erraten.‹ Und nach einer Weile macht er die Augen auf und sagt: »Also, woran habe ich gedacht?«

Der heilige Nikolaj hat aber den Teufel genau beobachtet, da hat er gesehen, wie dem das Wasser im Maul zusammenläuft und wie er sich die Lippen leckt. Da sagt er: »Du hast daran gedacht, ob du – wenn ich dir gehöre – mich gebraten, gesotten oder gedünstet essen wirst.«

Da war der Teufel erstaunt und sagte: »Und woher weißt du das? Es stimmt. Verdammt noch mal. Und jetzt rate ich, was du denkst.«

(Er meint: der ist ein Heiliger, aber da kann man leicht erraten, woran er denkt.)

Der Heilige macht die Augen zu. Nun war er an jenem Tag schon viel geritten und fiel in Schlaf. Nach ein paar Augenblicken ist er wieder aufgewacht, ganz plötzlich. Er macht die Augen auf und sagt: »Na also.«

Der Teufel schreit triumphierend: »Jetzt habe ich dich! Du hast an Gott gedacht.« – »Falsch«, sagte Nikolaj, »ich habe an gar nichts gedacht, weil ich ein wenig eingenickt war.« Der Teufel hat vor Wut geheult, denn das muß ja stimmen, ein Heiliger kann schlecht lügen.

»Gut«, sagt Nikolaj, »du hast zwar diesmal verloren, aber du sollst noch eine Chance haben. Wetten wir, daß man erraten muß, was der andere in der Hand hat.« – »Ja«, sagte der Teufel, »das wollen wir.«

Nikolaj soll anfangen. Er geht herum und tut so, als wolle er einen Stein aufheben. Aber der Teufel paßt auf: ›Der hebt ja in Wirklichkeit gar nichts auf!‹ Und der Teufel denkt: ›Er wird es so machen wie vorhin … und dann hat er gar nichts in seiner Hand.‹

Nikolaj stellt sich vor den Teufel, die Hand hinter seinem Rücken. »Also, was habe ich in meiner Hand?« – »Gar nichts!« brüllt der Teufel, diesmal muß er es ja erraten haben.

Nikolaj aber hatte unmerklich seinen Ring vom Finger gestreift: »Da schau her!« Der Teufel ist gesprungen vor Zorn, aber das nützt nichts. Er hat verloren. Jetzt gehört er dem heiligen Nikolaj. Der aber sagt: »Armer Teufel! Mir genügt es, wenn du einmal im Jahr für einen einzigen Tag meinen Diener machst. Sonst kannst du es treiben, wie du willst.«

Und so ist es auch geblieben. Und nur am Tag des heiligen Nikolaj taucht manchmal der Teufel als sein Begleiter auf. Das hat so mancher gesehen und erlebt.

Die Frau, die zum heiligen Nikolaj wurde

Also die Geschichte läuft so . . . laßt mich einmal nachdenken, damit ich nichts Falsches erzähle! Ja, ich erinnere mich noch genau an das, was ich gehört habe.

Es lebten einmal – das mag tausend Jahre her sein und auch mehr – ein Mann und eine Frau, die nicht reich und auch nicht arm waren. Sie hatten ein Mädchen, das war lieblich. Als die Kleine größer wurde, fanden sich bald Bewerber, die sie hätten heiraten wollen. Viele . . .

Das Mädchen selbst – ich weiß nicht mehr, wie es geheißen hat, kann sein Maria oder auch anders – machte sich nichts aus den Männern. Es war fromm, ging in die Kirche und schaute nicht nach rechts und nicht nach links.

Das wäre wohl einige Zeit so weitergegangen, aber die Eltern waren schon ziemlich alt, sie wollten ihre Tochter unter der Haube haben, vielleicht haben sie auch gedacht: ›Wenn das Mädchen nicht rechtzeitig heiratet, findet es keinen Burschen mehr.‹ Oder: ›Wenn sie sich reich verheiratet, werden auch wir es leichter haben.‹

Kurz und gut: nachdem das Mädchen sich nicht entscheiden konnte und auf Fragen nur ausweichend antwortete, beschloß der Vater, die Sache selbst in die Hand zu nehmen.

Was tat er? Er sah sich die Burschen, welche seiner Tochter den Hof machten, der Reihe nach an, lud sie einmal in die Wirtschaft ein und beschnüffelte sie näher.

Darunter war nun ein junger Mann – auch von ihm weiß ich den Namen nicht mehr –, der gefiel ihm. Der stammte aus einer angesehenen Familie, war reich, aber das Geld hatte ihn nicht verdorben. Ein anständiger, hilfsbereiter Kerl.

›Das ist der Richtige!‹ dachte sich der Vater. Er ging auch hin zum Vater des Burschen. Mit dem ließ sich reden. So wurde die Sache perfekt.

Die Tochter wurde nicht lange gefragt, sondern die Eltern erklärten ihr: »Wir haben für dich einen passenden Gatten gefunden. Es ist unser Wunsch, daß du ihn zum Mann nimmst.«

Das Mädchen sagte nichts darauf. Was hätte es auch schon sagen können?

Die Eltern und die Schwiegereltern machten also mit dem Pfarrer einen Tag aus, an dem die Hochzeitsfeier sein sollte.

Man bereitete alles Nötige für die Hochzeit vor.

Das Mädchen sagte: »Gut, was sein muß, muß sein. Aber ich bitte euch, mich vor der Hochzeit noch zusammen mit meiner Freundin eine Wallfahrt machen zu lassen.«

Der Vater sagte: »Das könntest du eigentlich nach der Hochzeit auch machen; aber gut, wenn du das willst, so gehe auf die Wallfahrt.« – So geschah es.

Die beiden Mädchen sind also zu jener Kirche gegangen, wohin sie gehen wollten. Und da sie dort im Ort keinen Menschen kannten, haben sie in der Kirche übernachtet. Das war damals so üblich.

In der Nacht aber hatte unser Mädchen einen Traum. Sie sah einen Engel erscheinen, der zu ihr sprach: »Wenn du nicht heiraten willst, mußt du nicht. Tu einfach das, was ich dir sage: zieh die Männerkleidung an, die hinten im Eck liegt, geh den Berg hinunter! Dort findest du nicht weit weg vom Fluß ein Männerkloster. Klopfe dort an und sag, daß du eintreten möchtest. Was dann weiter geschehen soll, werde ich dir sagen, wenn es soweit ist.«

Das Mädchen erwachte, setzte sich auf und rieb sich die Augen. Ihre Freundin sah sie an ihrer Seite schlafend. Da stand sie auf und suchte im hinteren Eck der Kirche: da lagen tatsächlich die Kleider eines Mannes! Die waren reinlich, wie neu, und als sie diese Kleidungsstücke anprobierte, paßten sie ihr ganz genau.

Da wußte die Kleine, daß alles so war, wie sie es im Traum geschaut hatte, und daß es ihr Schicksal sei, dem Rat des Engels zu folgen. Sie verließ – leise, leise – die Kirche und wanderte den Berg hinunter. Da fand sie dann auch – als es schon fast Morgen war – das Kloster.

Sie klopfte an und bat den Pförtner, sie zum Igumen (Abt) zu führen. Der tat das.

Als sie vor dem Igumen war, kniete sie vor ihm nieder und bat: »Nehmt mich in euer Kloster auf!« Der Igumen war erstaunt über einen so jungen Kerl, der da in sein Kloster wollte. Er antwortete: »Ich werde darüber nachdenken. Warte bis morgen! Ich werde anordnen, daß man dir ein Gastzimmer gibt.« Und das tat er auch.

Man führte also das Mädchen in den Teil des Klosters, wo die Gäste schlafen; man brachte ihm auch zu essen.

Der Igumen jedoch war unentschlossen. »So ein junger Kerl: noch nicht einmal einen Flaum auf der Unterlippe. Ich hätte ihn nach dem Woher und dem Warum fragen sollen. Warum habe ich das eigentlich nicht getan? – Ich werde ihn wieder nach Hause schicken . . . Morgen . . .«

Gut. Der Tag ist vorbeigegangen. Im Kloster hat man sich um den jungen Novizen wenig oder gar nicht gekümmert.

In der Nacht aber hat dem Igumen geträumt – ein Engel ist

ihm erschienen und hat ihm gesagt: »Behalte dieses Kind im Kloster! Später werde ich dir sagen, was du tun sollst.« Nun, was kann man da machen?

Er läßt also am Morgen den jungen Mann, denn für einen solchen hat er sie gehalten, kommen und sagt: »Du kannst bleiben. Vorläufig als Novize ... wir werden dann ja sehen, ob du für ein Mönchsleben taugst.«

Das Mädchen bleibt. Es bekommt nun die Kleidung eines Mönchs, es lebt im Kloster wie alle andern. Niemand merkt etwas. So vergehen die Jahre.

Dann geschieht etwas ... In einer Nacht ist dem Igumen und auch der jungen Frau so, als sollten sie in die Kirche gehen. Zwar ist die Nachtwache mit ihren Gebeten längst vorbei, bald wird es hell werden, aber sie gehen.

In der Kirche bleiben sie verwundert stehen und schauen einander an. Aber da ist noch eine dritte Gestalt: der Engel. Und der sagt: »Mädchen, jetzt ist es Zeit, daß du das Kloster verläßt und hinausgehst in die Einsiedelei, die zu diesem Kloster gehört. Dort wirst du erfahren, was weiter geschehen soll.«

Und zum Igumen sagt er: »Wundere dich nicht und tu, was ich dir sage! Sende dieser jungen Frau, denn eine solche ist sie, zweimal in der Woche Nahrung. Laß sie sonntags in die Kirche kommen. Du wirst dann sehen, was weiter geschieht.«

Der Igumen sagt: »Wenn das eine Weisung des Himmels ist, und nur eine solche kann es sein, soll es geschehen. Wenn du aber ein Dämon bist, mögest du in der Luft krepieren.« Der Engel aber entschwindet und hinterläßt Licht und Wohlgeruch.

Der Igumen hat dann nach Anbruch des Tages den jungen Mönch selbst zur Klause geführt und ihm gezeigt, wie er sich dort einrichten kann. Und er hat ihm auch zweimal in der Woche Brot und andere Nahrung geschickt. Die Mitbrüder im Kloster haben sich wohl über das Verhalten ihres Oberen gewundert, denn es war sonst nicht üblich, Novizen in die Einsiedelei zu senden, aber so ist es nun einmal.

So vergehen Jahre . . .

Zur heimlichen Verwunderung des Igumen ist dem Novizen ein Bart gewachsen. ›Das ist doch nicht möglich!‹ hat er sich gedacht, aber weiter nicht gefragt. Es war ihm recht, daß das Mädchen oder der Bursche sein jugendliches Aussehen verloren hat und sich keine Fragen bei seinen Klosterleuten einstellen.

In jener Gegend hat sich herumgesprochen, daß es da einen sehr frommen Klausner gibt; viele Leute sind hingegangen, um ihm ihre Sorgen anzuvertrauen. Und hat man den Eremiten gefragt, wie er heißt, hat er »Nikolaj« geantwortet.

Er hat nicht nur Kranke geheilt, sondern er hat auch reichlich Almosen ausgeteilt. Seine Mitbrüder haben eines Tages ihren Igumen gefragt: »Wie kann das der Nikolaj machen? Er hat doch selbst keinen Pfennig. Ob er etwas aus der Klosterkasse stiehlt, Vater?« – »Nein«, hat der geantwortet, »Gott hat viele Möglichkeiten, zu geben. Kümmert euch um eure eigenen Sachen.«

Doch das Gerede ist weitergegangen, denn viele Mitbrüder des Nikolaj waren eifersüchtig.

Und einige von ihnen – die ganz Mißtrauischen – haben unter sich ausgemacht: »Wir werden jetzt immer den Nikolaj ganz genau beobachten. Dann bekommen wir schon heraus, was er mit den Mädchen macht, die zu ihm kommen, vor allem aber werden wir ihm auf die Finger schauen, woher er das Geld hat.«

Und so haben sie sich rings um die Klause versteckt gehalten – jeweils zwei oder drei, damit es im Kloster nicht auffällt, wenn mehrere fehlen. Aber sie haben nichts beobachtet.

Einmal jedoch haben sie bei Dunkelheit durch eine Ritze im Fensterladen gespäht, als sich Nikolaj gerade gewaschen hat. Da sind sie vor Schrecken fast erstarrt, wie sie gemerkt haben, daß Nikolaj eine Frau sein muß, freilich eine Frau mit einem Bart.

Sie sind schnell zu ihrem Igumen gelaufen und haben ihm alles erzählt. Er hat sie geschimpft: »Weh euch! Was mischt ihr euch in Dinge, die nicht die eurigen sind? Auf der Stelle schwört ihr, daß ihr kein Wort davon euren Mitbrüdern sagt! Sonst verjage ich euch aus dem Kloster.«

Aber was nun? Daß das mit Nikolaj nicht so weitergehen konnte, war ihm klar.

Er hat die ganze Nacht nachgedacht, nach dem Morgenlob ist er dann hinausgegangen zur Klause und hat gesagt: »Lieber Bruder oder liebe Schwester – ich weiß nicht, wie ich sagen soll –, du kannst hier nicht bleiben. Ich habe einen Brief an den Bischof in der Stadt geschrieben. Gehe dorthin im Habit, dann wird sich zeigen, was weiter wird.«

Nikolaj hat das getan, ist mit einem Lasttier in die Stadt gegangen und hat sich beim Bischof melden lassen.

Der Bischof war ein frommer alter Herr. Er hat den Brief des Igumen gelesen und hat gesagt: »Du kannst hier bleiben. Mir fehlt ein Pförtner. Willst du dieses Amt übernehmen?« – »Ja«, hat Nikolaj geantwortet, »wenn es denn so Gottes Wille ist.«

Und so ist sie denn dort geblieben. Und da der Bischof ihr befohlen hat, nichts davon zu sagen, daß sie eine Frau sei, hat sie geschwiegen.

Man erzählt sich, daß sie viele Wunder gewirkt hat. Und als der Bischof gestorben ist, haben alle Leute gewollt, daß Nikolaj sein Nachfolger wird. Sie hat sich nicht sagen getraut, daß sie eine Frau ist, wollte aber nicht Bischof werden. Doch die Leute haben sie gezwungen.

So wurde eine Frau Bischof und zum heiligen Nikolaj.

Es könnte aber auch anders gewesen sein.

Alexander Herzen

Orgie am Nikolajtag

Und worin bestanden denn unsere Schmausereien und Orgien? Da kommt uns etwa plötzlich in den Sinn, daß in zwei Tagen – am 6. Dezember – der Tag des Nikolaj ist. Wir haben einen schrecklichen Überfluß an Nikolajs: Nikolaj Ogarjow, Nikolaj Satin, Nikolaj Ketscher, Nikolaj Sasonow...

»Herrschaften, wer feiert seinen Namenstag?«

»Ich! – Ich!«

»Und ich einen Tag später.«

»Das ist alles Unsinn, was soll das heißen: einen Tag später? Wir feiern alle gemeinsam und legen zusammen! Das wird dann aber auch einen Schmaus geben!«

»Ja, ja! Bei wem wollen wir denn zusammenkommen?«

»Satin ist krank, klar, daß wir zu ihm gehen.«

Und nun werden die Kosten veranschlagt, Pläne geschmiedet; die künftigen Gäste und die Gastgeber nimmt das unwahrscheinlich stark in Anspruch. Ein Nikolaj fährt zu »Jar« und bestellt das Abendessen, ein anderer zu Matern und holt Käse und verschiedene Specksorten. Der Wein wird selbstverständlich auf der Petrowka bei Deprès gekauft, dem Ogarjow folgendes Motto ins Lieferbuch geschrieben hat:

>»De près ou de loin
>Mais je fournis toujours.«*

Unser wenig entwickelter Geschmack ging über den Champagner noch nicht hinaus. (...)

* »Ob nah (de près) oder weit, ich liefere stets.«

Nach dem Abendessen erhob sich gewöhnlich eine kapitale Frage, eine Frage, die einen Meinungsstreit auslöste; die lautete: »Wie soll der Punsch zubereitet werden?« Alles übrige wurde meist gegessen und getrunken, wie man in den Parlamenten über die Vertrauensfrage abzustimmen pflegt – ohne Debatte. Doch hierbei beteiligte sich ein jeder, und dies vom Gipfelpunkt des Abendessens an.

»Anstecken oder noch nicht anstecken? Mit Champagner löschen oder mit Sauternes? Soll man Früchte und Ananas hineintun, solange er noch brennt, oder nachher?«

»Sicher doch solange er noch brennt, nur dann geht das ganze Aroma in den Punsch.«

»Ich bitte dich, die Ananasscheiben schwimmen oben, sie würden anbrennen, das wäre doch ein Jammer.«

»Alles Unsinn!« schreit Ketscher lauter als alle anderen. »Aber was kein Unsinn ist – die Kerzen müssen ausgelöscht werden.«

Die Kerzen sind ausgelöscht, alle haben bläuliche Gesichter bekommen, deren Züge bei der Bewegung des Feuers hin und her schwanken. Inzwischen wird die Temperatur in dem kleinen Zimmer von dem brennenden Rum tropisch. Alle sind durstig, und der Punsch ist nicht fertig. Aber Joseph, der Franzose, den »Jar« geschickt hat, ist fertig; er bereitet eine Antithese des Punsches zu, ein Getränk mit Eis und aus verschiedenen Weinen à la base de cognac; als echter Sohn der »großen Nation« erklärt er uns, während er den französischen Wein eingießt, daß dieser darum so gut sei, weil er zweimal den Äquator überquert hat – »Oui, oui, messieurs; deux fois l'équateur, messieurs!«

Als wir mit dem durch seine Polarkälte bemerkenswerten Getränk fertig sind und eine Notwendigkeit zum Trinken eigentlich überhaupt nicht mehr besteht, schreit Ketscher, während er den feurigen See in der Suppenterrine umrührt, wobei die letzten Stücke Zucker unter Zischen und Stöhnen schmelzen: »Es ist Zeit zum Löschen! Es ist Zeit zum Löschen!«

Das Feuer wird rot vom Champagner, es läuft sozusagen betrübt, mit einem bösen Vorgefühl auf der Oberfläche des Punsches hin und her.

Doch da ertönt eine verzweifelte Stimme: »Aber ich bitte dich, Bruderherz, bist du verrückt, siehst du denn nicht, daß der Siegellack geradewegs in den Punsch hinein schmilzt?«

»Halte du mal bei solcher Hitze die Flasche so, daß der Siegellack nicht schmilzt.« – »Na, dann muß man ihn eben vorher abschlagen«, fährt die Stimme ärgerlich fort. »Tassen, Tassen! Habt ihr genug davon, wieviel? wir sind – neun, zehn ... vierzehn – so, so.« – »Wo sollen wir vierzehn Tassen hernehmen?« – »Nun, wer keine Tasse bekommen hat, dem gießen wir ins Glas ein.« – »Die Gläser werden platzen.« – »Ach, wo, ach wo, man muß nur ein Löffelchen hineintun.«

Es werden Kerzen gebracht; das letzte feurige Zünglein läuft in die Mitte, schlägt eine Pirouette – und ist verschwunden.

»Der Punsch ist gelungen!« – »Er ist gelungen, sehr gut gelungen!« heißt es von allen Seiten.

Am nächsten Tag tut der Kopf weh, man verspürt Übelkeit. Das rührt offenbar vom Punsch her – das war ein Gemisch! Und so wird der aufrichtige Entschluß gefaßt, in Zukunft nie mehr Punsch zu trinken, das sei Gift.

IV

WEIHNACHTSABENDE

Nikolaj Gogol

Die Nacht vor Weihnachten

Der Tag vor Weihnachten war seinem Ende zugegangen. Klar brach die Winternacht herein, die Sterne blinkten, der Mond stieg feierlich am Himmelsraum empor und leuchtete den braven Leuten und der ganzen Welt, daß es ein fröhlich Singen auf den Gassen geben möge zum Preise Christi, unseres Herrn. Der Frost war schärfer noch, als er bei Tage gewesen war, doch herrschte eine Stille, daß du jedes Stiefelknirschen auf dem Schnee wohl eine halbe Werst weit hättest hören können. Noch zeigte sich kein Häuflein Burschen vor den Hüttenfenstern; der Mond allein spähte verstohlen durch die Scheiben, als ob er den geputzten Mädchen rufen wolle, sie sollten eilen, auf den Schnee, den knirschenden, hinauszukommen.

Da, sieh, dem Schornstein einer Hütte entquillt ein Schwall von Rauch und zieht wie eine Wolke übers Firmament, und mit dem Rauch zugleich schießt rittlings auf dem Besen eine Hexe in die Luft.

Wenn just um diese Zeit der Herr Assessor aus Sorotschin vorbeigefahren wäre, drei Gutspferde vor seinem Wagen, auf dem Kopf die hammelverbrämte Mütze nach Ulanenart, im schwarzen, blau bezogenen Schafspelz, die verteufelt stramm geflochtene Peitsche unterm Arm, mit der er seinen Kutscher anzutreiben liebt – er hätte diese Hexe ganz bestimmt bemerkt, denn dem Sorotschiner Assessor kommt hier auf Erden keine Hexe aus. Er rechnet's jeder Bäuerin nach, wie viele Ferkel ihre Sau wirft und wieviel Leinwand sie in der Truhe liegen hat, und jedem braven Mann, was er von Kleidern oder Hausgerät als Pfand am Sonntag in der Schenke läßt. Doch der Assessor aus Sorotschin fuhr nicht vorbei; ja, und was gingen ihn im Grunde fremde Bezirke an – es gab in seinem eigenen genug zu tun.

Doch mittlerweile hatte sich die Hexe schnell so hoch emporgeschwungen, daß sie nur noch als ein schwarzes Fleckchen oben zu erblicken war. Wo aber dieses Fleckchen hinkam, da schwand Stern um Stern vom Firmament. Bald hatte sich die Hexe einen ganzen Ärmel voll davon gesammelt: nur drei, vier noch blinkten am Himmel. Plötzlich tauchte von der anderen Seite her ein zweites Fleckchen auf; es wurde größer, breitete sich aus und war im Nu kein Fleckchen mehr. Ein Mensch mit blöden Augen hätte sich statt einer Brille meinetwegen ein Paar Räder von der Kutsche unseres Kommissars auf seine Nase setzen dürfen – er hätte trotzdem nie herausgekriegt, was das für ein Geschöpf sein mochte. Von der Vorderseite her betrachtet, sah es täuschend einem Deutschen ähnlich: das gespitzte Rüsselchen, das ewig hin und her fuhr und an allem schnupperte, lief, wie man's hierzulande bei den Schweinen sieht, in einer runden Scheibe von der Größe eines Fünfers aus; und Beine hatte das Geschöpf, so dünn, daß der Gemeindevorstand von Dikanka, wenn die seinen von derselben Sorte wären, sie sich beim Kosakentanz bald brechen würde. Von hinten aber glich das Phänomen einem leibhaftigen Bezirksfiskal in Uniform, denn da hing ihm ein Schwanz herab, so spitz und lang, wie neuerdings die Frackschöße der Uniformen sind. Bloß an dem Bocksbart unterm Maul und den zwei kleinen Hörnern, die ihm auf dem Kopfe standen, ferner daran, daß der ganze Kerl nicht weißer als ein Schornsteinfeger aussah, ließ es sich zur Not erraten, daß er weder ein Bezirksfiskal noch auch ein Deutscher war, sondern schlechtweg der Teufel selbst, dem nur die eine letzte Nacht noch blieb, um sich in dieser Gotteswelt umherzutreiben und ehrliche Christenmenschen in die Sünde zu verlokken. Denn am nächsten Morgen, wenn der erste Glockenton zur Frühmesse erklang, dann mußte er mit eingeklemmtem

Schwanz und ohne sich nur einmal umzusehen in seinen Pfuhl hinuntersausen.

Derweil hatte sich der Teufel leise, leise an den Mond herangemacht und streckte schon die Hand aus, ihn zu packen; aber plötzlich riß er sie zurück, als hätte er sie sich verbrannt, er lutschte an den Fingern, zappelte mit einem Bein und pürschte sich dann von der anderen Seite an; doch wieder fuhr er jäh zurück und brachte seine Hand in Sicherheit. Aber trotz aller Mißerfolge ließ der schlaue Teufel nicht von seinen Streichen, sondern sprang hinzu und griff mit beiden Händen nach dem Mond. Er krümmte sich und blies darauf und warf den Mond schnell hin und her von Hand zu Hand, so wie ein Bauer tut, der sich mit bloßen Händen Feuer für die Pfeife aus dem Ofen holt. Dann schob er ihn schnell in die Tasche und lief weiter, als ob nichts geschehen wäre.

In Dikanka merkte keine Seele, daß der Teufel sich den Mond vom Himmel stahl. Zwar der Gemeindeschreiber, der auf allen vieren aus der Schenke kam, sah, daß der Mond – der Kuckuck mochte wissen, wie das zuging – plötzlich wilde Sprünge machte, und erzählte das auf seinen Eid dem ganzen Dorf. Die Bauern aber schüttelten den Kopf und lachten ihn bloß aus.

Wie kam der Teufel eigentlich dazu, so was glattweg Verbotenes zu tun? Nun ja, das hatte seinen Grund: Er wußte nämlich, daß der reiche Kosak Tschub vom Küster zur Nacht auf einen weihnachtlichen Reisbrei eingeladen war. Und der Bürgermeister sollte kommen, ferner ein von auswärts zugereister Vetter unseres Küsters, der als Baßsänger zum Kirchenchor des Erzbischofs gehörte und mit Leichtigkeit die tiefsten Töne sang, dann der Kosak Swerbygus und noch der und jener. Es sollte zu dem Reisbrei warmen Würztrunk geben, aus Safran destillierten Schnaps und auch noch mancherlei zu essen. Wenn nun Tschub zum Küster ging, blieb seine Tochter, die als die schönste Maid im ganzen Dorf galt, allein daheim und kriegte sicherlich Besuch vom Schmied, der ein baumstarker Kerl, ein handsamer Geselle und dem Teufel noch verhaßter war als selbst die Predigten des Herrn Pfarrers. Denn der Schmied gab sich in seiner Mußezeit mit Malen ab und war in weitem Umkreis als der beste Maler anerkannt. Ließ ihn sich doch der Rittmeister L . . .ko selbst, der damals noch bei Leben und Gesundheit war, eigens nach Poltawa kommen, um den Plankenzaun vor seinem Haus zu streichen. All die Näpfe, daraus in Dikanka die Kosaken ihre Suppe schlürften, hatte dieser Schmied bemalt. Er war ein gottesfürchtiger Mann und malte auch oft Heiligenbilder. Heutigentags noch findest du in unserer Kirche zu Dikanka einen Evangelisten Lukas, der von seiner Hand ist. Als der Gipfel aber seiner Kunst gilt doch ein Bild, das man im Kirchenvorraum an der rechten Seitenwand bewundern kann. Darauf hat er den heiligen Petrus mit den Schlüsseln in der Hand gemalt, wie er am Tage des Gerichts den Bösen aus der Hölle scheucht: Der Teufel dreht und windet sich entsetzt und fühlt, daß sein Verderben naht; die armen Sünder aber, die er bei sich in dem Höllenpfuhl gefangenhielt, gehen mit Geißeln, Knüppeln und was ihnen sonst gerade in die Hand kommt, auf ihn los und jagen ihn davon. Als sich der Maler seinerzeit mit diesem Bilde plagte und es auf die große Brettertafel malte, tat der Teufel, was in seiner Kraft stand, ihn zu stören: Er stieß ihn jählings an den Arm, er kratzte Asche aus der Schmiedeesse und bestreute das verhaßte Bild damit; aber der Künstler brachte seine Arbeit doch zum Schluß und trug die Tafel in die Kirche und ließ sie in die Wand des Vorraums ein. An jenem Tag schwor der Teufel, daß der Schmied schon seine Rache fühlen solle.

Nur die eine Nacht blieb ihm jetzt noch, um sich in Gottes Welt umherzutreiben, aber auch in dieser Nacht war er entschlossen, seine Bosheit irgendwie am Schmied Wakula auszulassen. Darum hatte er den Mond gestohlen; denn er rechnete damit, daß Tschub als alter Mann träg und bequem und nicht so leicht in Gang zu bringen war. Der Weg von seiner Hütte bis zum Küsterhaus war weit und führte über ein Stück unbebautes Feld am Kirchhof und der Mühle vorbei und dicht am Abgrund hin. In einer hellen Mondnacht konnte wohl der Würztrunk und der Safranschnaps den alten Tschub auf diesen Weg verlocken; doch bei so großer Dunkelheit vermöchte es wohl niemand, ihn vom Ofen fort und aus der Hüttentür zu bringen. Und der Schmied, der sich seit einiger Zeit schon nicht besonders mit ihm stand, der würde es, so stark er war, wenn Tschub daheim blieb, niemals wagen, seine Tochter zu besuchen.

Auf diese Weise war es, als der Teufel kurzerhand den Mond in seine Tasche hatte gleiten lassen, in der Welt auf einmal eine Finsternis geworden, daß gar mancher kaum den Weg zur Schenke hätte finden können, von dem Weg zum Küster ganz zu schweigen. Wie die Hexe sich so plötzlich im Stockdunkel sah, schrie sie vor Schrecken auf. Da machte sich der Teufel gleich galant an sie heran, schob seinen Arm in ihren und begann ihr die gewissen Dinge zuzuflüstern, die man Frauenzimmern nun einmal von alters her ins Ohr zu flüstern pflegt. Es ist zu sonderbar in dieser Welt! Was sich darin herumtreibt, sucht sich gegenseitig nachzuäffen, um es um jeden Preis einander gleichzutun. Früher, da zeigten sich in Mirgorod zu Winterszeiten bestenfalls die Richter und der Bürgermeister fein in tuchbezogenen Pelzen; all die kleinen Beamten trugen Pelze ohne Überzug. Und heutzutage leisten sich schon der Assessor und Geometer tuchbezogene Pelze aus dem feinsten Astrachan. Und der Kanzlist und der Gemeindeschreiber haben sich schon vor zwei Jahren blauen Nanking angeschafft, die Elle für sechs Silbergroschen. Und der Kirchendiener hat sich für den Sommer Pumphosen aus Nanking und dazu noch eine Weste aus gestreiftem Wollstoff machen lassen. Kurzum, jeder möchte auch was sein! Wann werden wohl die Leute endlich mal das eitle Wesen von sich tun? Ich möchte wetten, daß es vielen ein verwunderlicher Anblick sein wird, auch den Teufel auf demselben Weg zu sehen. Ärgerlich wirkt es vor allem, daß er sich ganz offensichtlich für ein Bild von einem Mann hält, wo er doch eine Fratze hat, daß einem davor grausen kann. Ein Scheusal von 'nem Scheusal, wie Foma Grigorjewitsch zu sagen pflegt, und muß doch auch verliebte Bocksprünge vollführen. Aber mittlerweile war's am Himmel und darunter so pechschwarze Nacht geworden, daß man nichts mehr davon unterscheiden konnte, was die beiden weiter miteinander trieben.

Maxim Gorki

Kirchgang

Ich ging gern zur Kirche. Es machte mir Freude, irgendwo im Winkel zu stehen, wo nicht so viel Licht und so viel Volk war, und von weitem nach der mit Heiligenbildern verzierten Altarwand zu schauen. Es schien mir, als schmelze diese Wand im Feuer der Kerzen, als fließe sie in dicken goldenen Bächen auf die grauen Steinfließen der Altarerhöhung herab. Die dunklen Gestalten der Heiligen schwanken leise, die goldenen Zierarten an der Tür zum Allerheiligsten zittern wie vor Lust, die Kerzenflammen schweben in der bläulichen Luft wie goldene Bienen, und die Köpfe der Frauen und Mädchen gleichen in ihren Tüchern bunten Blumen.

Alles ringsum fließt harmonisch mit dem Chorgesang zusammen, alles lebt sein seltsames Märchenleben, die ganze Kirche schwankt leise wie eine Wiege, schaukelt in der dunklen, pechschwarzen Leere hin und her.

Zuweilen war mir, als sei die Kirche ganz tief auf den Grund eines Sees versunken, als sei sie der Erde entflohen, um ihr eignes, von allem andern Leben verschiedenes Leben zu führen. (...)

Ich ging jedoch nur dann in die Kirche, wenn draußen der Frost schon gar zu streng regierte oder der Schneesturm in tollen Wirbeln durch die Gassen jagte, als sei der Himmel gefroren und von den Winden in lauter Schneegewölk zerstäubt, das nun die gleichfalls gefrorene Erde für immer verschüttete. In ruhigen Nächten zog ich es vor, von Straße zu Straße durch die Stadt zu wandern und ihre entlegensten Winkel zu durchstöbern. Wenn ich so dahinschlenderte, war mir, als schwebe ich auf Fittichen einher. Ich war allein wie der Mond am Himmel, nur mein Schatten lief lautlos vor mir her, löschte die glitzernden Lichtsternchen im Schnee aus, stieß gegen Prellsteine und Zäune und verschob sich dabei auf höchst putzige Art. Mitten auf der Straße schreitet der Nachtwächter hin, im unförmlichen Schafpelz, die Schnarre in der Hand und den Hund an der Seite; wie eine wandelnde Hundehütte, die von irgendeinem Hof fortgelaufen ist, sieht der plumpe Kerl aus. Zuweilen begegne ich lustigen Herren und Damen, auch sie schwänzen wohl, gleich mir, heute die Abendmesse.

Gelegentlich bleibe ich vor einem Luftpförtchen stehen, das irgendwo in einem hellerleuchteten Fenster geöffnet ist. Seltsame Düfte strömen aus dem Zimmer in die reine Luft, so fein und fremdartig, wie Boten eines anderen, mir unbekannten Lebens. Ich bleibe stehen, schnuppre und lausche und suche zu erraten, was für Menschen wohl in dem Hause wohnen, und wie sie leben mögen. In der Kirche wird die Abendandacht gehalten – und sie lärmen und lachen hier ganz vergnügt und spielen auf merkwürdigen großen Instrumenten, deren Akkorde von den metallenen Saiten hell auf die Straße klingen.

Wladimir Majakowski

Heiligabend

Phantastische Realität
Die Flußufer fließen.
Eins nach dem andern
Unter mir   die Schaubilder wandern.
       die Kissen-Scholle.
Ladoga-Wind dreht die Welle zur Rolle.
Hinschießt
       das frostige Floß.
»Zu Hilfe!«
       fleht im Wort
           meine Signal-Rakete.
Schon fall ich
       aus dem Schaukel-Arm des Tods.
Der Strom strömt zu Ende.
           Das Meer naht groß:
Ozean
     Größenwahn
       Trompete.
»Zu Hilfe!
       bringt Rettung! . . .«
           Hundertmal schrie
ichs hinaus wie eine Kanonenbatterie.
Doch sieh!
       Unter mir
          wächst das Quadrat,
die Kissen-Insel zeigt sich geweitet.
Das Tosen läßt nach.
       die Stille naht:
dem Rumoren wird dumpf ein Ende bereitet . . .

Keine Spur von See.
                    Ich lande auf Schnee.
Rings meilenweit
Festland, in Krusten und Schorfen;
Trockenland
                    hier ein feuchtes Wort.
Ich, Findling,
                    dem Schneesturm zum Fraß vorgeworfen.
Was für ein Erdreich?
                         wie heißt der Ort?
Grönland?
           Lappland?
              Liebe-Land?

SCHMERZ DER NÜCHTERNEN WAHRHEIT
Vollmond, reifer Kürbis, aus Wolkenwinkeln;
Mauern, in stufige Abschattung gereiht.
Ich renn. Petrowski-Park.
                        Das Feld Chodynka
mir nach.
           Vor mir die Twerskaja,
                              ein Laken, verschneit.
Hallooo!
          Bis in die Sodowaja
                             stieß mein »o« seine Delle.
Als Kraftwagen trieb ich oder Deichsel.
Geriet in den Schnee mit der Schnauze –
                                    wohl tief eine Elle.
Eine Wortsalve prasselt unflätigen Fluchs.
                                    pfui Deixel!
– »Hat die NÖP dich blind gemacht, Tropf,
oder des Teufels Großmutter stur?
Wozu drehst du zwei Glotzer im Kopf,
Schießbudenfigur!« –

Ah, wieso meinst du,
        daß ich so was wär?
Ich bin – Bär.
Genauer:
      man muß
die Leute aufklären:
ich bin gar nicht Bär.
        Ich ähnle dem Bären.

EIN ERLÖSER
Da sieh mal.
      Vom Stadtor
          naht sich ein Menschlein.
Kurz die Schritte, schon wächst er im Kommen.
Vollmond umrahmt dessen Haupt
         mit einem Kränzlein;
– »Sofort«, sag ich munter,
         »im Boot hingeschwommen!«
Er ist der Erlöser.
      Leibhaftig weiland
         Jesus der Heiland.
Ruhvoll und gütig
      in der Mondgloriole.
Tritt näher.
      Antlitz zart
        und ganz ohne Bart.
Viel jünger und sanfter, das ist
        beileibe nicht Christ.
Noch näher:
     so recht Komsomol.
Nicht Mütze noch Mantelpelz.
        Dienstkittel und Wickelgamaschen.
Bald Hände gefaltet
     wie betend.

bald Hände in Schwung
　　　　　　wie öffentlich redend.
Schnee als Watte.
　　　　　　Ein Bürschlein, auf Watte hatschend.
Watte in Gold,
　　　　　sagt was immer
nichts wäre kitschiger, dümmer.
Doch wund reibt den Rücken mir ein Ranzen
voll Traurigkeit,
　　　　　　ich zerfließe in Zigeunerromanzen.

Nikolaj Ognjew

KOMSOMOLZEN-WEIHNACHT

1. Januar 1924. An den Feiertagen hab ich zusammen mit unseren Komsomolzen an einer »Komsomol-Weihnachtsfeier« in einem Arbeiterklub teilgenommen. An diesen Fabrikbetrieb wird wahrscheinlich unsere Zelle angeschlossen. Wir, ich und Silva, kamen gegen 10 Uhr abends; aber es hatte noch gar nicht angefangen, obwohl der Saal voll war und große Hitze und Gedränge herrschte. Gegen 11 Uhr kam der Lektor und erzählte was von verschiedenen Göttern. Das hätte interessant sein können, wenn er nicht ganz heiser und übermüdet gewesen wäre; alles schaute ihm bloß immer zu, wie er in einem fort Wasser trank. Dann plötzlich, mitten in der Vorlesung, schaute er auf die Uhr und sagte: »Genossen, entschuldigt, ich muß schließen, ich muß noch an fünf andere Stellen.« Er stürmte vom Podium, und weg war er. So hatte die Vorlesung also keinen Schluß. Ich bin der Ansicht, daß man gar nicht erst hätte anfangen sollen. Danach kam lange nichts. Ich wurde ganz schläfrig, aber plötzlich ging der Vorhang auf, und die Vorstellung begann. In dem Stück streiten sich die Popen der verschiedenen Länder herum, wessen Gott besser ist, dann kommt plötzlich ein Arbeiter mit einem Besen und jagt sie alle davon. Auch ein Bourschuj (Bourgeois) treibt sich auf der Bühne herum. Er hatte zwar nicht viel zu tun, aber gespielt hat er besser und komischer als alle anderen. Am komischsten war, seine Unterhose rutschte immer unter der Hose hervor. Er schob sie andauernd zurück, aber sie rutschte immer wieder runter. Der Saal dröhnte unter dem Gelächter. Ich bin der Ansicht, daß, wenn man antireligiöse Propaganda macht, immer was Komisches geben muß, dann erreicht sie ihren Zweck. All diese Vorträge und Vorlesungen, besonders solche wie die hier, stoßen einen nur ab.

Außerdem war ich gestern, am Silvesterabend, in der Schule (1. Stufe) zu einer Vorstellung zusammen mit Silva. Es gab »Das rote Aschenbrödel«. Da kommen zwei Schwestern vor, die sind Bourschujkas; eine dritte ist Wäscherin. Wer das ausgedacht hat, weiß ich nicht, aber ich bin der Ansicht, daß es so was nicht gibt, denn alle drei leben zusammen. Die Sache fängt so an, daß die Bourschujkas zu einem Ball fahren und das rote Aschenbrödel zu Hause das Geschirr abwäscht. Dann erscheint plötzlich irgendein Geck in rotem Hemd und gibt dem Aschenbrödel eine Proklamation zu lesen. Das Aschenbrödel liest, zieht das Kleid ihrer Schwester an und rennt los. Im zweiten Akt ist der Ball; da tanzen Aschenbrödels Schwestern und noch andere in bunten Kleidern. Plötzlich kommt Aschenbrödel angerannt und tanzt auch. Ein Prinz geht ihr nach, aber sie hat Angst vor ihm, läuft weg und verliert ihren Schuh... Dann im dritten Akt kommt der Prinz zu ihnen nach Haus und probiert, wem der Schuh paßt. Er paßt keiner, nur dem Aschenbrödel paßt er. Der Prinz will sie heiraten, aber plötzlich kommt der Agitator von früher, verkündet, daß ein Aufstand begonnen hat und verdrischt den Prinzen. Der läuft weg mitten durch das Publikum, und in diesem Augenblick kommen alle, die verkleidet auf dem Ball waren, und singen zusammen mit den Schwestern die »Internationale«. Hier gab es viel Unwahrscheinliches. Man kann aber von den Knirpsen nicht viel verlangen. Gespielt haben sie sehr gut, so daß ich selber Lust bekommen habe, auf der Bühne zu spielen. Ja, warum machen wir bei uns keine Vorstellung? Ich will mit Nikpetosch sprechen. Ich bin der Ansicht, daß es, was das Zuschauen anbelangt, im Kino interessanter ist; da braucht man gar nicht zu denken; aber was das Selberspielen anbelangt, ist es im Theater interessanter; auf der Leinwand ist doch bloß ein Schatten.

Gleich nach der Vorstellung begannen die Knirpse zu tanzen. Ich ging zu ihrer Schkrabin, Marja Iwanowna, und sagte: »Wissen Sie auch, Genossin, daß das Tanzen überhaupt verboten ist?« Sie antwortete: »Erstens stecken Sie gefälligst Ihre Nase nicht in Sachen, die Sie nichts angehn, Genosse Rjabzew! Sie gehen schon der zweiten Stufe auf die Nerven. Nun wollen Sie Ihre Nase auch noch in die erste stecken. Außerdem, wenn es Ihnen nicht gefällt, gehn Sie weg! Ich weiß überhaupt nicht, was Sie hier zu suchen haben!«

Ich wurde furchtbar böse, beherrschte mich aber und beschloß, in der Zelle darüber Bericht zu erstatten. Dann sah ich dem Tanz zu und fragte Silva, ob sie auch tanzen könne. Sie meinte, sie könne wohl, habe aber keine Lust; ich sah aber, wie ihre Augen brannten, ihr Gesicht rot wurde und ihre Schleife im Takt der Musik hüpfte. Ich dachte: ›Wäre ich nicht hier, dann hättest du sicher getanzt.‹ Offen gestanden, ich fühlte mich auch anders als sonst. Es war sehr hell. Alle Lampen brannten. Die Musik, ein einfaches Klavier, riß einen so mit, daß man Lust bekam, was Besonderes anzustellen, z.B. eine glänzende Rede zu halten oder mit der Fahne in der Hand allen anderen voranzugehen. Oder einen Purzelbaum zu schlagen. Doch von den unseren war nur Silva da. Plötzlich faßte sie mich an der Hand und sagte: »Wladlen, ich bleibe um keinen Preis hier (wir haben uns verabredet, daß sie mich Wladlen nennen soll). Bleib du, wenn du willst. Ich gehe.«

Ich ging natürlich mit. Allein wäre es mir langweilig gewesen. Unterwegs sagte Silva: »Wenn man immer alles machen wollte, wozu man Lust hat, wo bliebe dann die Ideologie?«

Ich mußte ihr Recht geben.

Wladimir Solowjew

Die Nacht auf Weihnachten

Zwar Sünden ohne Zahl und schreckliche Verbrechen
Sind seit dem Wendepunkt der Zeiten noch geschehn;
Doch das Gewissen muß seitdem uns schuldig sprechen,
Sein heil'ges Feuer kann und wird nicht mehr vergehn.

    Denn nicht umsonst ist jene Nacht erschienen,
    In der als Menschenkind in diese Welt
    Geboren ward der, dem die Engel dienen,
    Der Sohn des Vaters überm Sternenzelt.

In tiefster Tiefe weiß die Welt doch auch noch heute,
Daß unverschüttet strömt der Wahrheit Lebensquell;
Und töne auch ihr Wort nur als ein Grabgeläute
Auf einem Trümmerfeld – es *tönt* doch, laut und hell.

Die Welt verwarf das Licht, das in ihr ward geboren,
Doch im Gewissen strahlt's als Fackel in der Nacht.
Der Herrscher dieser Welt hat seinen Sieg verloren,
Gestürzt durch Geistes Kraft und nicht durch äußre Macht.

Agathe Pfannkuche

Weihnachten in Moskau

Moskau, den 25./13.12.1893

Meine Lieben!

Ihr habt den ersten Feiertag schon hinter Euch. Hoffentlich
seid Ihr alle recht vergnügt gewesen. Gewiß steckt Ihr jetzt
den Weihnachtsbaum mal wieder an. Was wohl Henning zu
dem brennenden Baum gesagt hat. Ich hätte ihn sehen mögen. Daß er schon kurze Kleidchen an hat, das denke ich mir
zu reizend. Elsbeth T. schrieb mir auch ganz entzückt von
ihm. Ich habe mir mehr als ein mal gewünscht, doch daheim
zu sein bei der schönen Weihnachtsfeier. Frl. Horn und ich
haben uns zusammen getröstet, sie empfand es, glaube ich,
noch mehr, als ich, das Heimweh, das überhaupt nicht ganz
gelöscht war. (...)
    Im Herzen habe ich doch jetzt mit Euch Weihnachten ge-
feiert. Es ist wirklich sehr langweilig, daß die Menschen in
Rußland noch so dumm sind und sich nicht nach unserer
Zeitrechnung richten wollen. (...)
    Wenn man hier doch auch etwas von solcher Weihnachts-
geschäftigkeit merkte, ich finde, das erhöht noch ein wenig
die hoffende Freude. Die Läden sind natürlich alle mit den
kostbarsten Sachen geschmückt. Ja, es ist wirklich herrlich
durch die »Passagen« zu gehen, wo die größten Läden sind.
Wer hier einen Geldbeutel, aber einen sehr gefüllten hat, der
kann kaufen, besonders Goldläden habe ich selten so großar-
tige gesehen. In diese Gegend kommen wir aber nicht oft,
dazu ist es zu weit. Wenn Frau C. damit einverstanden ist,
hätte ich große Lust, mit den Kindern Sonntag mal den

Weihnachtsmarkt zu besuchen, der soll so sehr schön sein. Sonntag kamen wir bei unserm Spaziergang in die Nähe des Sonntagsmarktes, wir sahen uns das Gewühl von oben mit an. Moskau liegt so hügelig, so daß wir auf einer Terrasse ihn unter unsern Füßen liegen sahen. Das sah ganz amüsant aus. Meistens werden da Tauben, die den Russen heilige Tiere sind, Hunde und auch wohl Hühner, Gänse etc. verhandelt. Furchtbar komisch war es, wenn sich eine Taube befreite und von dannen flog, während der Käufer oder Verkäufer mit verblüfftem Gesicht ihr nachschaute. Dann kriegten sie sich gelegentlich auch beim Kopf dabei, sie werden sich aber wohl bald getröstet haben, denn eine Taube kann sich jeder leicht auf der Straße wiederfangen. Dabei denken sie sich nichts, das Stehlen ist scheinbar zur Gewohnheit bei ihnen geworden. Neulich hatte Herr C. auch mit der Köchin einen Krach, weil wir entdeckten, daß sie eine Schachtel Kaffee beim Brennen entwendet hatte. Sie wird wohl fliegen müssen, wenn Frau C. wieder da ist. Ich wäre ganz froh darüber, denn mit ihrer Reinlichkeit ist es glaube ich nicht weit her, wenn man nur nicht vom Regen in die Traufe kommt; schmutzig sind nun einmal alle Russen. Ein rechter Deutscher kann sich hier nicht wohl fühlen.

Heute Morgen haben Georg, Lisa und ich mit großem Interesse dem Exerzieren der Soldaten zugesehen. Es schienen neue Rekruten zu sein. Manche hatten noch keine Uniformen und sahen in ihren großen Pelzmützen schrecklich aus. Über einen Trupp ganz kleiner Soldaten amüsierten wir uns sehr, diese sollten das Grüßen lernen und konnten es nicht recht begreifen. Ich habe nie so kleine Soldaten gesehen. Die Russen begnügen sich scheinbar mit einem kleineren Exerzierplatz, wie die Preussen, die nie zu viele bekommen können; sie liefen heute Morgen fast alle durcheinander, aber das machte es grade so lustig aussehen. Schließlich stimmten sie noch einen Gesang oder vielmehr ein Geschrei an. Hoffentlich werden sie niemals unsere Feinde. Einem russischen Gottesdienst habe ich noch nicht beigewohnt, lieber August, ich möchte es sehr gerne in der Weihnachtsnacht, dann soll es so besonders feierlich sein.

Das religiöse Leben hier berührt einen ja merkwürdig, mich aber nicht unangenehm, wie manchen. Oft wird, gefolgt von einem langen Zug, irgend ein Heiligenbild durch die Stadt gefahren, oder auch ein Leichenzug hat etwas sehr eigentümliches, wie ich neulich einen sah. Da wurde auf einmal mitten auf der Straße der Sarg aus dem Wagen genommen, es wurde wunderschön gesungen und mehrere Priester redeten etwas und noch verschiedene Ceremonien wurden gemacht, ehe der Zug sich wieder in Bewegung setzte. Ich bedauerte die Menschen, die bei dem kalten Schneegestöber solange stehen mußten.

Anna Achmatowa

EUROPÄISCHE WEIHNACHT

24. Dezember 1959

... Leichtes Schneetreiben. Ein ruhiger, sehr stiller Abend. T. ist früh gegangen, ich war die ganze Zeit allein, das Telefon schwieg. Verse immerzu, ich vertreibe sie, wie immer, bis ich eine wirkliche Zeile höre. Der ganze Dezember war trotz der ständigen Herzschmerzen und der häufigen Anfälle voller Verse, aber »Michal« gelingt noch nicht, das heißt, da schwirrt etwas Zweitrangiges. Aber das schaffe ich schon. Der Versuch, Erinnerungen zu schreiben, ruft unvermutet tiefe Schichten der Vergangenheit herauf, das Gedächtnis schärft sich schmerzlich: Stimmen, Laute, Gerüche, Menschen, das eiserne Kreuz auf der Fichte im Park von Pawlowsk usw., ohne Ende. Ich erinnere mich zum Beispiel daran, was Wjatsches-law Iwanow sagte, als ich zum ersten Mal bei ihm Gedichte las, und das war 1910, das heißt fünfzig Jahre ist das her.

Die Gedichte muß ich von all dem freihalten.

Die letzten Tage fühle ich außerdem immerzu, daß irgendwo etwas mit mir vor sich geht. Wie im einzelnen, das ist noch undeutlich. Ob in Moskau oder sonst irgendwo saugt mich etwas an, wie der Gluthauch eines riesigen Ofens oder eine Schiffsschraube. Am 29. fahre ich mit Irina ins »Schrift-steller-Haus« nach Komarowo – zehn Tage nur. Vielleicht er-hole ich mich, eher nicht.

... Jeder weiß, daß es Menschen gibt, die den Frühling von Weihnachten an spüren. Heute ist mir so, als hätte ich ihn ge-spürt, obwohl noch gar kein Winter war. Damit ist so viel Wunderbares und Freudiges verbunden, daß ich fürchte, ich verderbe alles, wenn ich jemandem davon erzähle. Auch scheint mir, daß ich irgendwo mit meiner koreanischen Rose verbunden bin, mit der dämonischen Hortensie und all dem stillen schwarzen Leben der Wurzeln. Ob sie nun frieren? Haben sie genügend Schnee? Schaut der Mond auf sie herun-ter? Das berührt mich im Innersten, und ich vergesse sie nicht einmal im Schlaf.

V

HIMMEL UND ERDE
FREUEN SICH HEUT

Aus der Liturgie am Weihnachtstag

Die folgenden Lied- und Gebetsformen – Sticheren, Apostichen und das Troparion – gehören zum Wortgottesdienst als dem zweiten Teil der »Göttlichen Liturgie« (Boshéstwennaja Liturgíja). Sticheren sind Kurzlieder aus dem Sticherarion. Als Apostichen bezeichnet man mehrzeilige Texteinschübe in Versform; oft hymnisch gehalten. Das Troparion ist ein kurzes, dem orthodoxen Glauben verpflichtetes Schlußlied in Gebetsform. – Das Fest der Geburt Christi wurde durch Gregor von Nazianz in Konstantinopel eingeführt; er war dort Bischof von 379 bis 381.

Sticheren

Himmel und Erde mögen sich heute freuen prophetisch; Engel und Menschen, lasset uns geistlich ein Fest feiern! Denn Gott ist im Fleische erschienen den in der Finsternis und im Schatten Sitzenden, indem er geboren ward aus dem Weibe. Eine Höhle und eine Krippe nahmen ihn auf. Die Hirten verkündigen das Wunder. Die Magier aus dem Morgenlande bringen Geschenke nach Bethlehem; wir aber wollen die Lobpreisung mit unwürdigen Lippen nach Art der Engel vollziehen: Ehre sei Gott in den Höhen und auf Erden Friede; denn gekommen ist die Erwartung der Völker, ist gekommen, hat uns erlöst aus der Knechtschaft des Feindes.

Himmel und Erde haben sich heute vereinigt, Christus ist geboren. Heute ist Gott auf die Erde gekommen, und der Mensch ist wieder zum Himmel aufgestiegen. Heute wird Der im Fleische verehrt, Der seiner Natur nach unsichtbar ist, für uns Menschen. Verherrlichen wir Ihn, singen wir Ihm: Ehre sei Gott in den Höhen der Himmel und auf der Erde

Frieden, der durch Deine Ankunft o unser Erretter, befestigt wird. Ehre sei Dir.

Ehre sei Gott in den höchsten Himmeln, erklingt es heute in Bethlehem aus dem Munde der Unkörperlichen, zu Ehren Dessen, Der da wollte, daß der Friede zur Erde niedersteige. Die Jungfrau ist jetzt weiter als die Himmel, denn das Licht hat über denen zu leuchten begonnen, die in der Finsternis sind und hat die Demütigen erhoben, die mit den Engeln singen: »Ehre sei Gott in den Höhen der Himmel.«

Da Jesus wegen seiner Übertretungen den gefallen sah, der nach Seinem Ebenbilde geschaffen war, neigte er die Himmel herab, stieg herab aus den Himmeln und nahm Wohnung im Schoße einer Jungfrau, ohne Änderung zu erfahren, um in ihr Adam neuzuschaffen, der befleckt wurde und Ihn anrief: »Ehre sei Deiner Erscheinung, o mein Erlöser und mein Gott.«

Ehre ...

Die Magier, Könige der Perser, welche deutlich erkannt hatten den auf Erden geborenen himmlischen König, kamen geleitet von dem glänzenden Sterne nach Bethlehem, auserlesene Geschenke darbringend, Gold, Weihrauch und Myrrhen; und niederfallend beteten sie an; denn sie sahen in der Höhle liegen das über die Zeit erhabene Kind.

Jetzt ...

Es jubeln alle Engel im Himmel und die Menschen freuen sich heut. Es hüpft die ganze Schöpfung wegen des in Bethlehem geborenen Heilands, des Herrn. Denn aller Trug der Götzenbilder hat aufgehört, und es herrscht Christus in die Ewigkeiten.

Ein großes und unfaßbares Wunder ward heute vollbracht. Die Jungfrau gebiert und der Mutterschoß bleibt unverletzt; das Wort wird Fleisch und entfernt sich nicht vom Vater; die Engel rühmen mit den Hirten und wir rufen mit ihnen aus: Ehre sei Gott in den Höhen und auf Erden Friede!

– Der Herr sagte zu meinem Herrn: Setze dich zu meiner Rechten.

An diesem Tage bringt die Jungfrau den Schöpfer aller Dinge zur Welt. Das Paradies bietet seine Höhle dar und der Stern bezeichnet den Christus, die Sonne, denen die in der Finsternis sind. Die Magier haben ihn mit ihren Gaben angebetet, erleuchtet durch den Glauben. Die Hirten haben das Wunder gesehen, während die Engel singen und sagen: Ehre sei Gott in den Höhen der Himmel.

– Aus dem Schoße vor dem Morgenstern habe ich dich gezeugt.

Da der Herr Jesus im judäischen Bethlehem geboren ward, kamen die Magier aus dem Morgenlande und beteten den fleischgewordenen Gott an, und aus tiefstem Herzen, indem sie ihre Schätze darreichten, boten sie Ihm kostbare Gaben: von reinem Golde, als dem König der Ewigkeiten, Weihrauch, als dem Gott des Alls, und Myrrhe, Ihm, dem Unsterblichen, als dem drei Tage Gestorbenen. Kommet her, alle Völker, betet Den an, Der geboren ward, um unsere Seelen zu retten.

Ehre . . .

Freue dich, Jerusalem, und alle die ihr Zion liebt, nehmt teil an unserem Feste An diesem Tage ist das zeitliche Band der Verdammnis Adams zerrissen, das Paradies öffnet sich uns und die Schlange wird zertreten, denn die, welche damals getäuscht wurde, sieht sie nun als Mutter des Schöpfers. O Abgrund des Reichtums, der Weisheit und der Erkenntnis Gottes!

Diejenige, welche allem Fleische den Tod gebracht hat, das Werkzeug der Sünde, wird zum Erstling des Heils für die ganze Welt, durch die Mutter Gottes – denn das Kind wird aus ihr geboren, der allvollkommene Gott; durch Seine Geburt legt Er das Siegel auf ihre Jungfräulichkeit; durch Seine Windeln löst Er das Band der Sünde und durch Seine Kindheit trocknet Er die Tränen, welche Eva beim Gebären vergossen. Daß die ganze Schöpfung juble und sich freue, denn Christus ist erschienen, sie zu erneuern und unsere Seelen zu retten.

Jetzt ...

Du hast in einer Höhle Wohnung genommen, Christus, Gott, und eine Krippe hat Dich empfangen; Hirten und Magier haben Dich angebetet. Da erfüllte sich das Prophetenwort und die englischen Kräfte, bestürzt vor Erstaunen, singen und rufen: Ehre sei Deiner Herabkunft, einziger Freund der Menschen!

– Herr, nun lässest Du Deinen Diener in Frieden fahren, wie Du gesagt hast; denn meine Augen haben Dein Heil gesehen, welches Du bereitet hast vor allen Völkern, ein Licht zu erleuchten die Heiden und zum Preise Deines Volkes Israel.

Troparion

Deine Geburt, Christe, unser Gott, ließ erstrahlen der Welt das Licht der Erkenntnis; denn bei ihr wurden die Anbeter der Gestirne von einem Stern belehrt, Dich anzubeten als die Sonne der Gerechtigkeit und Dich zu erkennen als den Aufgang aus der Höhe. Herr, Ehre sei Dir!

Aus der Weihnachtspredigt
des hl. Gregorius von Nazianz

Christus wird geboren: lobpreiset! Christus kommt vom Himmel: geht ihm entgegen! Christus erscheint auf Erden: erhebet euch, »Singet dem Herrn, alle Welt!« Und um beides zusammenzufassen: es freue sich der Himmel und es frohlocke die Erde ob des Himmlischen, der nunmehr Erdenkind ist. Christus ist im Fleische, freuet euch mit Zittern und Jubel, mit Zittern wegen der Sünde, mit Jubel wegen der Hoffnung. Christus ist der Sohn der Jungfrau; seid jungfräulich, ihr Frauen, damit ihr Christi Mütter werdet! Wer betet den nicht an, der der Erste ist? Wer preist den nicht, der der Letzte ist? Wiederum verschwindet die Finsternis, wiederum wird das Licht erschaffen, wiederum wird Ägypten mit Finsternis gestraft, wiederum Israel durch die Feuersäule erleuchtet. Das Volk, das in der Finsternis der Unwissenheit sitzet, soll schauen das große Licht der Erkenntnis. »Das Alte ist vergangen; siehe, es ist alles neu geworden.« Der Buchstabe weicht, der Geist siegt; die Schatten fliehen, die Wahrheit zieht ein. Der Melchisedek erscheint. Der ohne Mutter war, wird ohne Vater, ohne Mutter zuvor, ohne Vater danach.

Die Gesetze der Natur treten außer Kraft; die höhere Ordnung muß erfüllt werden. Christus gebietet, lasset uns nicht widerstehen. »Frohlocket mit Händen, alle Völker«, denn »ein Kind ist uns geboren, ein Sohn ist uns gegeben, welches Herrschaft ist auf seiner Schulter« – das Kreuz ist seine Erhöhung –, und sein Name heißt: Bote des großen Rats vom Vater. Es rufe Johannes: »Bereitet dem Herrn den Weg!« Auch ich will verkünden die hohe Bedeutung des Tages: der Fleischlose wird Fleisch, das Wort nimmt einen Leib an, der Unsichtbare wird sichtbar, der Körperlose läßt sich betasten, der Unzeitliche nimmt einen Anfang, Gottes Sohn wird zum Menschensohn;

»Jesus Christus gestern und heute und derselbe auch in Ewigkeit.« Die Juden mögen sich ärgern, die Heiden spotten, die Häretiker schwatzen. Dann werden sie glauben, wenn sie ihn zum Himmel haben auffahren sehen; und wenn da nicht, so doch, wenn sie ihn kommen sehen vom Himmel und sitzen zu Gericht. (...)

Das ist unser Fest, dieses feiern wir heut, die Herabkunft Gottes zu den Menschen, auf daß wir zu Gott aufsteigen oder zu ihm zurückkehren, auf daß wir den alten Menschen ablegen und den neuen anziehen, und wie wir in Adam gestorben sind, so in Christus leben, indem wir mit Christus geboren, gekreuziget und begraben werden und mit ihm wieder auferstehen. Denn diese schöne Umkehr soll ich an mir erfahren; und gleichwie nach dem Besseren das Traurige kam, so soll nach dem Traurigen das Bessere wiederkommen. »Denn wo die Sünde mächtig geworden ist, da ist die Gnade noch viel mächtiger geworden«; und wenn der Genuß Verdammnis brachte, wie viel mehr hat das Leiden Christi Rechtfertigung gebracht! Darum lasset uns nun ein Fest feiern nicht mit äußerem Gepränge, sondern gotteswürdig, nicht in weltlichem, sondern in himmlischem Sinne, laßt uns feiern nicht unsere Sache, sondern die Sache dessen, der der Unsere geworden und doch vielmehr noch unser Herr ist, nicht die Sache unseres Unheils, sondern die unseres Heils, nicht die unserer Schöpfung, sondern die unserer Neuschöpfung! Und wie soll das geschehen? Lasset uns nicht die Türen bekränzen und nicht Reigentänze aufführen, nicht die Straßen schmükken, nicht das Auge ergötzen, nicht das Ohr mit dem Ton der Flöte vergnügen, nicht dem Geruchsinn schmeicheln, nicht den Gelüsten des Gaumens fröhnen und nicht für die äußere Empfindung Freude schaffen – das sind ja die nächsten Wege zum Bösen und die Zugänge zur Sünde. Lasset uns nicht Üppigkeit treiben mit weichlicher und ringsum herabwallender Kleidung, wovon auch das schönste Stück ganz unnütz ist, nicht mit glänzenden Steinen, nicht mit strahlendem Gold, nicht mit trügerischer Schminke, die, ein Frevel gegen Gottes Ebenbild, den falschen Schein natürlicher Schönheit erwecken soll, nicht mit Schmausereien und Trinkgelagen, die meines Wissens Unzucht und Ausschweifung im Gefolge haben. Denn schlecht sind die Lehren schlechter Lehrer oder vielmehr schlecht die Früchte von schlechtem Samen. Lasset uns nicht hohe Lager machen und nicht den Bauch weich und üppig betten! Lasset uns nicht hochschätzen die schönduftenden Weine, die leckeren Künste der Küche und kostbare Salben! Nicht sollen das Land und das Meer ihren kostbaren Schmutz zum Geschenke uns bringen – denn nur diesen Ehrennamen weiß ich für den Luxus. Geben wir uns nicht Mühe, es einander in Unmäßigkeit zuvorzutun! Unmäßigkeit aber ist in meinen Augen, was zu viel ist und über das Bedürfnis: und das, während andere hungern und darben, die aus demselben Lehm und denselben Elementen gebildet sind. Sondern dies wollen wir den Heiden überlassen und den heidnischen Festen und Feierlichkeiten; sie nennen ja auch solche Götter, die an Fettdampf Freude haben, und dienen demzufolge der Gottheit mit dem Bauche, böser Geister böse Bildner und Diener und Priester.

Wir aber, die das Wort anbeten, wenn auch wir schwelgen sollen, so wollen wir schwelgen im Worte, im göttlichen Gesetz und in Erzählungen, in solchen, die das heutige Fest uns darbietet wie auch in andern, auf daß angemessen sei unser Schwelgen und dem nicht fremd, der uns berufen. (...)

Gott war immer und ist und wird sein; oder vielmehr, er *ist* immer. Denn was war und wird sein, sind Abschnitte unserer Zeit und der vergänglichen Natur; er aber ist immer der Seiende; und so nennt er sich selbst, als er dem Moses auf dem Berg erschien. Denn alles in sich zusammenfassend, hat er das Sein, das anfangslose und endlose, das wie ein unendliches und grenzenloses Meer ist, erhaben über allen Gedanken von

Zeit und Natur; nur mit dem Geist erfaßbar, und das nur sehr wenig und dunkel und nicht aus dem, was er an sich ist, sondern aus dem, was um ihn ist, indem eine Vorstellung an die andere sich reiht, zu *einem* annähernden Bild der Wahrheit – zerfließend, ehe es ergriffen wird, und ehe es gedacht wird, entweichend, so sehr erleuchtend unseres Wesens vorzüglichsten Teil, sofern er gereinigt ist, wie die Schnelligkeit des nicht stillhaltenden Blitzes unser Auge: damit er, wie mir scheint, zu sich heranziehe durch das, was von ihm wahrgenommen wird – denn das völlig Unerfaßliche erregt keine Hoffnung und kein Verlangen (...)

Unermeßlich also isst das Göttliche und nicht zu erschauen, es ist allein von ihm ganz zu begreifen – seine Unbegrenztheit; wenn auch jemand glauben sollte, wegen der Einfachheit seines Wesens sei es entweder ganz unerfaßlich oder vollkommen erfaßlich. Was nämlich das heißt: er ist einfachen Wesens, laßt uns untersuchen.

Die Betrachtung des Unendlichen ist eine zweiseitige, nach Anfang und Ende. Was nicht darin liegt, sondern darüber hinaus, ist unendlich. Wenn nun der Geist hinschaut auf den oberen Abgrund und nicht weiß, wo er ruhen und mit seinen Vorstellungen von Gott sich stützen könnte, so nennt er dieses Unbegrenzte und Unermeßliche das Anfangslose; wenn er aber in die Tiefe und in die Zukunft schaut, das Unsterbliche und Unvergängliche, und wenn er das Ganze zusammenfaßt, nennt er es das Ewige. Denn Ewigkeit ist weder Zeit noch Zeitteil; sie ist ja auch nicht meßbar: vielmehr was uns die Zeit ist, die durch die Bewegung der Sonne gemessene, das ist den Immerwährenden die Ewigkeit, gleichsam eine zeitliche Bewegung und Entfernung, welche gleichweit wie das Seiende sich ausdehnt. So viel sei jetzt von mir über Gott dargelegt.

Das Lied von der
Barmherzigen Frau

So stehts geschrieben in der Schrift,
hört, Brüder, kommt und hört mich an,
damit die Welt sich neu gebiert
und keine Krankheit Wunden schlägt,
hört, Brüder –:

In Bethlehem, der heilgen Stadt,
geboren ward Herr Jesus Christ
von einer Jungfrau gnadenreich.

Die Sonne und der stille Mond,
sie freuten sich mitsamt der Welt:
geboren ist das Christuskind.

Doch seine Feinde ruhten nicht
und wollten ihn vernichten,
als sie erfuhren, daß er ward geboren.
Sie wünschten Böses ihm und wollten
furchtbare Folterqualen an ihm üben.
Es kamen Diebe, Mörder in die Stadt,
und alle kleinen Kinder wurden
von ihnen abgewürgt, erdolcht und aufgehängt.
An vierzigtausend haben sie gemordet,
an vierzigtausend kleine Kinder,
die zwischen zwei und einem Jahre waren.

In Bethlehem, der heilgen Stadt,
hub an ein schrecklich Weinen.
Der wahre Christus, Gottes Sohn,
ward durch des Vaters Hand gerettet,

und als er floh auf Gottes Weg,
begegnet einem Weibe er
mit einem Kindlein an der Brust.
Und also redet er sie an:
»Barmherzge, mitleidvolle Frau,
wirf deinen Sohn in einen Ofen,
nimm mich dafür auf deinen Arm,
denn Jesus Christus bin ich, Gottes Sohn.
Du wirst für deine Opfertat
den Himmel dir erwerben.«

Das Weib bekreuzigt sich zuerst
und dann warf sie den eignen Sohn
ins Feuer, und sie nahm dafür
das Christuskind auf ihren Arm.

Und schon gelaufen mit Geschrei
kommt an der Feinde wüste Schar.
Der Teufel wies dem Schinderpack
die Spur, und selber fanden sie
mit Waffenklang und Fluch den Weg.
»Du mitleidvolle Frau, sag an,
hast du nicht Jesus Christ gesehn?
Wo hat sich Gottes Sohn versteckt?«

Da sprach die mitleidvolle Frau:
»Verfluchte Feinde, wo soll ich
wohl Gottes Sohn gefunden haben?
Jetzt grade fing ich hier ein Kind
und warf es in den Ofen.«

Die Feinde wollten das nicht glauben
und schauten in dem Ofen nach.
Und sieh! da regt ein Gliedchen sich,

ein Händchen und ein Beinchen sich ...

Wie freute sich das Schindervolk!
»Da sitzt er drin, der Gottessohn!«

Sie sprangen, sangen, tanzten, fluchten
und zogen lärmend wieder heim.

Da weinte nun die arme Frau:
»O weh, was habe ich getan?
Ich hab mein eigen Kind verbrannt,
und das ist nun zu Asche worden.«

Doch da auf ihrem Arme sprach
das Christuskind, der Gottessohn:
»Vergieße keine Tränen, mitleidvolles Weib.
Dein Kind ist unversehrt geblieben.
Schau hin, es spielt im Ofen;
es sitzt im Feuer und es liest
die Heilge Schrift, du mitleidvolles Weib.«

Das mitleidvolle Weib jedoch
wollt dem nicht Glauben schenken;
ging zu des Ofens Feuerglut,
schaut in die rote Flammenloh,
und sieh! im Feuer wächst grün Gras,
und bunte Blumen blühn im Gras,
das Kind spielt in dem Ofen
und liest die Heilge Schrift.

Ein Engel schützet vor der Glut
das Kind mit seinen Flügeln.

Es schlug ein Kreuz, das mitleidvolle Weib:
»Wie weise bist du, Gottes Sohn,
wie groß ist deine Macht!«

Dem Kind der mitleidvollen Frau
gab Gott selbst einen Namen.

Wir aber preisen Dich, o Herr,
mit Halleluja ohne Ende.

VI

DER STERN DER WEIHNACHT

Boris Pasternak

DER STERN DER WEIHNACHT

Der Winter war streng.
Hart wehten die Winde,
Kalt war's auf dem Hügel dem heiligen Kinde,
Die Höhle war eng.

Doch wärmender Atem entströmte dem Rind.
Die Haustiere alle
Im felsigen Stalle
Umgaben mit Wärme die Krippe, das Kind.

Um Mitternacht fuhren die Hirten empor.
Schwer wurden sie munter,
Sie schauten hinunter
Vom Felsen. Sie fragten: »Was geht hier denn vor?«

Vor ihnen das Feld und der Friedhof, so fern;
Und Ferne und Näh
Versanken im Schnee.
Kalt glänzte der Himmel, und Stern stand bei Stern.

»Doch dort, an dem Weg, der nach Bethlehem geht,
Welch seltsamer Schimmer!
Man sah ihn sonst nimmer!
Was ist's für ein Stern, der so strahlend da steht?«

Es schien, als ob dort, zwischen Himmel und Erd',
Ein Heuhaufen brenne,
Als ob eine Tenne
Von loderndem Feuerbrand werde verzehrt.

»Ein brennender Heuschober hoch überm Feld –
Was hat das zu sagen?«
So schien sich zu fragen,
Verwirrt und verwundert, die Erde, die Welt.

Und rot ward's am Himmel, und hell nah und fern.
Es fragten die Leute,
Was dies wohl bedeute
Drei Sterngucker kamen, gelockt von dem Stern;

Kamele auch kamen, in schaukelndem Schritt,
Mit Schätzen, Gold, Weihrauch und Myrrhe beladen,
Und Eselchen kamen mit zagendem Tritt.

Und alles Zukünftige brachten sie mit:
Die Zukunft der Menschheit, ihr Heil, ihren Schaden,
Was später man dachte, was später man litt,
Was später man zeigte in allen Museen,
Was Kinder sich träumten von Zaub'rern und Feen,
Und Kerzen und Weihnachtsbaum brachten sie mit,

Und Weihnachtsbaumschmuck und viel buntes Gebinde,
Das je aus Papier eine Kinderhand schnitt,
. . . Und wilder und wütender wehten die Winde . . .
Und Äpfel und Goldkugeln brachten sie mit.

Vom Teich bei dem Stall war ein Teil nur zu seh'n –
Davor standen Erlen, mit Nestern von Krähen –,
Doch was dort geschah, das war nicht zu versteh'n,
Wie sehr auch die Hirten sich mühten, zu spähen:
Sie sah'n dort Kamele und Eselchen geh'n,
»Nach Bethlehem, auf! Ob die Winde auch weh'n!«

So stapften sie los durch den Schnee, und noch immer
Blies eisig der Wind, aber ihnen ward's heiß.
Sie sah'n auf dem Wege, im Schnee und im Eis,
Die Spur nackter Füße, wie schimmernden Glimmer;
Die Hunde mißtrauten dem glitzernden Weiß.

Es war wie im Märchen, trotz eisiger Kälte;
Vom Wegrande her, wo das Schneefeld begann,
Kam unsichtbar jemand – ein Engel? ein Mann?
Ein Schäferhund knurrte, ein anderer bellte
Und schmiegte schwanzwedelnd beim Hirten sich an.

Es gingen auch Engel auf eben den Wegen
Inmitten der Menge, verborgen dem Blick.
Sie traten den Menschen nicht sichtbar entgegen,
Doch blieb in dem Schnee ihre Fußspur zurück.

Beim Stein war Gedränge. Das Volk stand in Menge.
Im Dämmerlicht sah man die Zedern jetzt schon.
So fragte Maria: »Was wollt ihr so früh?«
»Uns Hirten kam Kunde vom himmlischen Thron.
Nun bringen wir Lobpreis dir selbst und dem Sohn!«
»Nicht alle zugleich! Seht doch selbst – dies Gedränge!«

Im Nebel der Dämm'rung, wie Asche so grau,
Erblickte man Esel, Kamele und Pferde:
Die tranken, *die* lagerten sich auf der Erde;
Das Treibervolk stritt sich mit Wort und Gebärde;
Rings Blöken und Wiehern, Gezänk und Radau.

Nun wurde es Tag, und der silbrige Schein
Des letzten der Sterne verblich schon am Himmel,
Maria ließ jetzt von dem ganzen Getümmel
Die Magier allein in die Höhle herein.

Er schlief, und er strahlte, in eichener Krippe,
Wie Mondeslicht glänzt in der Höhlung im Baum.
Die Nüstern des Ochsen, des Eseleins Lippe
Ersetzten den Pelz ihm, erwärmten den Raum.

Sie standen, und stumm ward Gespräch und Gemunkel,
Sie suchten vergeblich das passende Wort.
Da schob plötzlich einer von rechts, aus dem Dunkel,
Den einen der Magier vom Christuskind fort.
Der schaute sich um, und des Sternes Gefunkel
Beleuchtete seltsam den heiligen Ort.

Das Feuer- und Blumenwunder

In jenen Tagen, als man in Judäa eine Volkszählung vornehmen wollte, mußte sich jeder Mann dort melden, woher er stammte. Josef aber stammte aus Bethlehem und so mußte er dorthin gehen, auch wenn er lange Jahre in Nazareth gelebt hatte.

Er brach von Kapharnaum auf und ritt auf einem Maultier – und Maria auf einem zweiten – durch das Jordantal und dann ins Gebirge hinauf in Richtung Bethlehem. Er ritt langsam und vorsichtig, denn die Jungfrau Maria war schwanger. So kamen sie nur langsam vorwärts.

Und eines Abends, als es dämmerte, waren sie noch immer ein gutes Stück von Bethlehem entfernt.

Josef drehte sich um nach Maria und da sah er sie abwechselnd lachen und weinen. Und er fragte die Allheilige: »Warum lachst du abwechselnd und weinst du?«

Sie antwortete darauf: »Ich sehe große Freuden kommen und große Leiden.« – Das war, weil sie an ihren Sohn dachte.

Josef aber meinte, sie litte unter Schmerzen – und tatsächlich war sie recht müde –, und hielt an, half ihr vom Maultier, breitete am Hang eine Decke aus und half Maria, sich dort hinzulegen.

Dann ging er, die Tiere anzubinden und das Nachtmahl zu richten. Er zündete ein Feuer an und kochte ein Getränk für Maria. Und als es fertig war, goß er es in einen Becher und wollte es der gepriesenen Jungfrau bringen. Aber er konnte sich auf einmal nicht mehr rühren. Und sein Blick erfaßte einen Vogel, der ganz nahe still mit gespreizten Flügeln in der Luft stand. Und Josef dachte: ›Warum fällt er nicht herunter, wenn er doch nicht die Flügel schlägt?‹

Und dann konnte er den Blick etwas heben und er sah, daß der ganze Himmel wie in Flammen stand. Und obwohl das Licht sehr hell war, so blendete es Josef doch nicht. Und er betrachtete verwundert und entzückt das schöne Licht.

Nach einer Weile – Josef kam es vor, als seien Stunden vergangen – sah er wieder nach dem Vogel und dieser stand noch immer still in der Luft. Dann blickte Josef auf die Erde und da sah er, daß sich alles mit blühenden Blumen bedeckt hatte, wo vorhin noch das Gras verdorrt gewesen war.

Und als Josef noch über dieses neue Wunder nachdachte, kam ein warmer Windhauch und eine Stimme rief ihn an.

Nun konnte er sich wieder bewegen und er ging dorthin, wo er Maria auf das Lager gebettet hatte. Und auch der Vogel begann mit den Flügeln zu schlagen und flog davon.

Und als Josef bei Maria angekommen ist: da hielt sie ihm den soeben geborenen Sohn entgegen. Unser Herr Jesus Christus war zur Welt gekommen.

Nun verstand Josef die Wunder und daß alles so kommen mußte und daß die Blumen aufblühen mußten und daß der Himmel erglänzen mußte wie ein gewaltiges Feuer.

Und er gab Maria den Becher, dann aber ging er, um Wasser zu holen, und der Himmel leuchtete ihm auf den Weg.

Iwan Schmeljow

Weihnachten

Bei uns in Rußland fällt der Schnee so dicht herunter, daß
man die Sonne gar nicht mehr sieht. Das Schneetreiben
währt mitunter drei Tage lang! Und dann ist alles von Schnee
verschüttet. Auf den Straßen türmen sich die Schneehaufen
zu Bergen, alles ist weiß. Auf den Dächern, Zäunen und Laternen lastet eine ungeheure Masse Schnee! Hängt von den
Dächern, hängt und stürzt herunter, weich wie Mehl. Fällt
den Passanten in den Nacken. Die Hausknechte schippen ihn
in Haufen zusammen und schaffen ihn weg. Schippst du ihn
nicht weg, versinkst du in ihm. Still ist's bei uns im Winter
und öde. Die Schlitten gleiten lautlos dahin. Erst wenn der
Frost zunimmt, kreischen die Kufen. Aber wenn der Frühling
kommt, dann hörst du die ersten Räder rasseln ... welch eine
Freude herrscht dann! ...
   Unser Weihnachten naht auf leisen Sohlen – aus weiter
Ferne. Hoher Schnee, schneidender Frost. Wenn du siehst,
daß man gefrorene Schweine herbeifährt, dann kommt
Weihnachten bald. Sechs Wochen lang hat man gefastet und
nur Fisch gegessen. Wer reicher war, aß Hausen, Stör, Zander
und Dorsch; der Ärmere hingegen nahm mit Hering, Wels-
fleisch und Brassen fürlieb ... Wir hatten in Rußland an Fi-
schen jeder Art Überfluß! Dafür gab's an Weihnachten
Schweinefleisch, für alle! Da aßen auch die Armen, die in
den Fastenwochen nur von Hering gelebt hatten, Schweinefleisch. In den Metzgerläden türmte man die gefrorenen Säue
immer wie Balken bis zur Decke hinauf. Große Stücke Schin-
ken schwammen in der Salzlake. Reihenweise liegen sie so da,
sehen aus wie rosa Muster, die mit Schnee bestäubt sind.
   Und nun setzt grimmiger Frost ein, daß sogar die Luft ge-

friert. Im Rauhreif sieht sie dunstig und rauchig aus. Und schier unablässig ziehen die Trosse – Weihnachten entgegen. Trosse? Nun, das waren keine Waggons, sondern Wagenzüge, breite Schlitten, die von weither durch die Schneewüsten heranziehen. Im Gänsemarsch fahren sie hintereinander. Steppenpferde, zum Verkauf. Und gesunde Bauern hocken in den Schlitten, kommen aus dem Tambowschen, von der Wolga, von Ssamara her. Fahren Schweinefleisch, Ferkel, Gänse, Truthennen, die tüchtig durchgefroren sind! Bringen sibirische Haselhühner mit, Birkhähne – Auerhähne ... gesprenkelte, buntscheckige Haselhühner, die sich von Schafgarben, Moosbeeren und Wacholder ernähren. Kommen die Bauern nach Moskau, so verkaufen sie alles, auch die Schlitten und die Gäule, kaufen dafür schöne Waren ein, wie Kattun, und fahren dann mit der Eisenbahn heim. Für die Bauern ist es nützlicher, mit den Trossen nach Moskau zu fahren: da hat jeder seinen eigenen Hafer dabei, und die Gäule, die verkauft werden sollen, stammen aus eigenem Gestüt, von den Stutenherden in der Steppe.

Vor Weihnchten erfüllte Lärm und Geschrei den Moskauer Pferdemarkt, den Konnaja-Platz, auf dem man mit Pferden handelte. Dieser Platz wimmelte nur so von Schlitten. Zu Tausenden standen sie hier reihenweise. Die gefrorenen Schweine lagen wie Holzscheite da, eine Werst weit! Alles ist mit Schnee verweht, und aus dem Schnee ragen Schnauzen und Hinterteile hervor. Und da stehen noch riesige Bottiche, etwa so groß wie eine Stube! Und darinnen ist Pökelfleisch eingelegt. Aber es herrscht derartiger Frost, daß auch die Salzlake gefriert – eine rosige Eisschicht liegt auf dem Pökelfleisch. Der Metzger hackt das Schweinefleisch immer mit dem Beil, es ist ihm gleich, ob ein halbes Pfund mehr oder weniger abfällt. Der Bettler sammelt es auf. Solche Abfälle vom Schwein wirft man haufenweise den Bettlern hin: na, beend' damit die Fasten – iß dich tüchtig satt! Neben dem

Schweinefleisch zieht sich eine Werst weit die Ferkelreihe hin. Und dort drüben gibt's Gänse, Hühner, Enten, Birkhähne, Auerhähne, Haselhühner... Die Bauern verkaufen gleich vom Schlitten weg. Alles geht meist ohne Waage, stückweise nach Augenmaß. Reiches Rußland – nach dem Augenmaß wird das Gewicht und entsprechend der Preis bestimmt! Fabrikarbeiter spannen sich immer wieder vor die mächtigen Bauernschlitten mit ihren ausgebogenen Seiten – und ziehen sie lachend. Zu Bergen türmen sich die Ferkel, die Schweine, das Pökelfleisch und die gefrorenen Hammel... Reich war das Leben im alten Rußland!

Drei Tage vor Weihnachten ragte auf den Märkten und Plätzen – ein Wald von Tannen. Und was für Tannen! Auf dem Theaterplatz in Moskau war immer der reinste Forst zu sehen. Da stehen die Bäume im Schnee. Der Schnee wallt so dicht herab, daß man den Weg verliert! Die Bauern in ihren Schafspelzen befinden sich hier wie in einem Wald!

Das Volk bummelt und sucht sich seine Christbäumchen aus. Die zwischen den Tannen herumstreunenden Hunde sehen wie richtige Wölfe aus. Allenthalben lodern Holzfeuer, an denen sich die Leute aufwärmen. Der Qualm steigt säulenförmig zum Himmel. Sbitjenjverkäufer laufen umher und grölen in diesem Tannenforst:

»He-da, sü-ßer Sbitjenj! Hei-ße Kala-tschen!«

In Samowaren mit langen Henkeln brodelt der Sbitjenj. Das ist ein heißes Getränk, besser noch als Tee. Mit Honig und Ingwer – duftet wunderbar und schmeckt süß. Ein Glas voll kostet eine Kopeke. Man bietet gefrorene Kalatschen und Sbitjenj an – das dicke, geschliffene Glas brennt dir fast die Finger. Wie schön ist es in diesem schneebedeckten Wald! Schlürfst du ein bißchen, so steigt gleich Dampf in Wolken auf, wie bei einer Lokomotive. Die Kalatsche aber ist wie ein Eisbrocken. Nun, wenn du sie eintunkst, wird sie weich. Du schlenderst im Tann umher, bis es dunkel wird. Und der Frost zieht mehr und mehr an. Der Himmel leuchtet im Dunst ganz lila, vom Feuerschein angestrahlt. Die Tannen stehen bereift da. Eine erfrorene Krähe fällt herunter – trittst du sie mit dem Fuß, so knistert sie wie ein Stückchen Glas. Frostig war unser Rußland, aber ... warm!

Am Heiligen Abend durfte man bis zum Aufleuchten der Sterne nichts essen. Man kochte Kutja aus Weizen, mit Honig gemengt; das ist ein Absud aus Dörrpflaumen, Birnen und getrockneten Pfirsichen ... Diese Speise stellte man auf Heu unter die Ikonen, gleichsam als eine Gabe für Christus.

Nun ... als ob er in der Krippe auf Heu gebettet läge. Und nun wartest du auf die Sterne, reibst alle Fensterscheiben blank, die der Frost mit Eis überzogen hat. Ach, Brüderchen, wie schön sehen die aus! ... Voll kleiner Tannen, Eisblumen, die wie Spitzengewebe schimmern. Mit dem Fingernagel reibst du sie ab – sieht man denn noch keine Sterne? Und da – blinkt auch schon der erste Stern auf, und dort der nächste ... Die Scheiben laufen blau an. Vor Frost kracht der kleine Ofen, Schatten huschen hin und her. Immer mehr Sterne strahlen auf. Und was für wundervolle Sterne! ... Öffnest du das Schiebefenster, so schneidet und sengt dich der Frost. O diese Sterne ...! Sie flammen, zittern und glitzern am schwarzen Firmament. Stachelig sind sie und tummeln sich, wie lebendig, stechen dir in die Augen mit ihren Strahlen. Durch die erstarrte Luft funkeln immer mehr Sterne mit bunten Lichtern auf und sprühen Nadeln, die wie hellblaues, dunkelblaues und grünes Kristall aussehen.

Nun hörst du die Glocken läuten. Und glaubst, dieses Klingen käme von den Sternen! Es ist ein frostiges, laut hallendes Läuten – wie von Silber. So etwas hast du noch nicht gehört. Im Kreml läuten die Glocken mit gemessen dumpfem Schlag. Es sind altertümliche Glocken, deren Erz bald wie schweres Silber, bald wie tönender Sammet klingt. Und nun fallen die Glocken von Moskaus tausend Kirchen ein. Nein, so etwas hast du noch nicht gehört. Es ist kein Wechselläuten wie an Ostern, sondern ein einziges Klingen – ein silberner Akkord flutet dahin wie ein Gesang ohne Anfang und ohne Ende – ein ewiges Dröhnen.

Zum Abendgottesdienst ziehst du Filzstiefel, einen kleinen Schafspelz, eine Lammfellmütze und einen Baschlyk an – dann kann dir der Frost nichts anhaben. Kommst du ins Freie, so begleitet dich das singende Läuten. Und die Sterne. Kaum öffnest du die Pforte, so umfängt dich schon der klirrende Frost. Der feste blaue Schnee knirscht ganz leise unter deinen Füßen. Auf der Straße türmen sich Schneemassen zu Bergen. In den Fenstern glimmen die rosafarbenen Flämmchen der Lampadas vor den Ikonen. Und die Luft ist voll Bläue, Silberstaub, Dunst und Sternen. Die Gärten dampfen. Die Birken gleichen weißen Traumgebilden. Auf ihren Zweigen schlummern Dohlen. Feurige Rauchschwaden wallen zu den Sternen empor. Das singende Klingen der Sterne schwebt unaufhörlich dahin; ein traumhafter Zauberklang, eine Klangvision, preist den Herrgott in der Höhe – in der heiligen Christnacht.

Du gehst fürbaß und denkst: gleich wird das liebliche Kirchenlied erschallen, das so schlichte, erhabene und so kindlich-süße Gebet –

Deine Geburt, Christe, unser Gott,
Aufstrahlte der Welt das Licht des Geistes . . .
Und du meinst die Krippe mit den darüber funkelnden Sternen vor dir zu sehen – und glaubst, diese uralte heilige Melodie sei schon von jeher so gesungen worden . . . und werde in alle Ewigkeit ertönen.

Dort in der Ecke steht eine kleine Bude, ohne Tür. Hier handelt ein altes Männchen, krümmt sich vor Frost schaudernd in seinem Schafspelz. Hinter der zugefrorenen Scheibe sieht man auf einer Postkarte den bekannten Engel mit einem goldenen Blümchen. Ganz mit Flitter bestreut. Neulich hab' ich ihn mal angefaßt; der Engel ist aus Papier, die Karte ist mit

Flitter und »Schnee« bestreut. Der Ärmste friert; niemand kauft bei ihm, weil er zu teuer ist. Er drückt sich an die Fensterscheibe und friert.

Kommst du aus der Kirche heim, so erscheint dir alles ganz anders. Der Schnee – ist nunmehr heilig. Auch die Sterne sind heilig, neu, weihnachtlich. Weihnachten ist da! Du blickst zum Himmel auf. Wo ist er denn, jener alte Stern, der einst den Magiern geleuchtet hatte? Da blinkt er – hoch über dem Barminichiner Garten, über dem Hof! Über diesem Garten steht er, ganz niedrig, wie jedes Jahr. Schimmert bläulich und ist heilig. Du hast schon immer gedacht: ›Wenn man auf ihn zugeht, kommt man dorthin, zum Christkind in der Krippe – wie die Weisen aus dem Morgenland ... die sich von diesem Stern führen ließen ... Dann könnte man zusammen mit den Hirten die Geburt des Herrn feiern! Denn er liegt in Windeln gewickelt, in einer winzigkleinen Krippe, so einer, wie wir sie in unserm Pferdestall haben ... Aber du kommst nicht bis dorthin, denn es ist eisigkalt, und du wirst sonst erfrieren!‹ Du schaust und schaust – und denkst: ›Die Magier mit ihrem Stern reisen doch auch ...!‹

Die Magier? ... Das heißt – die Weisen, die Zauberer. Als ich noch klein war, dachte ich immer, es seien – Wölfe* gewesen. Gelt, du lachst darüber? Ja, ich dachte, es seien so ganz brave Wölfe gewesen. Der Stern führt sie, und sie ziehen dahin, ganz zahm und brav. Das Christkind ist geboren, deshalb sind sogar die Wölfe heute brav. Sogar die Wölfe freuen sich. Das ist doch schön, nicht wahr? Demütig lassen sie ihre Schwänze hängen und gehen dem Stern nach. Und der führt sie. Schau, sie sind schon zur Stelle. Siehst du es, Iwuschka?** Kneif nur die Augen zu – dann wirst du die Wölfe sehen ...

---

* Wölfe, russisch wolki. Magier, russisch wolchi, altslawisch wolchwi. Also ein Wortspiel.
** Iwuschka, von Iwanuschka, Hänschen. Hier redet sich Iwan Schmeljow selbst an.

Dann siehst du auch das Kripplein mit dem Heu, das hellichte Knäblein, das mit den Händchen winkt... Ja, es winkt den Wölfen, allen winkt es. Da sind auch die Schafe und Kühe. Tauben haben sich auf den Dachsparren niedergelassen... und die Hirten all... die Könige und die Magier knien anbetend nieder... Und schon kommen die Wölfe heran. In Rußland gibt es ihrer ja so viel!... Schauen, getrauen sich aber nicht einzutreten. Warum fürchten sie sich denn? Sie schämen sich wohl, weil sie immer so bös' waren. Du fragst – wird man sie wohl einlassen? Freilich wird man sie einlassen. Wird ihnen sagen: Nun, so kommet auch ihr herein, denn heut' ist Weihnachten! Und die Sterne... alle Sterne sind hier, drängen sich an der Schwelle und leuchten...

So war es immer. Ich schaue zum Himmel empor und denke: ›Leb wohl, du Stern, bis zum nächsten Jahr!‹ Meine Wimpern sind ganz bereift und gefroren, meine Augen brennen vom Flimmern des Sternes. Wie Nadelstiche treffen mich die Strahlen.

Du besuchst »Buschuj«, unsern Hofhund, ein zottiges großes Tier; es lebt in der Hundshütte, hat es dort recht warm, viel Heu. Du möchtest auch dem »Buschuj« erzählen, daß heute Weihnachten ist, daß jetzt sogar die Wölfe zahm sind und dem Stern folgen... Ruf in die Hütte: »Buschujchen!« Dann wacht er auf, rasselt mit der Kette, knurrt, schnuppert, die Schnauze vorgestreckt, ist so brav, so zahm. Leckt dir die Hand, als wolle er sagen: Ja, heut' ist Weihnachten. Mir ist so wohl ums Herz – vor lauter Glück.

Träume: von den Rauhnächten, dem Tannenbaum, dem Theaterbesuch... Morgen werden so viele Leute kommen! Der Zimmermann Semjon wird mir kleine Ziegelsteine mitbringen und Bauklötzchen, die so wunderbar nach Tannenholz riechen... Dann meine Nährmutter Nastja, die wird mir eine Orange schenken, wird mich küssen und weinen, wird sagen: »Du mein liebes Nährkind... wie groß... bist du geworden« ... Auch der meschuggene Kavalier, der Gutsherr, wird kommen, ein ganz komischer Kauz. Hat' 'nen langen Schnurrbart, unter den Augen blaue Flecke, auf dem Kopf eine rote Schirmmütze. Man wird ihm ein Glas voll Wodka einschenken. Dann wird er ein Blatt Papier herausziehen und ein Gedicht vortragen. Ich erinnere mich heute noch an eines:

> Und nichts soll stören uns das Fest,
> Und nichts soll trüben uns die Freud'!
> Zum Christfest nur das Allerbest'
> Von Herzen wünsche ich euch heut'!

In der Küche sind auf dem Fußboden Matten ausgebreitet, der Ofen lodert. Vor der Ikone glimmt die Lampada. Auf der Bank liegt in einer Schüssel ein Ferkel, um aufzutauen, und dort eine Truthenne mit runzeliger Haut, die vor Frost silbern glänzt. Ich spitze unablässig hinter den Ofen, zur Herdplatte hin: steht es drauf? ... Erst am Heiligen Abend kommt es immer hierherein. Das Schwein ist riesengroß, bedeckt die ganze Platte! Seine Füße sind abgehackt, es steht auf vier Stummeln, mit der Schnauze zur Küche. Man hat es eben erst hereingeschleift – es glänzt noch von Frost, die Ohren sind steifgefroren. Ich habe Spaß dran, und doch ist mir nicht ganz geheuer: es glotzt mich durch seine weißlichen Wimpern mit verglasten Augen an ... Der Kutscher hat mir erzählt: »Schweine soll man an Weihnachten essen. Das ist für sie eine Strafe, denn das Schwein hat unser Christkind nicht schlafen lassen, hat immer gegrunzt. Deshalb heißt es ja auch – Schwein! Und als er es streicheln wollte, da hat es ihm die Hand mit den Borsten gestochen!« Ich schaue lange hin. In seinem schwarzen Rüssel sieht man die gefletschten Zähne, die Vorderschnauze mit den Nüstern ist so rund wie eine Pfanne. Und wenn es plötzlich aufspringt und mich beißt? ...

Einmal nachts ist es mit lautem Gepolter vom Herd herunter-
geplumpst und hat mich so erschreckt.

Und im ganzen Hause ist jetzt weihnachtliche Stimmung
eingekehrt. Es riecht nach geölten Böden, nach Mastix und
Tanne. Nirgends brennt Licht, nur die Lampadas glimmen
vor den Ikonen. Die Öfen prasseln und glühen. Ein stilles,
heiliges Licht. Die Fenster sind ganz zugefroren. In den
Flämmchen der Lampadas leuchtet der Widerschein des stillen, heiligen Lichtes. In unserm kalten Saal dunkelt geheimnisvoll der noch leere Tannenbaum – er sieht schon ganz anders aus als auf dem Markt. Durch seine Zweige blinkt matt
das purpurne Lichtlein des Öllämpchens – wie ein Sternlein
im Walde . . . Aber morgen! . . .

Dann brach der Morgen an. Draußen herrscht klirrender
Frost, alles dampft. Das Eis an den Fensterscheiben ist zu
dicken Wülsten angeschwollen. Die Sonne schwebt über dem
Barminichiner Garten im Dunst, sieht wie ein dunkelroter Ball
aus. Auch sie scheint zu dampfen. Dampfsäulen von ihr
schwimmen am grünen Himmel. Knarrend kommt der Was-
serträger an. Sein Faß sieht kristallen aus und knistert. Auch
sein grauschimmerndes Pferd dampft. Ein schneidender Frost!

Getrampel schallt im Flur. Die Knaben kommen, um
Christus zu preisen . . . Sind alles meine Freunde: Schusters-
und Kürschnersbuben. Voran Sola, der hagere, einäugige
Schuster; er ist sonst immer sehr boshaft – zerrt die Buben
immer an den Haaren. Aber heut' ist er brav. Er führt immer
die »Christussänger« an. Mischka Drap trägt an einer Stange
den Stern – ein Häuschen aus Pappe: die papiernen Fensterchen leuchten dunkelrot und golden – drinnen brennt eine
Kerze. Die Knaben schlurfen mit den Füßen, bringen Schnee-
geruch mit ins Haus.

»Die Weisen ziehen jetzt mit dem Heiligen Stern herum«,
sagt Sola fröhlich.

Heißt die Magier willkommen,
Denn es wird euch frommen.
Empfahet das heilige,
Es nahet das selige –
Das fröhliche Fest.
Feiert die Geburt des Herrn!
Mit uns zieht einer der Stern ...

Er winkt mit seinem schwarzen Finger, und die anderen fallen im Chor ein:

»Deine Geburt, Christe, unser Go-ott ...«

Das paßt zwar durchaus nicht zum Stern, macht aber nichts aus. Mischka Drap schwenkt das Häuschen, um zu zeigen, wie der Stern die Sonne der Wahrheit anbetet. Mein Freund Wassjka, der Schuster, trägt eine riesige Rose aus Papier und schaut sie dauernd an. Dem Schneider Pljeschkin sein Bub hat eine goldene Krone auf dem Kopf und ein silbernes Schwert aus Pappe in der Hand.

»Das ist unser König Konstatin, der dem König Herodes den Kopf abschlägt«, sagt Sola. »Gleich fängt die heilige Vorstellung an.« Packt den Drap am Kopf und stellt ihn wie einen Stuhl vor sich hin. »Und der Schmiedebub wird unser König Herodes sein.«

Sola faßt den mit Ruß verschmierten Schmiedebuben und stellt ihn auf die andere Seite. Unter der Lippe des Schmiedejungen hängt eine rote Lederzunge, auf dem Kopf trägt er eine grüne Kappe mit Sternen. »Heb das Schwert höher!« schreit Sola. »Und du, Stjopka, fletsch deine Zähne möglichst wild! Das weiß ich noch von Großmuttern her, aus der alten Zeit.«

Pljeschkin schwingt sein Schwert. Der Schmiedebub verdreht schrecklich seine Augen und flescht die Zähne. Und alle beginnen im Chor.

»Die Magier sind gekommen,
Haben Wölfe mitgenommen,
Die Weisen sind gekommen,
Haben Wölflein mitgenommen,
Herodes, du Herodes,
Warum hat man dich geboren,
Warum hat man dich erkoren,
Warum dich nicht getauft?
Der König Konstantin bin ich,
Das Christuskindlein liebe ich,
Und deinen Kopf – den brech' ich dir.«

Pljeschkin packt den schwarzen Herodes an der Gurgel, schlägt mit dem Schwert auf seinen Hals, und Herodes fällt wie ein Sack um. Drap schwenkt das Häuschen über ihm. Wassjka überreicht die Rose dem König Konstantin. Sola spricht hurtig:

»König Herodes starb den Hundetod, wir aber wollen Christus lobpreisen; wir betteln den Hausherrn um keine Gabe, nehmen an, was man uns schenkt.«

Man gibt ihnen einen gelben Papierrubel und eine mit Leber gefüllte Pastete; Sola bekommt ein grünes Gläschen Wodka. Er wischt sich sein graues Bärtchen ab und verspricht, uns am Abend zu besuchen und dann ein »längeres Lied« über Herodes zu singen, aber er hat noch nie sein Versprechen gehalten, weiß Gott warum.

Am Haupteingang klingelt unablässig das Glöckchen, es wird bis in die Nacht hinein läuten. Viele Leute kommen zum Gratulieren. Vor der Ikone singen Priester und ein riesiger Diakon, dessen Stimme so furchtbar dröhnt, daß einem angst und bange wird. Unser ganzer Tannenbaum erbebt bis zum silbernen Stern an der Spitze.

Leute kommen und gehen – mit roten Gesichtern, in weißen Krägen, trinken am Tisch Schnaps und plappern.

Trompeten schmettern im Flur. Der holzgetäfelte Flur ist ganz ausgefroren. Dort herrscht jetzt ein Lärm, daß man meint, die Fensterscheiben würden eingeschlagen. Es sind die »letzten Musikanten« eines alten Leibeigenen-Orchesters, die uns heute aufspielen – sie kommen immer an Weihnachten und Ostern zum Gratulieren.

»Gib auf die Pelze acht!« schreit jemand im Vorzimmer.

Ein baumlanger Kerl tritt vor, mit einer roten Schärpe um den Hals. Hat eine riesengroße Trompete und bläst so stark hinein, daß es unheimlich schallt, dabei reißt er die Augen so weit auf, daß man Angst kriegt, sie könnten herausspringen und zerbrechen! Hinter ihm steht ein dickes, kleines Männchen mit einer ungeheueren Trommel, deren Fell einen Riß hat. Haut mit dem Schlegel so wild darauf, als wolle er die Trommel entzweischlagen. Alle stopfen sich die Ohren zu, aber die Musikanten spielen und spielen drauflos.

Der Tag ist schon vergangen. Am Abend brennt der Tannenbaum – und erlischt langsam. In den schwarzen Fenstern glänzt der Frost. Ich schlafe. Irgendwo spielt eine Ziehharmonika, trampeln Füße ... es muß in der Küche sein.

Im Kinderzimmer glimmt die Lampada vor der Ikone. Rote Feuerzungen huschen aus dem Ofen, hüpfen über die vereisten Fenster. Dahinter blinken die Sterne. Über dem Barminichiner Garten glitzert ein großer Stern, aber es ist schon ein anderer. Und jener heilige – ist verschwunden. Bis zum nächsten Jahr.

Wladimir Solowjew

IMMANU-EL

Ins Zeitendunkel ist die Nacht entschwunden,
In der ein Stern erstrahlte – klar und hell,
In der die Erd' dem Himmel neu verbunden,
In der geboren ward Immanu-El.

Zwar vieles könnte heut' nicht mehr geschehen:
Daß Hirten hören Engel-Lobgesang,
Daß heil'ge Könige zum Himmel sehen
Und folgen dann des neuen Sternes Gang.

Doch in der Flucht der Zeit bleibt unverloren
Das Ewige, das uns erschien in jener Nacht.
Von neuem wird das WORT in dir geboren,
Das einst im Stalle ward zur Welt gebracht.

Ja! Gott mit uns – nicht dort, in Himmelszelten
Und nicht in Sturmesweh'n, in Feuer nicht und Streit,
Und nicht in Fernen unerforschter Welten,
Und nicht im Nebel der Vergangenheit.

Nein: *hier* und *jetzt*: im eitlen Weltgetriebe,
Im trüben Lebensfluß, im Alltagstrott
Tönt froh die Botschaft uns: Die ew'ge Liebe
Hat Not und Tod besiegt: Mit uns ist Gott.

Irina Saburowa

Das Königreich
der purpurroten Türme

Im Königreich der purpurroten Türme lebten Ritter und
Magier, und im ältesten Turm ein alter, weiser Sterndeuter: er
kratzte mit einer Gänsefeder auf Pergamentpapier und zeich-
nete auf, was passiert war und was sich alljährlich ereignete.
Hinter einer Mauer aus purpurrotem Jaspis ragte ein stolzes
Schloß empor, mit vier Türmen an den Ecken: Nord, West,
Süd, Ost. Die Türme waren aus Rubinen und Granaten, die
Fenster aus Almandin, und in jedem Turm brannte ein
Feuer...

Der König selbst lebte in dem alten Schloß, kümmerte sich
aber nicht um sein Königreich, und es war auch eine unnütze
Arbeit, dieses Land zu regieren: Es wurde von dem Sterndeuter, dem Magier und Zauberer im alten Turm regiert, und
sein treuer Helfer war ein heiterer alter Hofnarr. Im dritten
Turm spann eine Prinzessin aus feinster purpurner Seide Garn
aus zartesten silbrigen Wolken. Sie war wunderschön, wie
eine Prinzessin aus alten Märchen, allerdings solchen, für die
man keine Worte findet...

In diesem seltsamen Schloß ging niemals die Sonne unter,
verblaßten niemals die Sterne, wurde niemals Blut vergossen:
es wohnte dort im letzten Turm ein goldener Wundervogel
mit Flügeln wie Flammen und dem seltsamen Namen Ljubow... (russ. ›Liebe‹, aber auch Frauenname, Anm. d. Übers.)

Der Vogel im Turm sang Lieder, und diese wurden weit
getragen, bezauberten die Menschen und eroberten alle Herzen. Im Königreich der purpurroten Türme wurden niemals
Tränen vergossen, im Königreich der purpurroten Türme
währte das Glück ohne Ende.

Ach, was war das nur für ein wunderbares Königreich! Aber ich war, was das betraf, ganz anderer Meinung: Denn schon hatten wir die Bescherung! Einen großen schweren Karton schleppen, in dem irgendein seltsames Weihnachtsgeschenk verpackt war, das der General für seine Nichte aus Paris bestellt hatte! Und anstatt in den Urlaub zu fahren, direkt nach Hause, noch bei einem fremden Gut vorbeifahren, extra, um ihr dieses Geschenk zu überreichen!

Dieser riesige Karton wurde jetzt auf dem Tisch des Salons festlich geschmückt. Anfangs schenkte ich ihm natürlich keinerlei Aufmerksamkeit und starrte nur sehnsüchtig auf die Uhr im Eßzimmer, während der General mich mit einem wunderbaren Kognak bewirtete.

Schließlich strich sich der General hüstelnd seinen Schnurrbart glatt und sagte: »So, so, Kornett. Hatten wohl Ihre erste Feuertaufe, nicht wahr? Drei Wochen im Lazarett? Wladimirorden mit Schwertern am Bande? ... Gratuliere, gratuliere. Ein Durchschuß? Das ist nichts. Ich hatte im Türkenkrieg ..., nun, bei Gelegenheit werde ich Ihnen davon erzählen, aber jetzt habe ich eine kleine Bitte. Sie sind gerade auf dem Weg nach Hause und haben es wohl eilig, nicht wahr? Natürlich, die Feiertage, ich kenne das. Also auf dem Weg, ganz in Ihrer Nähe, machen Sie einen Abstecher zum Gut meiner Schwester. Ich habe bereits geschrieben, daß man Pferde schicken soll ... Dort werden Sie übrigens auch den Heiligen Abend verbringen und Elfi, meiner Großnichte, eine Freude bereiten. Sie ist irgendwie so ... luftig, deshalb nennen wir sie auch Elfi, aber ihr richtiger Name ist Ljudmila ...«

Der General erhob sich und hinkte, auf den Stock gestützt, in den Salon, wo das Kartonungeheuer stand.

Ergebensten Dank! Selbst wenn ich meinen Zug noch erreichen könnte, würde ich es trotzdem mit diesem »Abstecher auf dem Weg« keinesfalls bis zum Heiligen Abend nach Hause schaffen. Es stimmt, unser Landgut war nicht allzu

weit davon entfernt, aber trotzdem. Und Mama hatte mich so
darum gebeten, mit ihr den Heiligen Abend zu verbringen!
Man muß sich das vorstellen, ein ganzes Jahr Krieg, in dem
wir uns nicht gesehen haben ...

Doch es war unmöglich, diese »Bitte« nicht zu erfüllen,
und so setzte ich mich am Abend, den General und die völlig
unschuldige Elfi verfluchend, mit einem riesigen Korb in den
Waggon.

Doch es kam so, daß ich mich bis heute manchmal an diesen Heiligen Abend erinnere, vielleicht, weil es das letzte
echte Weihnachten war.

Schwarze Pferde, die mich an der armseligen Bahnstation
erwarteten, bequeme warme Schlitten, mit Decken und Pol-
stern. Einige Werst auf glattem, verschneiten Weg. Eine Allee
mit kahlen Ahornbäumen, eine ganze Menge riesiger böser
Doggen und ein altes, gemütliches Haus mit Säulen, wie es
sich gehört, inmitten von Fliederbüschen, jetzt völlig vom
Schnee zugedeckt.

Ein kleines, stilles Gut, ein warmes, behagliches Haus, mit
Durchgängen, unerwarteten Kämmerchen und Treppchen,
alles noch erfüllt von den geschäftigen Festtagsvorbereitun-
gen. Es duftete nach Tannenbaum, nach Pfefferkuchen, nach
Milchbrötchen und noch etwas Unbestimmbarem, ähnlich
dem Geruch vertrockneter Rosenblätter in alten Kommoden.

Im Haus waren nur zwei Frauen, eine grauhaarige, hoch-
gewachsene alte Frau und ihre Enkelin – Elfi. Noch ein richtiger Backfisch, dünn, zerbrechlich, mit kindlichen Schultern,
sie trug zum Festtag wahrscheinlich zum ersten Mal ein »Erwachsenen«kleid aus Seide, reich an Spitzen und Volants.
Dem Aussehen nach war sie nicht älter als vierzehn, war aber
bemüht, sich wie eine Erwachsene zu benehmen.

Den riesigen weißen Karton stellte man unter den Tannenbaum.

»Wissen Sie nicht, was drin ist?« fragte Elfi und kniff dabei die Augen zu. »Ein Königreich, Prinzessin!« In der Tür erschien die Großmutter. »Also Kinder, jetzt geht aber hinaus. Ich schmücke den Baum allein und rufe euch dann.«

Es gelang mir nicht einmal, wegen »Kinder« beleidigt zu sein. Immerhin war ich zwanzig Jahre alt, bereits verwundet und ... Aber Elfi faßte mich am Arm und zog mich irgendwo die Treppe hinunter, ins Eßzimmer. Auf dem Tisch, der mit einer kleinen Tanne geschmückt war, standen Kut'ja und Uzwar (Süßspeisen, die traditionell am Heiligen Abend gereicht werden), und beim Anblick des Störs erinnerte ich mich unwillkürlich daran, daß ich schrecklich hungrig war. Doch Elfi zeigte mir irgendeinen Kuchen, der in der Mitte des Tisches stand, und flüsterte geheimnisvoll:

»Das ist ein ›Königskuchen‹, – wissen Sie, was das ist?« Nein, das wußte ich nicht. »Das ist ein alter französischer Brauch. In unserer Familie gab es einmal eine Französin, seitdem ist er geblieben ... Am Heiligen Abend wird ein Kuchen gebacken, in dessen Teig ein Goldstück versteckt ist. Dann wird der Kuchen in soviele Stücke geteilt wie Leute im Haus sind, wobei eines übrig bleibt für einen unerwarteten Gast oder einen Bettler. Der, bei dem das Goldstück zum Vorschein kommt, wird König und wählt sich eine Königin. Sie tragen Kronen, sitzen nebeneinander am Tisch, und die anderen müssen ihnen an diesem Abend jeden Wunsch erfüllen ... Letztes Jahr wurde der Kutscher Iwan König, derselbe, der Sie vom Bahnhof abgeholt hat ... Wir setzten ihn mit Mühe und Not an den Tisch, und ich wurde zur Königin gewählt ... und habe mich unglaublich gefreut, aber damals war ich noch klein ...« – »Und wie alt sind Sie jetzt, Elfi?« Sie sah mich mit Verachtung an und zuckte die Achseln: »Damen stellt man keine solchen Fragen, Kornett.«

Unter dem Weihnachtsbaum kamen viele Geschenke zum Vorschein: irgendwelche Servietten, von Elfi für die Großmutter genäht, und für Elfi Bücher, ein goldenes Ührchen, eine Perlenkette. »Jetzt kannst du sie natürlich noch nicht tragen«, sagte die Großmutter. »Doch wenn ich dich bei Hofe einführen werde ...«

Sogar mich, den zufälligen Gast, hatten sie nicht vergessen: In ein schönes Zigarrenetui aus Elfenbein mit kunstvollem Schnitzwerk war ein Zettelchen mit meinem Namen hineingesteckt. Endgültig gerührt, küßte ich der Großmutter die Hand, und Elfi klatschte in die Hände. »Nun, und jetzt das Geschenk vom Onkel!« Der weiße Karton wurde in die Mitte des Salons gezogen, und wir fingen an, ihn auszupacken. Karton, Papier, noch mehr Papier ...

Oh, was war das für ein wunderschönes Königreich!

Ich habe wirklich niemals mehr derartig kunstvolle Kartonagen gesehen: Ein altes Schloß, streng im gotischen Stil gehalten, mit vier Türmen an den Ecken. In jeden Turm war eine Laterne eingefügt, und die Fenster aus rötlichem Glimmer warfen ihren purpurnen Widerschein auf die weiße Watte, welche die Mauern und die vergoldeten Dächer bedeckte. Es hatte den Anschein, als wären die Figürchen in den Türmen wirklich lebendig: der alte Sterndeuter in einem langen, sternenübersäten Umhang, der Hofnarr mit einer Kappe mit Klappern, die wunderschöne Prinzessin mit dem Spinnrad und der herrliche goldene Vogel. Alle Figuren waren aus Wachs gemacht und bemalt, aber der Vogel war echt vergoldet und hatte Flügel, die mit wertvollen kleinen Steinen bedeckt waren. Er konnte später als wunderbarer Briefbeschwerer dienen.

Auf dem Boden des Kartons lag noch gesondert ein französisches Buch, auf festem, gelbem, pergamentähnlichem Papier gedruckt, mit goldenen Zierleisten und Anfangsbuchstaben, ein kleines Meisterwerk der Druckkunst: »Das Königreich der purpurnen Türme«.

Ich warf einen Blick über Elfis Schultern, die völlig vergessen hatte, daß sie schon erwachsen war und sich inmitten von Papierfetzen auf dem Teppich niedergelassen hatte, das Büchlein aufgeschlagen auf den Knien haltend:

»In das Königreich der purpurnen Türme kam eines Tages ein Prinz: jung, schlank, tapfer und kühn. Seine Locken waren goldene Fäden, seine Augen wie Sterne am Himmel, das Schwert geschärft in der Scheide und ein Lächeln auf den Lippen.

Als er sich dem alten Turm genähert hatte, stieg er die Stufen empor: ›Erzähle mir, was du weißt, eröffne mir das Geheimnis der Sterne!‹

Der Sterndeuter blickte auf den Prinzen, betrachtete irgend etwas in den Sternen und wiegte nur in strengem Schweigen den Kopf. Was konnte der Prinz da machen? Er ging zum zweiten Turm, wo der Hofnarr, oben auf dem Thron sitzend, sich vor Lachen ausschüttete: ›Euer Durchlaucht, in unserem Zarenreich gibt es nur Lieder und Heiterkeit, geht weiter zum dritten Turm, bleibt nicht hier.‹

Die Prinzessin aber im dritten Turm war wie ein Traum, so schön... Und als sie sich gegenseitig erblickten, verstanden sie ohne Worte... In diesem Zarenreich liebten sich alle ohne zu zweifeln, träumten alle ohne zu grübeln und ließen sich alle vorbehaltlos verzaubern.

›Weshalb ist dieser Vogel denn im vierten Turm aus Karfunkeln, Rubinen und braunroten Bernsteinen eingeschlossen? Warum kennt keiner und sieht keiner diesen Vogel, warum öffnet keiner die mit purpurnen Edelsteinen geschmückten Türen?‹

Und natürlich geschah alles so, wie es in den Sternen stand. Der Prinz öffnete die Türen des Turms, Türen, purpurn wie Blut, und der Vogel flog, einer emporlodernden Flamme gleich, in den Himmel hinauf, der goldene Wundervogel mit dem seltsamen Namen Ljubow...

Im Königreich der purpurnen Türme weinten alle bitterlich, der Hofnarr, die Prinzessin, auch der alte, überaus weise Sterndeuter. Da erhob der Prinz seine Hand und schwor, er werde den Wundervogel auffinden und ins Königreich zurückbringen.«

Bei Tisch kam in meinem Stück des »Königskuchens« die Goldmünze zum Vorschein. Elfi setzte mir feierlich die Krone auf den Kopf und beteuerte, daß sie mir ausgezeichnet stünde, und ich wählte sie natürlich zur Königin, wenn ich auch zum Scherz zuerst der Großmutter die Krone anbot.

Am frühen Morgen, als noch alle im Haus schliefen, brach ich auf, um meinen Zug noch zu erreichen. Bei der Vortreppe standen die Rappen in weißen Dampfschwaden, es war ein früher Wintermorgen, der Himmel rosafarben und der Schnee bläulich. Als ich im Flur den Mantel anzog, hörte ich ein Knarzen und wandte mich um: Elfi kam die Treppe herunter, den seidenen, mit Schwanenflaum gefütterten Morgenrock im Gehen übereinanderschlagend.

»Leben Sie wohl«, flüsterte sie verlegen. »Ich . . ., ich wollte Sie bitten – nehmen Sie, zur Erinnerung, diesen Talisman . . ., wissen Sie, im Krieg . . .«

Sie streckte mir eine kupferne alte Muttergottes-Ikone entgegen, und in ihren Augen tanzten erneut kleine Feuerchen: »Gestern mußten Sie mir jeden beliebigen Wunsch erfüllen, doch heute bitte ich Sie, Kornett.«

Ich nahm den Talisman, klirrte mit den Sporen, küßte ehrerbietig die schmale, kindliche Hand, doch dann konnte ich nicht anders als sie an mich zu ziehen und sie herzhaft auf die Lippen zu küssen.

Mit einem »Ach« riß sich Elfi los und stürzte Hals über Kopf die Treppe hinauf, ein kleines weißes Daunenknäuel zurücklassend, das sich an meinem Manschettenknopf verfangen hatte.

Ich sprang zur Vortreppe hinaus. »Los!«

»Im Königreich der purpurnen Türme wurde es finster und still. Das alte Schloß verfiel – als erster starb der König..., und es blieben nur die Türme übrig, die sich wie früher über dem Land erhoben, das nun erfahren hatte, was Schrecken und Leid ist... Der Narr war verstummt und lachte nicht mehr, der Sterndeuter wurde noch strenger, nur im Herzen der Prinzessin regte sich noch schwach ein Traum. Im vierten, purpurroten Turm jedoch, in dem einst der Vogel mit dem wunderbaren Namen lebte, stellte sich Leere ein...

Eines Tages, es war Heiliger Abend, flammten die Sterne am Himmel auf und weiß-glänzender Schnee deckte alles rundherum wie mit Watte zu... Da klopfte an die Tür des alten, glanzlosen Turmes, in dem jetzt die Prinzessin wohnte, zaghaft ein Wanderer und bat um ein Nachtlager. Der Narr, die Prinzessin, der arme Wanderer und der schon völlig erblindete alte, weise Sterndeuter nahmen nebeneinander am Tisch Platz.

›Ich glaube fest daran‹, sagte der Sterndeuter, ›die Sterne haben noch nie gelogen, und wenn die Zeit gekommen ist, wird in diesen Turm ein Prinz eintreten...‹

›Ich bin bereits gekommen‹, sagte der Wanderer. ›Nur – wo ist denn das Königreich? Sind etwa diese Türme aus purpurnem Bernstein verfallen? Wo ist denn die wunderschöne Prinzessin? Nein, dafür habe ich natürlich nicht auf der ganzen Welt einen Vogel gesucht, schöner und zarter als alle anderen... Ich habe kein wunderbareres und schöneres Königreich gesehen als das Königreich der purpurnen Türme, obwohl ich um die ganze Welt gegangen bin... Es stimmt, ich bin vergeblich umhergeirrt, ohne den Zaubervogel zu finden, doch auch hier gibt es keine purpurnen Türme, und auch keine Prinzessin...‹

Die Prinzessin aber stieß das Spinnrad weg und sah den Fremden an:

›Nein‹, sagte sie fest, ›du bist überhaupt nicht jener...,

nicht jener... Der Prinz war jung, blondgelockt, und seine Augen waren wie Sterne. Du hast dagegen graue Brauen und einen müden, bitteren Mund...‹

Im Königreich der purpurnen Türme – gab es kein Königreich mehr: Die, die einander nicht erkennen, haben kein Recht zu leben und sind dazu verurteilt, die verlorene Freude und das verlorene Glück traurig im Herzen zu bewahren...«

Ach, mein Gott, der Heilige Abend! Ein seltsamer Tag im Jahr, an dem man sich unwillkürlich an die Vergangenheit erinnert – an die schöne Vergangenheit natürlich, an das richtige Leben. Und nicht nur das: Weihnachten ist ein Kinderfest, oder besser, ein Fest, an dem sich auch die Erwachsenen als Kinder fühlen.

Mama, das Haus, die Kindheit, die funkelnden Weihnachtsbäume..., gewöhnlich gehe ich an diesem Abend an fremden Fenstern vorbei, sehe in sie hinein und versuche mir vorzustellen, daß dort unter dem Weihnachtsbaum die Leute genauso glücklich sind wie ich irgendwann einmal... Oder ich verkrieche mich in meine Ecke, zünde auf dem Tisch eine Kerze an und gieße ein Glas ein. Allein.

Bekannte haben mich eingeladen. Ich bin nicht hingegangen. Stattdessen habe ich an Weihnachten ein bißchen Geld verdient und beschlossen, in Gesellschaft in ein Restaurant auszubrechen. Dort spielt ein alter Zigeunerprimas, der Geiger Janko, er ist schon ganz alt, erinnert sich aber gut an die Offiziere meines Regiments. Ja, und im Freiwilligenregiment haben wir uns getroffen... Wenigstens erinnert es an frühere fröhliche Stunden, denn kann man etwa jetzt fröhlich sein, jemandem den Hof machen, wirklich lieben?

Nun, an die Liebe erinnere ich mich selbst nicht mehr, komisch..., viel zu viel »geliebte Frauen«, alle diese Adas, Veras..., sie haben mich gelangweilt.

Wir tranken bis zum Morgen. Papierschlangen, Luftballons, noch irgend etwas ... Janko spielte, irgendeine dünne, gelenkige Ballerina führte akrobatische Tänze auf, wie eine Schlange.

Ich sah sie zum ersten Mal, sie war erst vor kurzem gekommen. Aber es fanden sich Bekannte, luden an den Tisch ein und fuhren dann, schon gegen Morgen, zu ihr, um Kaffee zu trinken. Eigentlich wollte ich allein gehen, weil es doch ganz egal ist, ob sie oder eine andere ..., doch es hefteten sich noch ein paar andere an meine Fersen.

Ein seltsames Gefühl, wenn du auf die Straße hinausgehst, im Morgengrauen eines Wintertages. Die Straßen erscheinen so still, vom Schnee ausgefegt, feiertäglich. Sofort hat man irgendwie das Gefühl, man werde an diesem Tag ruhig und voller Freude auf ihnen wandeln, weil ja Feiertag ist ... In englischen Büchlein gibt es solche Bildchen, »Merry Christmas« – Fröhliche Weihnachten.

Ljudmila Len – so stand es auf dem Schild – hatte zwei möblierte Zimmer, aber vielleicht wurden sie deshalb besonders ungemütlich, weil wir sofort nach dem Eintreten Mantel und Pelz hinwarfen, wohin sie gerade fielen. Auf dem Tisch stand ein kleiner Weihnachtsbaum, mit vorbereiteten Kerzen.

Ljudmila kochte in einer elektrischen Kanne Kaffee, stellte Likör hin, trat zum Tisch und begann, die Kerzen an der Tanne anzuzünden. Sie war anscheinend nüchterner als alle anderen.

»Jetzt ist schon fast Morgen«, sagte ich. »Wozu zünden Sie sie an?« Sie lächelte. »Für mich selbst. Trinken Sie doch. Da schon einmal Weihnachten ist, muß es auch einen Baum geben ...« Sie nahm irgendeinen roten Lampion, der unter der Tanne lag, strich ihn vorsichtig glatt, bog ihn gerade und zündete ihn an.

Ich trat näher und umfaßte ihre Schultern. »Nun, meine

Liebe ...«, wollte ich sagen, »kommen Sie an den Tisch!«, endete aber nicht.

In Ljudmila Lens Händen befand sich ein zerknittertes, hier und da zerrissenes goldenes Türmchen mit purpurnen Fenstern aus Glimmer. »Was haben Sie denn da?« Sie stellte das Türmchen auf das Fensterbrett. »Ein altes Spielzeug ... Noch aus der Kindheit. Man hat mir einmal zu Weihnachten ein ganzes Schloß aus Karton geschenkt ..., das Königreich der purpurnen Türme ... Und ist es nicht seltsam, durch irgendein Wunder gelang es mir, wenigstens ein Türmchen zu erhalten ... Ich trenne mich nie davon. Am Heiligen Abend zünde ich es an und stelle es ans Fenster, vielleicht leuchtet dieses Feuerchen irgendwem.«

Am Tisch lachte irgend jemand laut auf und machte derbe Witze. Ljudmila drückte für eine Minute ihre Stirn an die Wand. Ich sah ihr Gesicht von der Seite – dunkle Ringe unter den Augen, geschminkte Lippen, eine hervorquellende aschblonde Locke ... Blaue Augen blickten müde und ruhig. Sie wunderten sich über nichts mehr und erwarteten auch nichts.

Ja, jetzt erkannte ich sie, die dünne Elfi von dem alten Gut, das alte Haus, der Weihnachtsbaum, das Königreich der purpurnen Türme und ich, ein zwanzigjähriger Husarenkornett ...

Und an genauso einem Weihnachtsmorgen unser erster – und letzter – Kuß in der dunklen Diele.

Ich berührte leicht meinen Ärmel, als würde ich erwarten, auf ihm noch dieses Stückchen Schwanenflaum zu finden, das am Kopf meines Mantels hängengeblieben war. Elfi hatte damals einen Morgenrock aus Schwanenfedern angehabt, leicht, wie ein Schneeflöckchen ... Sollte ich es ihr sagen? Wozu? Würde sie wirklich in mir diesen Kornett wiedererkennen? Auch ich hätte sie ja nicht erkannt, wenn nicht dieses Türmchen gewesen wäre ... Ich ging in das andere Zimmer hinüber, machte meinen Hut und meinen Mantel ausfindig und trat auf die Straße. Es war kalt und frostig.

In dem großen Haus mit den dunklen Fenstern war im vierten Stock auf dem Fensterbrett ein schwaches, purpurnes Feuer zu sehen . . .

Wie endete doch gleich dieses Märchen?

»Im Königreich der purpurnen Türme . . .«, es gibt doch kein Königreich. Kam der Prinz wirklich zurück?

». . . Es öffnete sich im Turm eine Tür . . .«

Zum Teufel mit dem Turm! Nein, ich erinnere mich nicht . . . Wie sollen wir im Leben ein Märchen bewahren, wenn es sogar in diesem Märchen die Bitternis wirklicher Verluste gibt.

Michail Saltykow

EIN WEINACHTSMÄRCHEN

Eine wunderschöne Predigt hielt unser Dorfpfarrer heute zur Weihnachtsfeier. Er sagte: »Vor vielen Jahrhunderten«, sagte er, »kam an diesem Tage die Wahrheit auf die Welt.

Die Wahrheit ist ewig. Von Anbeginn saß sie mit Christus, dem Menschenfreund, zur Rechten des Vaters, mit ihm ward sie Fleisch und entzündete ihr Licht auf Erden. Sie stand unter dem Kreuze und wurde mit Christus gemartert; sie saß in Gestalt des lichten Engels an seinem Grabe und sah seine Auferstehung. Und als der Heiland gen Himmel fuhr, ließ er die Wahrheit auf Erden zurück, als lebendiges Zeugnis seiner unerschütterlichen Liebe zu dem ganzen menschlichen Geschlecht.

Seitdem gibt es keinen Winkel in der ganzen Welt, wohin die Wahrheit nicht gedrungen wäre und den sie nicht erfüllt hätte. Die Wahrheit erzieht unser Gewissen, sie erwärmt unsere Herzen, sie belebt unsere Arbeit, sie zeigt das Ziel, auf das unser Leben gerichtet sein soll. Betrübte Herzen finden bei ihr eine sichere, allezeit offene Zuflucht, wo sie sich beruhigen und trösten können von allen zufälligen Kümmernissen des Lebens.

Es irren jene, die behaupten, die Wahrheit hätte jemals ihr Antlitz verhüllt oder wäre – noch schlimmer – jemals von der Unwahrheit besiegt worden. Nein, selbst in jenen trüben Augenblicken, da kurzsichtige Menschen glaubten, der Vater der Lüge triumphierte, auch in solchen Augenblicken triumphierte die Wahrheit. Sie allein ist nicht an die Zeit gebunden, sie allein schritt immer vorwärts, breitete ihre Flügel über der Welt aus und erhellte sie mit ihrem ewigen Licht. Der scheinbare Triumph der Lüge ward zunichte wie ein böser Traum und die Wahrheit schritt siegreich weiter.

Mit den Verbannten und Verfolgten stieg die Wahrheit in Keller und Höhlen hinab und verbarg sich in Felsenklüften. Sie bestieg mit den Märtyrern den Scheiterhaufen und trat mit ihnen vor das Antlitz des Tyrannen. Sie entfachte in ihren Herzen die heilige Flamme, bannte die Gedanken der Kleinmut und des Verrats, lehrte sie, das Leiden als Glück zu empfinden. Vergeblich wähnten die Knechte des Vaters der Lüge zu triumphieren, denn sie sahen den Sieg in Äußerlichkeiten, wie Scheiterhaufen, Schwert und Tod. Die grimmigste Marter war nicht imstande, die Wahrheit zu vernichten; im Gegenteil, sie verlieh ihr eine größere Anziehungskraft. Angesichts der Marter flammten die schlichten Herzen auf, und in ihnen fand die Wahrheit neuen, fruchtbaren Boden für ihre Saat. Die Scheiterhaufen loderten und verschlangen die Leiber der Frommen, aber die Flamme dieser Scheiterhaufen entzündete unzählige Lichter, wie sich in der Osternacht an der Flamme einer Kerze Tausende von Kerzen entzünden, die die ganze Kirche mit ihrem Strahlenglanz erfüllten.

Worin besteht denn die Wahrheit, von der ich mit euch rede? Auf diese Frage antwortet uns das Evangelium. Vor allem sollen wir Gott lieben und danach den Nächsten wie uns selbst. Dieses Gebot umfaßt trotz seiner Kürze die ganze Weisheit, den ganzen Sinn des Menschenlebens.

Liebe Gott, denn er ist der Lebensspender und der Menschenfreund, denn in ihm ist die Quelle des Guten, des sittlich Schönen und der Wahrheit. In diesem Tempel, in dem Gott das unblutige Opfer gebracht wird, dienen wir unablässig der ewigen Wahrheit. Alle Mauern des Gotteshauses sind von Wahrheit durchdrungen, so daß ihr – auch die Schlechtesten unter euch – beim Betreten des Tempels fühlt, wie Frieden und Licht in eure Seelen einkehren. Hier, vor dem Angesicht des Gekreuzigten, werden eure Schmerzen gestillt; hier findet ihr Ruhe für eure verwirrten Seelen. Er ward gekreuzigt um der Wahrheit willen, deren Strahlen von ihm aus durch die ganze Welt drangen – wie könnt ihr da verzagen angesichts der Prüfungen, die euch treffen?

Liebe deinen Nächsten wie dich selbst. Das ist das zweite Gebot des Heilands. Ich will nicht davon reden, daß ohne Liebe zum Nächsten ein Leben in Gemeinschaft unmöglich ist; ich will nur klar und offen, ohne Winkelzüge, aussprechen: diese Liebe ist, von allen Nebengründen abgesehen, die Zierde und Wonne unseres Lebens. Wir sollen den Nächsten lieben nicht um Gegenliebe zu gewinnen, sondern um der Liebe selbst willen. Wir sollen unbeirrt, selbstlos lieben, stets bereit, unsere Seele hinzugeben, wie der gute Hirte sein Leben hingibt für seine Schafe.

Wir sollen bestrebt sein, unserm Nächsten zu helfen, ohne zu fragen, ob er uns den ihm erwiesenen Dienst lohnt oder nicht; wir sollen ihn vor Gefahren schützen, auch wenn die Gefahr uns selbst zu verschlingen droht; wir sollen für ihn eintreten vor den Gewaltigen dieser Welt, sollen für ihn in den Kampf gehen. Dies Gefühl der Nächstenliebe ist der kostbare Schatz, den nur der Mensch besitzt und der ihn über alle andern Lebewesen erhebt. Ohne den belebenden Hauch der Liebe sind alle Menschenwerke tot, ohne sie verblaßt das eigentliche Ziel unseres Lebens und verliert seinen Sinn. Nur jene Menschen leben ein volles Leben, die von Liebe und Opfermut durchglüht sind; sie allein kennen die wahren Freuden des Lebens.

So laßt uns denn Gott und den Nächsten lieben; das ist der Sinn der menschlichen Wahrheit! Laßt uns sie suchen und in ihren Spuren wandeln. Wir fürchten die Ränke der Lüge nicht, wir wappnen uns mit dem Guten und stellen dem Feind die von uns errungene Wahrheit entgegen. Die Lüge wird geschlagen, die Wahrheit aber bleibt und durchglüht die Menschenherzen.

So kehrt auch ihr jetzt in eure Häuser zurück und freuet euch des Festes der Geburt unseres Herrn und Heilandes. Aber über euren Freuden vergeßt nicht, daß mit ihm die Wahrheit in die Welt gekommen ist, daß sie zu allen Tagen, Stunden und Minuten unter euch weilt und daß sie jenes heilige Feuer ist, das unser menschliches Leben erleuchtet und erwärmt.«

Als der Pfarrer geendet hatte und der Chor anstimmte: »Der Name des Herrn sei gesegnet!«, da ging ein tiefes Seufzen durch die ganze Gemeinde. Als wenn alle Andächtigen durch dieses Seufzen sagen wollten: »Ja, er sei gesegnet!«

Aber von allen Leuten in der Kirche hörte keiner dem Pfarrer so aufmerksam zu wie Serjoscha Ruslantschew, der zehnjährige Sohn einer benachbarten Gutsbesitzerin. Von Zeit zu Zeit ergriff ihn eine starke Erregung, Tränen traten in seine Augen, seine Wangen glühten, und er beugte sich mit dem ganzen Körper vor, als wollte er etwas fragen.

Maria Sergejewna Ruslantschewa war eine junge Witwe

und hatte ein winziges Gutshaus mitten im Dorf. Zur Zeit der Leibeigenschaft hatte es im Kirchspiel sieben Gutshäuser gegeben, die alle ganz nah beieinander lagen. Die Gutsbesitzer hatten durchnweg wenig Land, Fedor Pawlowitsch Ruslantschew aber war einer von den ärmsten; er besaß nur drei Bauernhöfe und zehn Mann Hausgesinde. Da er aber immer wieder zu verschiedenen Ämtern gewählt wurde, so war es ihm gelungen, sich ein kleines Kapital zusammenzusparen. Als die Leibeigenschaft aufgehoben wurde, erhielt er als Kleingrundbesitzer die Abfindungssumme unter Vorzugsbedingungen und konnte, wenn er auf dem ihm verbliebenen Grund und Boden weiter wirtschaftete, sich gerade noch durchschlagen.

Maria Sergejewna hatte ihn lange nach der Bauernbefreiung geheiratet und war schon nach einjähriger Ehe Witwe geworden. Fedor Petrowitsch war in den Wald geritten, sein Pferd hatte gescheut und ihn aus dem Sattel geworfen, so daß er mit dem Kopf gegen einen Baum schlug. Zwei Monate danach hatte die junge Witwe einem Sohn das Leben geschenkt.

Maria Sergejewna lebte sehr bescheiden. Die Feldbestellung hatte sie aufgegeben und das Land den Bauern verpachtet. Sie hatte nur das Gutshaus mit einem kleinen Stück Land zurückbehalten, auf dem sich der winzige Obst- und Gemüsegarten befand. Ihr ganzes lebendes Inventar bestand aus einem Pferd und drei Kühen; an Dienstboten hatte sie nur eine Familie früherer Leibeigener, zu der ihre alte Wärterin mit Sohn, Tochter und Schwiegertochter gehörten. Die Wärterin verwaltete das ganze Haus und zog den kleinen Serjoscha auf, die Tochter kochte, der Sohn und dessen Frau versorgten das Vieh, das Geflügel und bestellten den Garten. Das Leben lief geräuschlos dahin. Not hatte man keine zu leiden; Brennholz und Nahrungsmittel brauchte man nicht zu kaufen und an Dingen, die hätten bezahlt werden müssen, war so gut wie kein Bedarf. Die Leute im Hause sagten: »Wir leben wie im Paradies!« Maria Sergejewna selbst hatte auch schon vergessen, daß es noch ein anderes Leben auf der Welt gab. Sie hatte es nur flüchtig aus den Fenstern des Pensionats gesehen, in dem sie erzogen worden war. Nur Serjoscha machte seiner Mutter mitunter Sorge. Anfangs entwickelte er sich sehr gut, aber von seinem siebenten Lebensjahr an traten bei ihm Anzeichen einer krankhaften Empfindsamkeit zutage.

Er war ein intelligenter, stiller, aber schwächlicher, kränklicher Knabe. Mit sieben Jahren lernte er lesen, zuerst unterrichtete ihn die Mutter selbst; dann, als er neun Jahr alt geworden war, wurde der Pfarrer, Vater Pawel, aufgefordert, sich des Jungen anzunehmen. Serjoscha sollte auf das Gymnasium kommen und mußte also mindestens mit den Anfangsgründen der lateinischen Grammatik vertraut werden. Die Zeit des Abschieds rückte immer näher heran, und Maria Sergejewna sah ihr mit großer Besorgnis entgegen. Die Trennung von dem Sohn war unvermeidlich, wenn er eine ordentliche Bildung erhalten sollte. Die Gouvernementsstadt lag sehr weit vom Gut entfernt, und bei einem Jahreseinkommen von 600−700 Rubeln war es für Maria Sergejewna unmöglich, sich dort niederzulassen. Sie stand Serjoschas wegen bereits in Briefwechsel mit ihrem Bruder, der in der Gouvernementsstadt einen bescheidenen Beamtenposten innehatte. Vor einigen Tagen erst hatte sie einen Brief erhalten, in dem ihr Bruder sich bereit erklärte, Serjoscha in sein Haus aufzunehmen.

Aus der Kirche zurückgekehrt, am Teetisch, zeigte Serjoscha sich immer noch sehr erregt.

»Ich möchte nach der Wahrheit leben, Mutter!« sagte er. »Ja, mein Kind, im Leben ist die Wahrheit die Hauptsache«, sagte die Mutter, »aber dein Leben hat noch kaum begonnen. Kinder leben nicht anders, können gar nicht anders leben, als nach der Wahrheit.« – »Nein, so möchte ich nicht leben. Der Pfarrer hat gesagt, wer nach der Wahrheit lebt, muß seinen

Nächsten vor Kränkungen schützen. So muß man leben, und lebe ich denn so? Vor kurzem hat man dem Iwan Bednyj (Iwan der Arme) seine Kuh weggenommen. Bin ich für ihn eingetreten? Ich habe nur zugesehen und geweint.«

»Nun, in diesen Tränen kam eben dein Wahrheitsgefühl zum Ausbruch, mein Kind. Etwas anderes konntest du gar nicht tun. Die Kuh ist dem Iwan auf Grund des Gesetzes weggenommen worden, weil er eine Schuld nicht bezahlt hatte. Es gibt so ein Gesetz, das befiehlt, daß ein jeder seine Schulden bezahle.« – »Iwan konnte nicht bezahlen, Mutter. Er hätte es gern getan, aber er konnte nicht. Die Wärterin sagt auch, er sei der ärmste Mann im ganzen Dorf. Wo ist denn da die Wahrheit?«

»Ich sag' es dir doch: das Gesetz befiehlt es, und dem Gesetz müssen alle gehorchen. Wenn die Menschen eine Gemeinschaft bilden, dürfen sie ihre Pflichten nicht vernachlässigen. Denke du lieber an deine Lektionen, das ist *deine* Wahrheit. Wenn du aufs Gymnasium kommst, sei fleißig und folgsam – und das wird dann bedeuten, daß du nach der Wahrheit lebst. Ich habe es nicht gern, wenn du dich so aufregst. Alles, was du siehst und hörst, nimmst du dir gleich zu Herzen. Der Pfarrer hat ganz allgemein gesprochen. In der Kirche kann man nicht anders reden, du aber wendest das gleich auf dich an. Bete für deine Nächsten, mehr verlangt der liebe Gott gar nicht von dir.«

Aber Serjoscha gab keine Ruhe. Er lief in die Küche, wo die Dienstboten beisammen saßen und, da es Feiertag war, Tee tranken. Die Köchin Stepanida stand vor dem Ofen und zog alle Augenblicke den Topf mit der fetten Kohlsuppe heraus, da er immer wieder überkochte. Der Duft von frischem Fleisch und Festtagskuchen erfüllte den ganzen Raum.

»Ich möchte nach der Wahrheit leben!« sagte Serjoscha zu der alten Wärterin. »Schau', schau', wie früh du schon daran denkst!« lachte die Alte. »Nein, nein, ich habe mir das Wort gegeben! Ich sterbe für die Wahrheit, aber der Lüge und dem Unrecht füge ich mich nicht!« – »Ach, du mein armer Junge, was dir nicht alles einfällt!« – »Hast du denn nicht gehört, was der Pfarrer in der Kirche sagte? Für die Wahrheit muß man sein Leben hingeben. Für die Wahrheit muß ein jeder in den Kampf ziehen!« – »Na ja, man weiß, was in der Kirche geredet wird! Dazu ist die Kirche doch da, daß man dort fromme Reden hört! Aber, mein Lieber, du mußt zuhören und dein Teil dabei denken.«

»Mit der Wahrheit muß man auch vorsichtig sein«, sagte der Arbeiter Grigorij bedächtig. »Warum trinken Mama und ich den Tee im Speisezimmer und ihr in der Küche? Ist denn das recht?« ereiferte sich Serjoscha. »Recht vielleicht nicht, aber es ist von alters her so Brauch. Wir sind einfache Leute, für uns ist auch die Küche gut genug. Wenn alle ins Eßzimmer gehen wollten, fänden sie gar nicht Platz.«

»Ich will dir was sagen, Sergej Fëdorowitsch«, mischte sich wieder Grigorij ins Gespräch, »wenn du groß bist, kannst du sitzen, wo du willst, im Speisezimmer oder in der Küche. Aber solange du noch klein bist, sollst du bei der Mama sitzen! Eine bessere Wahrheit gibt's für euch kleine Leute nicht. Wenn der Pfarrer zu Mittag kommt, wird er dir dasselbe sagen. Wir tun noch vielerlei, sorgen für das Vieh, graben in der Erde, die Herrschaften tun das alles nicht. So ist es!« – »Aber das ist doch unrecht!« – »Wir denken so: wenn die Herrschaften gut und freundlich sind, ist das *ihre* Wahrheit. Und wenn wir Arbeiter unserer Herrschaft treu dienen, sie nicht betrügen, fleißig schaffen, so ist das unsere Wahrheit. Es ist schon gut, wenn jeder sich an seine Wahrheit hält.«

Ein minutenlanges Schweigen trat ein. Serjoscha wollte anscheinend etwas erwidern, aber die Darlegungen Grigorijs kamen aus so gutem Herzen, daß er schwankend wurde.

»In unserer Gegend«, brach die Wärterin als erste das Schweigen, »wo die Frau Mama und ich her sind, lebte ein

Gutsbesitzer Rassoschnikow. Erst lebte er so wie andere Leute auch, dann wollte er plötzlich nur noch nach der Wahrheit leben. Und was hat er schließlich gemacht? Hat sein Gut verkauft, sein Geld den Bettlern gegeben und ist selbst auf die Wanderschaft gegangen . . . Und seitdem hat ihn keiner mehr gesehen.« – »Ach, Liebe, das war ein Mann!« – »Und dabei hatte er einen Sohn, der war Offizier«, fügte die Wärterin hinzu.

»Der Vater gibt seinen ganzen Besitz weg und für den Sohn bleibt nichts übrig! Man sollte mal den Sohn fragen, wie ihm des Vaters Wahrheit gefällt!« sagte Grigorij. »Begriff der Sohn denn nicht, daß der Vater nach der Wahrheit gehandelt hatte?« rief Serjoscha. »Das ist's ja eben, daß er's nicht recht begriffen hat. Er versuchte dagegen Einspruch zu erheben. ›Warum hat er mich denn ins Regiment gegeben‹, sagte er, ›wenn ich jetzt nichts habe, womit ich meinen Unterhalt bestreite?‹« – »Ins Regiment gegeben . . . Unterhalt bestreiten«, wiederholte Serjoscha mechanisch, ohne sich in dieser Gegenüberstellung zurechtzufinden.

»Ich weiß auch noch einen Fall«, fuhr Grigorij fort. »Ein Bauer in unserm Dorf, Martin hieß er, wollte es dem Rassoschnikow nachtun. Er verteilte auch all sein Geld unter die Bettler, ließ seiner Familie nur ihre Hütte, hängte sich selbst den Bettelsack an die Seite und ging nachts heimlich auf und davon. Aber er hatte sich keinen Paß ausfertigen lassen und da wurde er nach einem Monat auf dem Etappenweg wieder heimgeschickt.«

»Warum? Hatte er etwas Böses getan?« fragte Serjoscha. »Böses nicht, das sage ich nicht! Ich meine nur, daß man vorsichtig sein muß. Ohne Paß darf man nicht im Land herumziehn, das ist die ganze Geschichte. Sonst laufen schließlich alle davon, lassen die Arbeit liegen, und man weiß nicht, wo man hin soll mit den Landstreichern.«

Der Tee war ausgetrunken. Alle standen auf und beteten.

»Nun wollen wir zu Mittag essen«, sagte die Wärterin, »geh zur Mama, mein Liebling, und sitze bei ihr; bald kommt wohl auch der Pfarrer mit seiner Frau.«

Tatsächlich erschien gegen zwei Uhr Vater Pawel mit seiner Gattin. »Ich will nach der Wahrheit leben, Hochwürden! Ich will für die Wahrheit kämpfen!« begrüßte Serjoscha die Gäste. »Das ist mir ein wackrer Kriegsmann! Drei Käse hoch und will schon kämpfen!« scherzte der Pfarrer.

»Er läßt mir keine Ruhe«, sagte Maria Sergejewna, »vom frühen Morgen an redet er von nichts anderem!« – »Tut nichts, gnädige Frau. Er redet seine Zeit und vergißt's dann wieder.«

»Nein, ich vergesse es nicht!« sagte Serjoscha. »Sie haben vorhin selbst gesagt, man müsse nach der Wahrheit leben. Sie haben es in der Kirche gesagt.« – »Darum ist doch die Kirche von Gott eingesetzt, daß in ihr die Wahrheit verkündet werde. Wenn ich, der Priester, meine Pflicht nicht erfülle, wird die Kirche selbst uns an die Wahrheit mahnen! Auch ohne mich ist jedes Wort, das in der Kirche gesprochen wird, Wahrheit. Nur ganz verhärtete Herzen können ihr gegenüber taub bleiben ...«

»Und wie soll man leben?« – »Leben soll man nach der Wahrheit. Wenn du größer geworden bist, wirst Du auch die Wahrheit voll erfassen; vorläufig aber laß dir genug sein an der Wahrheit, die deinem Alter angemessen ist. Liebe deine Mutter, sei ehrerbietig gegen ältere Leute, lerne fleißig, sei bescheiden – das ist *deine* Wahrheit!«

»Und die Märtyrer ... Sie sagten vorhin selbst ...« – »Es hat auch Märtyrer gegeben. Für die Wahrheit muß man auch leiden. Aber für dich ist es noch zu früh, dich mit solchen Gedanken abzugeben.« – »Märtyrer ... Scheiterhaufen ...« flüsterte Serjoscha verwirrt.

»Genug!« fuhr ihn die Mutter ungeduldig an.

Serjoscha verstummte. Während des ganzen Mittagessens

war er nachdenklich. Bei Tisch wurde über alltägliche Dinge gesprochen, eine Geschichte folgte der andern, und es ging keineswegs immer aus ihnen hervor, daß Wahrheit und Recht triumphiert hätten. Eigentlich konnte man von Recht oder Unrecht überhaupt nicht reden: es war das Alltagsleben in jenen Formen und auf jener Grundlage, an die jedermann von alters her gewohnt ist. Serjoscha hatte unzählige Male diesen Gesprächen zugehört und sie hatten ihn niemals besonders erregt. Aber heute war in ihn etwas Neues eingedrungen, das ihn anspornte und erregte.

»Iß doch«, nötigte ihn die Mutter, die bemerkte, daß er fast gar nichts zu sich nahm. »In corpore sano mens sana«, fügte der Pfarrer seinerseits hinzu. »Gehorche der Mama, so beweisest du am besten deine Liebe zur Wahrheit. Man muß die Wahrheit lieben, aber sich grundlos für einen Märtyrer ansehen, das ist schon Eitelkeit und Ruhmsucht.«

Die abermalige Erwähnung der Wahrheit gab Serjoscha einen Stoß. Er bückte sich über seinen Teller und versuchte zu essen, brach aber plötzlich in Tränen aus. Alle sprangen erschrocken auf und drängten sich zu ihm. »Hast du Kopfweh?« fragte die Mutter. »Ja«, erwiderte er mit schwacher Stimme. »Geh, leg’ dich zu Bett. Wärterin, bring’ ihn zu Bett!«

Man führte ihn hinaus. Die Mahlzeit wurde für mehrere Minuten unterbrochen, denn Maria Sergejewna hatte es nicht aushalten können und war der Wärterin gefolgt. Endlich kehrten beide zurück und meldeten, daß Serjoscha eingeschlafen sei. »Das ist gut. Er schläft sich aus und dann ist alles vorüber!« suchte Vater Pawel Maria Sergejewna zu trösten.

Allein gegen Abend hatte der Kopfschmerz nicht nur nicht nachgelassen, sondern der Knabe hatte auch Fieber. Er richtete sich nachts mehrmals auf seinem Bett auf und griff mit den Händen um sich, als suchte er etwas.

»Martin ... ohne Paß ... für die Wahrheit ... Was heißt das?« stammelte er. »Von was für einem Martin redet er?«

wandte sich die Mutter erstaunt an die Wärterin. »Erinnern Sie sich, in unserm Dorf war so ein Bauer, er ging mit dem Bettelsack fort, um Gott dem Herrn zu dienen ... Vorhin erzählte Grigorij von ihm ...« – »Immer müßt ihr dummes Zeug reden!« ärgerte sich Maria Sergejewna, »man kann den Jungen gar nicht mit euch allein lassen.«

Am nächsten Morgen nach der Frühmesse erbot sich der Pfarrer, den Arzt aus der Stadt zu holen. Die Stadt lag vierzig Werst entfernt, so daß man den Arzt erst spät am Abend erwarten konnte. Der Arzt war ein alter Stümper; er kannte kein anderes Mittel als Opodeldok, das er seinen Kranken zu innerlichem wie äußerlichem Gebrauch verschrieb. In der Stadt sagte man von ihm: »An die Medizin glaubt er nicht, aber an Opodeldok glaubt er.«

Gegen elf Uhr nachts kam der Arzt. Er untersuchte den Kranken, fühlte ihm den Puls und erklärte, er habe »etwas Fieber«. Dann verordnete er Einreibungen mit Opodeldok und ließ Serjoscha zwei Pillen schlucken. »Er hat Fieber, aber Sie werden sehen: nach dem Opodeldok ist es im Nu verschwunden!« erklärte er würdevoll.

Man gab dem Arzt zu essen und wies ihm sein Schlafzimmer an. Serjoscha aber warf sich die ganze Nacht auf seinem Bett hin und her und glühte ... Einige Male wurde der Arzt geweckt, aber er gab dem Kranken wieder Opodeldok und versicherte weiter, daß am Morgen früh alles in Ordnung sein werde.

Serjoscha phantasierte. Immer wieder sagte er: »Christus ... die Wahrheit ... Rassoschnikow ... Martin ...« Dabei griff er nach wie vor suchend um sich und murmelte: »Wo? Wo ...« Gegen Morgen beruhigte er sich und schlief ein.

Der Arzt sagte: »Nun, sehen Sie!« und fuhr weg, da er, wie er behauptete, noch andere Kranke in der Stadt zu besuchen hatte.

Den ganzen Tag schwebte man zwischen Furcht und Hoffnung. Solange es draußen hell war, fühlte der Kranke sich besser; er war aber so schwach, daß er fast gar nicht sprach. Mit der Dämmerung begann er wieder zu fiebern und der Puls schlug schneller. Maria Sergejewna stand in stummem Entsetzen an seinem Bett, sie wollte begreifen und begriff nicht.

Auf den Opodeldok verzichtete man bald. Die Wärterin machte Serjoscha Essigumschläge um den Kopf, legte ihm Senfteig auf den Leib, gab ihm Lindenblütentee zu trinken – kurz und gut, sie wandte aufs Geratewohl alle Mittel an, von denen sie gehört hatte und die zur Hand waren.

Am Abend begann die Agonie. Um acht Uhr ging der volle Mond auf und da man in der Aufregung vergessen hatte, die Fenstervorhänge zuzuziehen, so zeigte sich an der Wand ein großer heller Fleck.

Serjoscha richtete sich auf und streckte die Hände nach ihm aus.

»Mutter!« flüsterte er, »sieh! Ganz in Weiß ... das ist Christus ... das ist die Wahrheit ... Ihm nach! ... Zu ihm!«

Er sank auf sein Kissen zurück, schluchzte auf wie ein kleines Kind und starb.

Die Wahrheit war ihm erschienen und hatte sein ganzes Wesen mit Seligkeit erfüllt; aber das noch nicht gekräftigte Herz des Knaben vermochte das Übermaß nicht zu ertragen und zerbrach.

VII

HEILIGE NÄCHTE

Alexej Stepanowitsch Chomjakow

STERNE

Schaue in der Mittnacht Stunde
Auf zum ew'gen Sternenzelt:
Dort in hoher Himmelsrunde
Siehst du eine Wunderwelt.
Alle diese hellen Sterne
Sehen wir bei Tage nicht,
Und sie sind in ihrer Ferne
Heller doch als Sonnenlicht.
Doch in immer weitre Fernen
Laß dein Auge schweifend gehn:
Wundernd wirst du hinter Sternen
Immer neue Sterne sehn.
Aber endlich wird zunichte
Deiner Augen Kraft und Macht,
Und zu einem Meer von Lichte
Wird die abgrundtiefe Nacht.

In der Mittnacht stiller Stunde
Lies, was eines Fischers Hand
Dir zur Botschaft, dir zur Kunde
Niederschrieb im heil'gen Land.
Auf des schmalen Buches Seiten
Tut sich dir ein Himmel auf:
Tiefe, ungemessne Weiten,
Wunderbarer Sterne Lauf.
Stille ziehn sie ihren Reigen
In geheimnisvollem Chor,
Gehen unter, neue steigen
Hell am Horizont empor.

Leuchtend aus der Zeitenferne,
In der sonst so viel erblich,
Strahlen funkelnd diese Sterne
Auch noch heute, auch für dich.

Lilja Brik

Die weisse Nacht

Den Abend habe ich noch gut in Erinnerung. Der breite Konzertflügel in dem kleinen Zimmer. Der junge Pasternak, im Schatten des gebäumten Flügeldeckels wie ein Dämon.

In der Stadt, die kein Fuß je betreten hat, die
Hexen und Schneebräute nur betraten,
Liegen Schneewehen, aufgewölbt, bleich und starr wie
Opfer mittnächtlicher Grauenstaten.

Im Fenster lag die weiße Nacht.

Nicht geheuer das Städtchen und auch die Nacht . . .

Der graziöse Assejew wirkte wie eine Vignette auf dem schwarzglänzenden Hintergrund des Flügels.

Ljuzes Gastspiel vom Himmel hernieder
War uns wie eine seltsame Mär . . .

Chlebnikows blaue Augenseen traten über die Ufer, überstrahlten die weiße Nacht hinterm Fenster. Zu seinem Vortrag erhob er sich nicht, sondern blieb im Sessel sitzen und ließ die langen Arme baumeln. Er lächelte, wurde tiefernst und begann langsam, mit dunkler leiser Stimme. Seine Augen trübten sich, erloschen ganz. Sein Sprechen ging in ein Murmeln über, das immer hastiger wurde und mit einem abrupten: »Das ist alles!« und einem Stoßseufzer endete.

Dann kam die Reihe an Majakowski. Chlebnikow lächelte. Alle blickten gespannt. Die Zimmerwände taten sich auf.

Ich malme die Meilen, mit Stiefeln sie klopfend.
Wohin mit der Hölle, der inneren Nacht?[*]

Chlebnikows Azurblau, Pasternaks Gold, die konzentrierten Augen von Maria, Assejews entzückte . . .

Majakowski stand an den Türsturz gelehnt, wie vorzeiten beim Vortrag der »Wolke«. Dann redeten alle gleichzeitig los. Besonders gut erinnere ich mich, wie begeistert Pasternak reagierte und wie er sich dann an den Flügel setzte und etwas von sich vorspielte.

Das neue Jahr, 1916, wurde ausgelassen gefeiert. Den Tannenbaum hatten wir umgekehrt, »mit den Beinen nach oben«, in einen Winkel der Zimmerdecke gehängt und mit Spielkarten, dem berühmten gelben Hemd und einer papierenen Wolke in Hosen geschmückt. Alle waren kostümiert. Majakowski hatte einen roten Fetzen um den Hals und schwang einen in Kattun eingenähten hölzernen Schlagring. Brik war in Turban und Usbekenrock, Schklowski in einem Matrosenhemd und Elsa in einem Harlekinanzug. Wassja Kamenski hatte auf sein Jackett bunte Kattunflicken genäht, sich einen Vogel auf die Wange gemalt und die eine Schnurrbarthälfte blond, die andere schwarz gefärbt. Ich trug rote Strümpfe, ein Schottenröckchen und um die Brust statt des Mieders ein geblümtes russisches Tuch. Kurz, jeder folgte der

[*] Aus »Wirbelsäulenflöte«; deutsch von Hugo Huppert

Devise: je verrückter, desto besser. Wir becherten Sprit mit Kirschsaft. Den Sprit zauberten wir unter einem Dielenbrett hervor, damals im Krieg herrschte Alkoholverbot. An diesem Abend trug Kamenski Elsa seine Hand und sein Herz an – der erste Heiratsantrag in ihrem Leben. Sie lehnte erstaunt ab. Er widmete ihr ein Gedicht und fuhr vor Kummer woandershin heiraten, nach Moskau wohl oder Kamenka.

Wir hatten in dieser Wohnung einen riesigen Papierbogen (eine Tapetenbahn) an die Wand geheftet, auf den jeder schreiben oder zeichnen sollte, was ihm gerade einfiel. Majakowski schrieb über Kuschner: »Ein Flußpferd spurtet in den Fluß, vom guten Kuschner in Verdruß.« Burljuk zeichnete Wolkenkratzer und Frauen mit drei Brüsten, Kamenski klebte Paradiesvögel aus Buntpapier an, Schklowski schrieb Aphorismen wie: »Die Wut auf die Menschheit sammelt sich tri-tra-tropfenweise an.« Ich zeichnete Tiere mit Euter und schrieb darunter: »Was kümmert dich mein Euter?«

Alexander Blok

In der Neujahrsnacht

Wo kalter Nebel ringsum liegt,
Brennt rotglühend Holz hernieder.
Swetlanas Seele friert und wiegt
Sich träumend im Orakel wieder.

Da knirscht der Schnee, da stockt das Herz;
Ach vorbei! – Nur der Mond bleibt stehen,
Und jemand lacht noch straßenwärts,
Wird im Dunkeln weitergehen.
Dies Lachens Fest, rasch will ichs schaun,
Mir verhülln die roten Bänder.
So möcht der Liebste mich wohl kaum
Erkennen am Treppengeländer.
Der Nebel aber regt sich nicht,
Weiter brennt das Feuer knisternd.
Jemand lacht. Es stiehlt ein Licht
Sich heran – ich warte, flüsternd.
O Mitternacht, es knirscht wie nie
Der frostige Schnee unter Kufen,
Ein Schlitten kommt. Wie heißen Sie?
Zur Antwort ein lachendes Rufen.
Da hat der Schneewind weiß gemacht
Wirbelnd meine Stufen alle,
Und Einer bedeckt mir das Antlitz und lacht,
Daß ich blindlings ihm in die Arme falle.
Wo kalter Nebel ringsum liegt,
Stiehlt verwölkt der Mond sich durch die Bäume,
Swetlanas Seele schwärmerisch wiegt
Sich im süßesten Traum der Träume . . .

Iwan Bunin

NADJA

Zum erstenmal lernte ich jenen fremdartigen Zustand kennen, den man gewöhnlich als Krankheit bezeichnet und der
in Wahrheit ein unterbrochenes Sterben bedeutet, eine irrsin-
nige, nicht spurlos vorübergehende Wanderung in gewisse
jenseitige Gefilde. Ich erkrankte spät im Herbst. Was war mir
denn? Ich fühlte ein plötzliches Versagen aller meiner physi-
schen und seelischen Kräfte, eine wundersame Veränderung,
die sich in solchen Stunden in allen fünf Sinnen vollzieht:
im Gesicht, im Geschmack, im Gehör, im Geruch, im Gefühl. Ich empfand plötzlich nicht mehr das Verlangen, zu leben, das heißt mich zu bewegen, zu trinken, zu essen, mich
zu freuen, traurig zu sein und jemanden zu lieben, nicht einmal die meinem Herzen am nächsten Stehenden; ich empfand einen Übergang in eine ganz neue Welt, in der der Körper außerordentlich heftig von unbeschreiblicher Hitze oder
von Schüttelfrost erschüttert wurde, und dann hatte ich tage-
und nächtelang das Gefühl des Nichtvorhandenseins, das hin
und wieder von scheußlichen, meist unsinnig ineinanderge-
knäuelten Träumen, Fieberphantasien, Visionen unterbrochen wurde; es war, als vereinigte sich in ihnen alles körper-
lich Grobe der Welt, das beim Zusammenbruch wild mit sich
selbst kämpft, in etwas Flammendheißem untergeht, das
zweifellos der menschlichen Vorstellung von Höllenqualen
vorschwebt.

Oh, wie sind mir diese endlosen Nächte gegenwärtig, als
ich den Tod bereits zu überwinden begann, ihn aber immer
noch bekämpfte, als ich verzweifelte Anstrengungen machte,
das entweichende Leben festzuhalten. Bald erschien mir die
Mutter in Gestalt eines riesenhaften weißen Phantoms oder

das Schlafzimmer als finstere düstere Scheune, in der im Scheine der Kerzen Tausende von phantastisch grausigen Figuren, Gesichtern, Tieren und Pflanzen dahinschwebten! Welch überirdische Klarheit, sanfte Freude, welche Rührung und welcher Frieden erfüllten meine Seele noch lange, nachdem ich aus dem Hinabsteigen in diese Hölle wieder auf die Erde, in das schlichte, liebe, so wohlbekannte Dasein zurückkehrte. Aus irgendeinem Grunde aß ich gerade um diese Zeit mit besonderem Genuß schwarzes Brot, dessen Geruch mich schon in Entzücken versetzte und von dem man mir aus ländlicher Unwissenheit und Nachgiebigkeit so viel gab, wie ich wünschte . . .

Dann starb in der Weihnachtswoche Nadja – ungefähr zwei Monate nach meiner Krankheit. Diese Woche verbrachte ich in einer seltsamen Lustigkeit. Der Vater trank, der Wein floß Tag für Tag von früh bis spät in Strömen, das Haus war voller Gäste, kleinadligen Nachbarn in verschnürten Litewken und Joppen, und ein Glücksgefühl – darauf besinne ich mich genau – verließ mich nicht und verband sich herausfordernd mit den Tönen des Klaviers, auf dem die verrückte Tante Warja, die bei uns zu Besuch war, unaufhörlich hämmerte. Die Mutter weinte, sagte, daß nun, da der Vater wieder zu trinken begonnen habe, alles verloren sei; trotzdem war auch sie glücklich: ihre größte Freude war es, wenn die Familie vollzählig versammelt war, das heißt, wenn der Bruder Georg zu Weihnachten kam wie gerade jetzt. Und nun erkrankte plötzlich in dieser fröhlichen Unordnung Nadja, die bisher ganz besonders keck auf ihren strammen Beinchen im Hause herumgetrampelt war und alle mit ihren blauen Augen, ihrem Lachen und ihren fröhlichen Ausrufen entzückt hatte.

Die Tage vergingen, das Fest war vorüber, die Gäste hatten sich verzogen, der Bruder war abgereist, und Nadja lag noch immer bewußtlos; im Kinderzimmer war immer das gleiche

Bild: verhängte Fenster, Halbdunkel, der Schein des Lämpchens vor dem Heiligenbild ... Warum hatte Gott gerade sie, den Sonnenschein des ganzen Hauses, auserwählt? Alle Hausgenossen waren bedrückt, ja, selbst der Vater schien sie aufzugeben, er nahm sich und der Umgebung aus irgendeinem Grund jede Hoffnung, und doch ahnte keiner, daß diese Mattigkeit spätabends mit einem grellen Aufschrei der Kinderfrau enden würde, die die Tür zum Speisezimmer mit den furchtbaren Worten aufriß, daß es mit Nadja zu Ende ginge. Ja, dieses furchtbare »Zu-Ende-Gehen« erklang für mich zum erstenmal an einem späten Winterabend in der Abgeschiedenheit dunkler Schneefelder, in einem einsamen, von Schneemassen umwehten Gutshof in völliger Hilflosigkeit. In der Nacht, als die kopflose Verwirrung, die das ganze Haus bald danach erfaßte, sich gelegt hatte, als alles wieder in Ordnung kam – in eine neuartige, unheimliche Ordnung –, sah ich sie: im Saal auf dem Tisch im Schein des Kirchenlichts lag eine unbewegliche, geschmückte Puppe mit ausdrucklosem, blutleerem Gesichtchen, die dunklen Wimpern nur halb geschlossen, und etwas Kirchliches, Heiliges schien von ihr auszustrahlen ... Eine unheimlichere und zauberhafte Nacht hat es in meinem ganzen Leben nicht gegeben.

VIII

O TANNENBAUM

Ossip Mandelstam

DER TANNEN weihnachtliches Leuchten,
der Wälder Flittergold.
Der Spielzeugwolf, der im Gesträuche
mit seinen Augen rollt.

O weise Schwermut, wohlberedte,
o Freiheit, fern dem Schall.
Des Firmaments, des unbelebten, steten,
hohnsprechender Kristall!

Alexej Tolstoj

DER TANNENBAUM

Eine große Tanne wurde in den Salon gebracht. Um sie ins
Kreuz einzupassen, mußte Pachom lange klopfen und sie mit
dem Beil spitzen. Als man den Baum schließlich aufrichtete,
war er so hoch, daß die zartgrüne Krone sich an der Decke
zurückbog. Kälte strömte von der Tanne aus, aber allmählich
tauten die zusammengepreßten Äste auf und breiteten sich
aus; die Nadeln lockerten sich, und das ganze Haus duftete
nach Tannengrün. Die Kinder trugen einen Arm voll bunter
Ketten ins Zimmer und Schachteln mit Weihnachtsschmuck,
stellten Stühle an die Tanne und begannen sie zu schmücken.
Bald ergab es sich, daß die Sachen nicht ausreichten. Wieder
mußten sie sich hinsetzen und Schmuck kleben, Nüsse ver-
golden und die Pfefferkuchen wie auch die Krimer Äpfel mit
Silberfäden versehen. Mit dieser Arbeit verbrachten die Kinder den ganzen Abend, bis Lilja den Kopf mit der zerknitter-

ten Haarschleife auf den Arm sinken ließ und am Tisch einschlief.

Dann kam der Weihnachtsabend. Die Tanne stand da, von goldenem Gespinst umhüllt, die Ketten waren eingehängt und die Lichter in die farbigen Lichthalter geklemmt. Als alles fertig war, sagte die Mutter: »Jetzt geht hinaus, Kinder, und daß mir niemand bis zum Abend ins Zimmer kommt!«

An diesem Tage aß man sehr schnell und spät zu Mittag – die Kinder aßen nur die süße Nachspeise »Charlotte«. Im Hause war ein großes Durcheinander. Die Jungen lümmelten überall herum und hielten jeden auf mit der Frage, ob es bald Abend sei. Selbst Arkadij Iwanowitsch, der einen schwarzen Rock mit langen Schößen und ein steifgebügeltes Hemd angezogen hatte, wußte nicht, was er tun sollte; er ging von Fenster zu Fenster und pfiff vor sich hin. Lilja war zur Mutter gegangen. Die Sonne sank furchtbar langsam zur Erde, wurde rosarot und von Nebelwolken verschleiert; der violette Schatten vom Brunnen dehnte sich immer länger auf dem Schnee aus. Schließlich gab die Mutter das Zeichen zum Anziehen. Nikita fand auf seinem Bett eine blaue seidene Bluse, am Kragen, am Saum und an den Ärmelaufschlägen mit einer Tannenranke bestickt, dazu eine geflochtene Kordel mit kleinen Quasten und ein Paar Sammethosen. Nikita zog sich an und lief zur Mutter. Sie zog mit dem Kamm den Scheitel und glättete ihm die Haare, nahm ihn bei den Schultern, sah ihm aufmerksam ins Gesicht und führte ihn vor den großen Mahagonispiegel. Im Spiegel erblickte Nikita einen gutgekleideten, etwas blassen, netten Jungen. War er das wirklich selbst?

»Ach, Nikita, Nikita«, sagte die Mutter und küßte ihn auf den Kopf, »wärest du doch immer so ein lieber Junge.«

Auf den Fußspitzen ging Nikita in den Flur und sah dort ein Mädchen ganz in Weiß, das ihm mit gemessenen Schritten entgegenkam. Es hatte ein reichverziertes Überkleidchen an und darunter ein Musselinröckchen, eine große weiße

Schleife im Haar, und sechs üppige Locken fielen zu beiden Seiten des Gesichts, das er kaum erkannte, auf die hageren Schultern herab. Als Lilja näher kam, schnitt sie ein Gesicht und sah Nikita an. »Was dachtest du wohl – ein Gespenst?« sagte sie. »Hast Angst gehabt?« Sie ging ins Kabinett, setzte sich aufs Sofa und zog die Füße mit herauf.

Nikita folgte ihr und setzte sich auch aufs Sofa, auf das andere Ende. Im Zimmer war geheizt. Die Holzscheite knisterten, Funken sprühten. Das rötlich flimmernde Licht fiel auf die hohen Lehnen der Ledersessel, auf die eine Ecke des goldenen Rahmens an der Wand, auf den Marmorkopf zwischen den Schränken.

Lilja saß da, ohne sich zu rühren. Es war wundervoll, wenn der helle Schein vom Ofen auf ihre Wange und auf das hochgezogene Näschen fiel. Viktor erschien in der blauen Schüleruniform mit blanken Knöpfen und der Tresse am Kragen, der den Hals einschnürte, so daß das Sprechen schwer wurde. Er setzte sich in den Sessel und schwieg auch. Man hörte, wie nebenan im Salon die Mutter und Anna Apollossowna Päckchen öffneten, etwas auf den Fußboden stellten und mit leiser Stimme miteinander sprachen. Viktor schlich sich wohl an das Schlüsselloch, aber es war von der Innenseite mit Papier verstopft.

Dann schlug im Flur die Verbindungstür zu, man hörte Stimmen und viele kleine Schritte. Nikita wußte sofort: Die Kinder aus dem Dorf waren gekommen. Er hätte zu ihnen laufen müssen, aber er konnte sich nicht rühren. Auf den Eisblumen am Fenster flammte ein bläuliches Lichtlein auf. Mit einem dünnen Stimmchen bemerkte Lilja: »Ein Stern ist aufgegangen!«

In diesem Augenblick öffneten sich die Türen zum Salon. Die Kinder sprangen vom Sofa herab. Im Salon strahlte vom Fußboden bis zur Decke in hundert Kerzen der Tannenbaum. Er stand da wie ein flammender Baum, in Gold, Funken und schimmernden Strahlen glitzernd. Ein volles warmes Licht ging von ihm aus; es duftete nach Tannengrün, nach Wachs, nach Mandarinen und Honigkuchen.

Ergriffen standen die Kinder und rührten sich nicht. Im Salon wurden die anderen Türen geöffnet, und schüchtern, an der Wand sich drängend, kamen die Dorfjungen und -mädchen herein. Sie alle waren in Wollstrümpfen ohne Filzstiefel, in roten, gelben und rosafarbenen Blusen und in roten, rötlichen und weißen Kopftüchern. Die Mutter setzte sich an den Flügel und spielte eine Polka. Spielend wandte sie sich zum Tannenbaum und begann lächelnd zu singen:

> »Hat der Storch auch lange Beine,
> fanden sie doch nicht den Weg...«

Nikita reichte Lilja die Hand. Sie gab ihm die ihre und sah dabei auf die Lichter. In ihren blauen Augen, in jedem einzeln, flammte ein Lichterbäumchen auf. Die Kinder standen und bewegten sich nicht. Schließlich ging Arkadij Iwanowitsch zu den Jungen und Mädchen, nahm ihre Hände und tanzte um den Tannenbaum herum. Die Schöße seines Rockes flatterten hinter ihm her. Tanzend erwischte er noch zwei andere, dann Nikita, Lilja und Viktor, und schließlich kreisten alle Kinder im Reigen um den Tannenbaum. Die Kinder begannen zu singen:

> »Will das Gold wohl horten, horten,
> will das Silber horten, horten...«

Nikita nahm vom Baum einen Knallbonbon und riß ihn auf, eine Kappe mit Sternen war darin. Gleich darauf knallten die anderen los; es roch nach Knallpulver, überall raschelte Seidenpapier. Lilja fand ein Papierschürzchen mit Täschchen. Sie band es um. Ihre Wangen waren rot wie Äpfel; auf den

Lippen hatte sie noch die Reste von Schokolade. Sie lachte die ganze Zeit und sah sich die große Puppe an, die unter der Tanne im Körbchen inmitten ihrer Puppenausstattung saß. Dort unter der Tanne lagen auch die in farbige Tücher eingeschnürten Papierpäckchen mit den Geschenken für die Jungen und Mädchen. Viktor erhielt ein Regiment Soldaten mit Kanonen und Zelten, Nikita einen richtigen ledernen Sattel, einen Zaum und eine Reitgerte.

Jetzt hörte man nur noch, wie die Nüsse knackten und wie unter den Füßen die Nußschalen knirschten, wie die Kinder durch die Nase atmeten, als sie ihre Päckchen mit den Geschenken auspackten. Die Mutter setzte sich wieder an den Flügel und begann zu spielen; um den Tannenbaum kreiste Lieder singend der Reigen. Die Lichter brannten bereits ab; Arkadij Iwanowitsch sprang hinzu und löschte sie. Der Tannenbaum wurde dunkel. Die Mutter schloß den Flügel und schickte alle ins Eßzimmer zum Teetrinken.

Aber auch hier beruhigte sich Arkadij Iwanowitsch noch nicht. Er bildete eine Kette und führte sie — er selbst an der Spitze und fünfundzwanzig Kinder hinter ihm her — auf Umwegen durch den Flur ins Eßzimmer.

Im Vorzimmer löste sich Lilja aus der Kette, stand still und schaute, den Atem anhaltend, mit lachenden Augen Nikita an. Sie standen neben der Garderobe mit den Pelzen. Lilja fragte: »Warum lachst du?« — »Du lachst ja«, erwiderte Nikita. »Warum guckst du mich denn so an?«

Nikita wurde rot, ging aber näher, und ohne zu wissen, wie es kam, beugte er sich zu Lilja und gab ihr einen Kuß. Sie antwortete sehr schnell: »Du bist ein lieber Junge. Ich habe dir das nicht gesagt; denn niemand soll das wissen, es bleibt ein Geheimnis.« Damit drehte sie sich weg und lief ins Eßzimmer.

Nach dem Tee versuchte Arkadij Iwanowitsch ein Pfänderspiel, doch die Kinder waren müde, übersättigt und begriffen nur schlecht, was sie tun sollten. Schließlich schlief ein ganz kleiner Junge in seinem gesprenkelten Kittelchen ein, fiel vom Stuhl und fing laut zu weinen an. Die Mutter sagte, daß das Tannenbaumfest jetzt zu Ende sei.

Die Kinder verschwanden in den Flur, wo an der Wand ihre Filzstiefel und Pelze lagen. Sie zogen sich an und stürzten in gedrängten Haufen aus dem Haus in die Kälte hinaus.

Nikita begleitete die Kinder bis zum Staudamm. Als er allein nach Hause zurückkehrte, leuchtete hoch am Himmel in blassen Regenbogenkreisen der Mond. Die Bäume auf dem Damm standen weiß und gewaltig da und waren, wie es schien, im Mondenschein noch gewachsen und ragten noch höher hinauf. Rechts dehnte sich im unabsehbaren frostigen Nebel die Schneefläche aus. Zur Seite Nikitas folgte Schritt um Schritt der langgezogene großköpfige Schatten. Es schien Nikita, als gehe er wie im Traum durch ein verwunschenes Land. Nur in einer Märchenwelt ist es einem so sonderbar und glücklich ums Herz.

Wladimir Majakowski

TANNENNADELN

Nein, bittet nicht, laßt!
Keine Weihnachtstanne.
Nein, schickt den Vater nicht
in den Wald!
Mißtraut dem Wald
und dem bösen Manne,
der hinterm Wald Granatfäuste ballt.

Nein, es geht nicht.
Den Putz in blitzblanken Flittern
wollen wir heut
nicht in Watte betten.
Weil sonst Getroffne,
von tödlichen Splittern
Verwundete dort keine Watte hätten.

Nein, keine Kerzen.
Entsagt den Lichtern.
Vom Weltmeer steigen
die eisernen Drachen,
drin lauern Menschen
mit bösen Gesichtern,
ob Lichtlein in unsern Fenstern wachen.

Nein, sagt nicht,
der Weihnachtsmann solle kommen
mit seinem Sack
voll prächtiger Sachen.
Die Fabrik hat den Mann

in Beschlag genommen,
die Fabrik, wo sie Pulver und Kugeln machen.

Nein, keine Musik
wird diesmal erschallen.
Wie soll denn der armlose Musiker
fiedeln?
Und der Flötist
ist im Felde gefallen,
so mußt er ins Himmelreich übersiedeln.

Nicht weinen. Was hilfts denn?
Verzieht nicht das Mündchen!
Bald wird die dunkle Welt
sich entschleiern.
Bald muß alles anders werden,
ihr Kindchen.
Dann werdet ihr fröhliche Weihnachten feiern.

Ein Tannenbäumchen wird dastehn,
ein mächtiges,
behängt mit Schmuckzeug
im Überfluß.
Das wird ein Fest sein.
ein wunderprächtiges,
ergötzlich – fast bis zum Überdruß.

Nina Berberova

Alles, bloss kein Tannenbaum

Zu den Dingen, die ich aus ganzem Herzen haßte, gehörte der Tannenbaum, der Weihnachtsbaum mit Kerzen, Knallbonbons und dem von den Zweigen herabhängenden Lametta ... das waren Nestsymbole für mich. Ich haßte die Papierengel mit ihren dummen rosafarbenen Gesichtern, und die Knallbonbons langweilten mich, die Narrenkappe ließ ich mir nicht aufsetzen (wie ich auch später niemals einen Hut aufsetzte). Die Kerzen strahlten, aber welche Lüge, mir zu versichern, daß es jetzt schöner sei als mit den Glühbirnen! Das nahm ich ihnen nicht ab. Leute, die dies behaupteten, zählte ich zu meinen persönlichen Feinden. Ich sah darin keinen Sinn, nur daß die Wohnung plötzlich ein Zentrum hatte, in dem man sich aufhalten sollte, anstatt frei und allein zu sein, auf der Fensterbank hinter den Vorhängen zu sitzen und das Eismuster am Fenster zu betrachten (was mich immer zu Alliterationen verleitete) – oder bei mir am Tisch oder unter dem Tisch oder in der Küche, wo man die Patience »Napoleons Grab« legte. Mit einem Wort, man sollte sitzen und schauen, wie die Kerzen brannten, und so tun, als würde man sich am Anblick der Engel erfreuen und auf die Geschenke warten. (Dabei freute ich mich sowieso nur über die, mit denen ich nicht gerechnet hatte.) So, als wäre ich genau wie die Erwachsenen, nach meinem damaligen Verständnis in einen mir völlig unbegreiflichen Zustand versetzt, in eine mir unangenehme künstliche Erregung, die bei bestimmten Leuten eintrat, wenn sie Apuchtin oder Zigeunerromanzen hörten. Was war es für ein Glück, wenn der tote, nackte Tannenbaum endlich wieder weggeschafft wurde!

IX

ALLERLEI MUMMENSCHANZ

Die drei Koljaden

Einst bat ein Pan (hoher Herr) einen Bauern um Übernachtung. Der aber sagte: »Ich laß dich in die Hütte, Herr. Doch nur unter einer Bedingung, wenn du mir Geschichten und Märchen erzählst. Bist doch gebildet – weißt viel!« – »Gut, gut, einverstanden. Ich kenne deren viele.«

Der Bauer ließ den Pan in seine Hütte. Der zog sich aus und machte es sich auf dem Lager bequem. Da sprach der Bauer: »Bald wird es Nacht. Komm her, erzähl mir drei Geschichten und drei Märchen, und dann wird's auch Zeit zu schlafen.« Und der Pan begann: »Es flog eine Möwe von Insel zu Insel ... Es flog eine Möwe von Insel zu Insel ...«

Der Bauer hörte eine Weile zu, lauschte, lauschte und schlief ein. Bald schlief auch der Herr. Nur sein Kutscher blieb wach, hörte jedes Geräusch. Und plötzlich merkte er: Eine barfüßige Koljade* trat leise ans Fenster. »Ich hörte«, sagte sie, »von guten Leuten, daß man hier Geschichten erzählt. Jedoch – nichts, keine Geschichten, keine Märchen. Dafür werde ich mich in eine Quelle am Wegesrand verwandeln. Und wenn der Herr an mir vorüberfährt und aus mir trinken wird, so muß er sterben. Doch wer davon erfährt und ihn warnt, möge bis zu den Knien in der Erde versinken!«

Die Koljade ging fort, doch gleich nach ihr trat eine weitere Koljade heran. »Ich hörte«, sagte sie, »von guten Menschen, daß man hier Geschichten erzählt. Jedoch – nichts, keine Geschichten, keine Märchen. So werde ich gehen und mich an einem Apfelbaum in ein silbernes Blatt und einen

---

* Koljady, die »Vermummten«, sind im Weißrussischen die personifizierten Zwölf Nächte – nach dem Julianischen Kalender die Zeit vom 26. Dezember bis 6. Januar, dem Vortag des orthodoxen Weihnachtsfestes.

goldenen Apfel verwandeln ... Und wenn der Herr an mir vorüberfährt und zu essen verlangt, so muß er sterben. Doch wer davon erfährt und mich verrät, möge bis zum Gürtel in der Erde versinken!«

Sie ging fort, und bald darauf kam eine dritte Koljade. »Ich hörte«, sagte sie, »von guten Menschen, daß man hier Geschichten erzählt. Jedoch – nichts, keine Geschichten, keine Märchen. So werde ich gehen und mich am Wegesrand in eine warme Bettstatt verwandeln. Und wenn der Herr vorüberfährt und schlafen möchte, wird er sich niederlegen und nie wieder aufwachen. Doch wer davon erfährt und mich verrät, möge bis zum Hals in der Erde versinken!« Und fort ging auch sie.

Doch der Kutscher hatte alles gehört.

Früh am Morgen machte sich der Pan wieder auf den Weg. Sie fuhren und fuhren und sahen plötzlich eine Quelle am Wegesrand. Da befahl der Herr dem Kutscher: »Halte die Pferde an! Ich steige kurz aus, ich bin zum Sterben durstig.«

Doch noch ehe er eine Bewegung machen konnte, hatte sein Knecht den Pferden schon die Peitsche gegeben, und diese stürmten davon, schneller als zuvor. Da schrie der Herr: »Halt, bleib doch stehen!« Doch der Kutscher schlug noch wilder auf die Pferde ein. Da wurde der Herr zornig und schlug mit den Fäusten auf des Kutschers Rücken ein. Doch der schwang entschlossen die Peitsche und ließ die Quelle bald hinter sich.

So fuhren sie weiter. Da stand ein Apfelbaum am Wegesrand. Daran hing ein silbernes Blatt und ein goldener Apfel. Der Herr schrie den Kutscher an: »Bleib stehen! Ich bin sterbenshungrig.«

Doch noch ehe er eine Bewegung machen konnte, hatte sein Knecht den Pferden schon die Peitsche gegeben, und diese stürmten davon, schneller als zuvor. Der Herr wurde zornig und brüllte: »Halt an, oder ich schick' dich in die Verbannung!« Doch der Kutscher schwang entschlossen die Peitsche und ließ den Baum bald hinter sich. Sie kamen bald an eine Stelle, da stand ein Bett am Wegesrand. Wieder befahl der Herr dem Kutscher: »Halt an, ich bin sterbensmüde.«

Der Kutscher tat, als hörte er nicht, und trieb die Pferde an. Der Herr wurde vollends wütend: »Na warte, du Mistkerl, jetzt sind wir bald da, und für deinen Ungehorsam werde ich dich nach Sibirien schicken lassen.«

Der Kutscher antwortete nicht und trieb die Pferde an. Bald kamen sie zum Hof ihres Herrn, der Kutscher brachte die Pferde in den Stall, trat zu seinem Pan und sagte: »So, Herr, dafür daß ich dir heute ungehorsam war – schick mich ruhig nach Sibirien. Doch zuerst ruf das Volk zusammen und laß mich alles erklären. Dann kannst du mich schicken, wohin du willst.«

Der Pan ließ die Leute herbeirufen. Der Kutscher bat den Herrn um ein Pferd, sprang auf und wandte sich von oben an das Volk. »Hört, Brüder! Gestern übernachteten wir bei einem Bauern. Alle schliefen, nur ich allein blieb wach. Da hörte ich, wie aus dem Dunkeln eine Koljade heranschlich und sagte: ›Ich hörte‹, sagte sie, ›von guten Leuten, daß man hier Geschichten erzählt. Jedoch – nichts, keine Geschichten, keine Märchen. Dafür werde ich mich in eine Quelle am Wegesrand verwandeln. Und wenn der Herr an mir vorüberfährt und aus mir trinken wird, so muß er sterben. Doch wer davon erfährt und ihn warnt, möge bis zu den Knien in der Erde versinken!‹«

Da versank das Pferd unter dem Kutscher bis zu den Knien in der Erde. »Siehst du, nun, Herr, warum ich nicht an der Quelle stehenbleiben wollte?« Und er fuhr fort: »Immer noch war ich wach, da hörte ich eine zweite Koljade kommen, die sprach: ›Ich hörte‹, sagte sie, ›von guten Menschen, daß man hier Geschichten erzählt. Jedoch – nichts, keine Geschichten, keine Märchen. So werde ich gehen und mich an einem Ap-

felbaum in ein silbernes Blatt und einen goldenen Apfel verwandeln ... Und wenn der Herr an mir vorüberfährt und zu
essen verlangt, so muß er sterben. Doch wer davon erfährt
und mich verrät, möge bis zum Gürtel in der Erde versinken!‹«

Da versank das Pferd unter dem Kutscher bis zur Kruppe in
der Erde. »Siehst du nun, Herr, warum ich an jenem Baum
nicht halten wollte?«

Dann fuhr er fort: »Kaum war die zweite Koljade verschwunden, kam eine dritte. Und sprach: ›Ich hörte‹, sagte
sie, ›von guten Menschen, daß man hier Geschichten erzählt.
Jedoch – nichts, keine Geschichten, keine Märchen. So
werde ich gehen und mich am Wegesrand in eine warme
Bettstatt verwandeln. Und wenn der Herr vorüberfährt und
schlafen möchte, wird er sich niederlegen und nie wieder
aufwachen. Doch wer davon erfährt und mich verrät, möge
bis zum Hals in der Erde versinken.‹«

Da versank das Pferd unter dem Kutscher bis zum Hals in
der Erde, und der Knecht sprach: »Siehst du nun, Herr,
warum ich nicht an jenem Bett halten wollte?«

Dann sprang er vom Pferd und wollte diesem aus der Erde
heraushelfen – doch umsonst. Und auch als alle Leute mithal-
fen zu graben, gruben sie es nie mehr aus.

Der Pan aber belohnte den Kutscher fürstlich und gab ein
großes Fest – nahezu fürs ganze Land. Und auch ich war dort,
der Honigmet troff mir vom Schnurrbart, in den Mund aber
lief er nicht. Man schlug mir auf den Rücken, da rannte ich
über den Hof. Sie schlugen mich mit der Bratpfanne, da floh
ich aus der Stadt. Man sattelte mir ein Pferd aus Harz. Und
schirrte es an mit Stroh und mit Kraut – und ich fuhr los. Ich
kam zu einem Juden, es kamen seine Kinder heraus, vertrie-
ben mich von meinem Pferd. Da kam ein Schwein und fraß
das Kraut. Dann kam eine Ziege und fraß das Stroh. Gott sei
Dank kam da die Sonne hervor und taute mein Pferd auf.

Wladimir Korolenko

Makars Besäufnis

Es war Weihnachtsabend und Makar wußte, morgen war ein
großer Feiertag. Aus diesem Anlaß quälte ihn das Verlangen
zu trinken, aber er hatte nichts zu vertrinken; sein Kornvorrat
ging auch zur Neige und außerdem schuldete er schon den
Kaufleuten des Ortes und den Tataren. Indessen morgen war
ein großer Feiertag, arbeiten durfte man da nicht – was sollte
er also tun, wenn er sich nicht betrinken konnte. Dieser Gedanke machte ihn unglücklich. Was führte er überhaupt für
ein Leben! Nicht einmal an dem großen Feiertag des Winters
konnte er eine Flasche Branntwein trinken!

Da kam ihm ein glücklicher Gedanke. Er stand auf und zog
seinen zerrissenen Pelz an. Seine Frau, ein kräftiges, sehniges,
merkwürdig starkes und ebenso merkwürdig häßliches Weib,
das alle seine dummen Gedanken genau kannte, erriet auch
diesmal seine Absicht.

»Wohin willst du, Teufel? Du willst wieder allein Branntwein trinken?«

»Sei still! Ich kaufe eine Flasche. Morgen trinken wir sie
zusammen aus.«

Er schlug sie so stark auf die Schulter, daß sie schwankte
und ihm schlau zublinzelte. So ist das Weiberherz.

Sie wußte, daß Makar sie unbedingt anführen würde, aber
sie ergab sich dem Zauber der Zärtlichkeit des Gatten.

Er trat hinaus, fing sich in der Koppel das alte haarlose
Pferd ein, zog es an der Mähne zum Schlitten und spannte es
ein. Gleich darauf trug das Pferd seinen Herrn vor das Tor.
Dort blieb es stehen, wandte den Kopf um und blickte fra-
gend den in Gedanken versunkenen Makar an. Der aber zog
die linke Leine und lenkte das Pferd gegen das Ende des Dor-

fes. Dort stand eine kleine Hütte. Aus ihr stieg, wie auch aus den anderen Hütten, der Rauch des Herdes hoch, hoch empor und verdeckte mit weißem, wogendem Dunst die kalten Sterne und den hellen Mond. Lustig glitzerten die Lichtreflexe in den trüben Eisstücken. Draußen war es still.

Hier lebten fremde Menschen aus weiter Ferne. Wie sie hierher gekommen, welcher Sturm sie in die weiten Wälder geschleudert hatte, wußte Makar nicht, und es interessierte ihn auch nicht, aber er hatte gern mit ihnen zu tun, weil sie ihn nicht drängten und nicht sehr auf den Preis sahen.

Als er in die Hütte eingetreten war, ging Makar sofort zum Fenster und streckte seine erstarrten Hände aus. »Huh!« sagte er, das Gefühl der Kälte äußernd. Die fremden Menschen waren zu Hause. Auf dem Tisch brannte ein Licht, obgleich sie nichts taten. Der eine lag auf dem Bett, blies Ringe vor sich hin und verfolgte sinnend die Rauchwölkchen. Anscheinend verband er mit ihnen die langen Fäden der eigenen Gedanken. Der andere saß dem Herd gegenüber und beobachtete ebenfalls sinnend, wie die Flammen das angebrannte Holz umzüngelten.

»Guten Abend!« sagte Makar, um das ihn drückende Schweigen zu brechen.

Er ahnte nicht, welcher Kummer die Herzen der Fremden drückte, welche Erinnerungen sich an diesem Abend in ihrem Hirn zusammendrängten, welche Bilder ihnen bei dem phantastischen Spiel des Feuers und der Rauchwolken vorschwebten. Außerdem drückte ihn sein eignes Leid.

Der junge Mann, der am Herd saß, hob sein Gesicht und schaute Makar mit ausdruckslosem Blick an, als ob er ihn nicht erkenne. Dann schüttelte er den Kopf und erhob sich rasch von seinem Sitz.

»Ah, guten Abend, guten Abend, Makar! Das ist sehr nett. Willst du Tee mit uns trinken?«

Dies Anerbieten gefiel Makar.

»Tee trinken?«, sagte er. »Das ist gut! . . . Das ist sehr gut, Bruder.«

Schnell entledigte er sich seiner Kleidung, und nachdem er den Pelz ausgezogen und die Mütze abgenommen hatte, fühlte er sich freier, und als er gar erblickte, daß in dem Samowar brennende Kohlen leuchteten, wandte er sich mit seinem Seelenerguß an den jungen Mann:

»Ich habe Euch gern, das ist wahr! . . . Ich habe Euch sehr gern, sehr gern! Die Nächte schlafe ich darüber nicht . . .«

Der fremde Mann wandte sich um, und auf seinem Gesicht erschien ein bitteres Lächeln.

»So, du hast uns gern?«, sagte er. »Was brauchst du denn?«

Makar war unschlüssig.

»Ich komme allerdings mit einem Anliegen«, antwortete er. »Ja, woher weißt du das denn?«

»Na, schon gut. Wenn wir Tee getrunken haben, sage ich es.«

Da die Wirte ihm von selbst Tee angeboten hatten, hielt Makar es für zweckmäßig, weiter zu gehen.

»Habt ihr nicht auch etwas Gebratenes? Ich habe es gern«, sagte er.

»Nein, es ist nichts da.«

»Na, hat nichts zu sagen«, sagte Makar in beruhigendem Ton, »ich esse es ein anderes Mal . . . Nicht wahr?« fragte er, »ein anderes Mal? . . .« – »Gut.«

Jetzt waren die fremden Leute ihm seiner Ansicht nach ein Stück gebratenes Fleisch schuldig. Derartige Schulden aber vergaß er niemals.

Nach einer Stunde setzte er sich wieder in seinen Schlitten. Er hatte einen ganzen Rubel erhalten, weil er fünf Fuhren Holz unter verhältnismäßig günstigen Bedingungen im voraus verkauft hatte. Es ist wahr, er hatte hoch und teuer geschworen, daß er dieses Geld heute nicht vertrinken würde, hatte aber die feste Absicht, es sofort zu tun. Was war schließlich dabei? Das bevorstehende Vergnügen unterdrückte alle Gewissensbisse. Er dachte nicht einmal daran, daß ihn tüchtige Prügel von der betrogenen treuen Gattin erwarteten, wenn er betrunken heimkam.

»Wohin fährst du denn, Makar«, rief ihm lachend der fremde Mann zu, als er sah, daß Makars Pferd anstatt geradeaus zu gehen, links in der Richtung zu den Tataren abbog.

»Halt! ... Halt! ... Siehst du, was für ein verfluchtes Pferd ... wohin es nun wieder läuft!« rechtfertigte sich Makar, indem er dennoch die linke Leine stark anzog und unbemerkt mit der rechten den Gaul antrieb.

Das kluge Tier wedelte vorwurfsvoll mit dem Schwanz, trottete langsam in der gewünschten Richtung, und bald verstummte das Knirschen der Schlittenkufen am Tor der Tataren.

Am Tor der Tataren waren etliche Pferde mit hohen jakutischen Sätteln angekoppelt.

In der engen Hütte war es dumpfig. Der scharfe Rauch des Bauerntabaks stand in einer großen Wolke und wurde langsam von dem Rauchfang des Herdes eingesogen. Hinter den Tischen und auf den Bänken saßen zugereiste Jakuten; auf den Tischen standen Tassen mit Branntwein; hie und da sah man Gruppen von Kartenspielern. Die Gesichter waren erhitzt und gerötet. Die Augen der Spieler folgten wild den Karten. Das Geld wurde herausgezogen und sofort wieder in den Taschen versteckt. In einer Ecke saß auf Stroh ein halbbetrunkener Jakute, wiegte sich hin und her und sang ein endloses Lied. Er brachte wilde knarrende Laute hervor, mit denen er in verschiedenen Tonarten versicherte, daß morgen ein großer Feiertag und daß er heute betrunken sei.

Makar gab sein Geld hin und man überreichte ihm eine Flasche. Er steckte diese in den Busen und ging unbemerkt von den anderen in eine dunkle Ecke. Dort schenkte er sich eine Tasse nach der anderen ein und sog sie aus. Der Branntwein war bitter und wegen des Feiertages mehr als zu dreiviertel mit Wasser verdünnt. Dafür hatte man anscheinend am Bauerntabak nicht gespart. Makars Atem stockte jedesmal auf einen Augenblick und vor seinen Augen tanzten rote Ringe.

Bald stellte sich der Rausch bei ihm ein. Auch er ließ sich auf das Stroh nieder, umfaßte seine Knie mit den Armen und legte den schweren Kopf darauf. Seiner Kehle entströmten von selbst dieselben sinnlosen knarrenden Töne. Er sang, daß morgen ein Feiertag sei und daß er fünf Fuhren Holz vertrunken habe. Unterdessen wurde es in der Hütte immer beklommener und dumpfiger. Neue Gäste traten ein, Jakuten, die zum Gebet und um tatarischen Branntwein zu trinken angekommen waren. Der Wirt sah, daß bald die Plätze nicht ausreichen würden. Er stand vom Tische auf und warf einen Blick auf die Versammelten. Dieser Blick drang in die dunkle Ecke und entdeckte dort den Jakuten und Makar.

Er trat zu dem Jakuten, packte ihn am Kragen und warf ihn zur Tür hinaus. Darauf kam er zu Makar, dem er als einem Ortsbewohner mehr Ehre erwies: er machte die Türe weit auf und versetzte dem armen Kerl solch einen Fußtritt, daß er zur Hütte hinausflog und mit der Nase in einen Schneehaufen fuhr. Es ist schwer zu sagen, ob Makar durch eine solche Behandlung gekränkt war. Er fühlte, daß in seinen Rockärmeln und auch auf dem Gesicht Schnee war. Nachdem er mit Müh und Not aus dem Schneehaufen hervorgekrochen war, trottete er zu seinem Pferd.

Der Mond stand schon hoch. Der große Bär ließ seinen Schweif sinken. Der Frost wurde stärker. Ab und zu zeigten sich im Norden hinter einer dunklen halbrunden Wolke, schwach spielend, die feurigen Säulen des beginnenden Nordlichtes.

Das Pferd, das offenbar die Lage seines Herrn begriff,

trabte vorsichtig und vernünftig nach Hause. Makar saß im Schlitten, schwankte hin und her und setzte seinen Gesang fort. Er sang, daß er fünf Fuhren Holz vertrunken habe und daß ihn seine Alte prügeln werde. Die Töne, die sich seiner Kehle entrangen, knarrten und stöhnten in der Nachtluft so trostlos und kläglich, daß dem fremden Mann, der um diese Zeit auf seine Hütte gestiegen war, den Rauchfang des Herdes zu schließen, bei dem Liede Makars noch trauriger zu Mute wurde. Unterdessen hatte das Pferd den Schlitten eine kleine Anhöhe hinaufgezogen, von wo aus man die Umgebung übersah. Der Schnee glänzte hell von dem Mondlicht übergossen. Zeitweise schien der Glanz zu schmelzen, der Schnee wurde dunkler und glitzerte alsdann im Widerschein des Nordlichtes. Da schien es, als ob die Schneehügel und die Taiga auf ihnen sich bald näherten, bald wieder entfernten. Makar sah deutlich dicht am Wald die Schneefläche des Jamalaehschen Hügels, hinter dem er im Wald Fallen für allerhand Waldtiere und Vögel aufgestellt hatte.

Das gab seinen Gedanken eine andere Richtung. Er hub an zu singen, daß in seine Falle ein Fuchs geraten sei. Morgen verkauft er das Fell, und seine Alte wird ihn nicht prügeln.

In der frostigen Luft erklang der erste Glockenton, als Makar in seine Hütte eintrat. Vorerst teilte er der Alten mit, daß ein Fuchs in seine Falle geraten sei. Er hatte ganz und gar vergessen, daß die Alte keinen Branntwein mit ihm getrunken hatte, und war sehr verwundert, als sie ihm bei der frohen Nachricht einen heftigen Schlag verabreichte. Als er dann auf das Bett fiel, hatte sie gerade noch Zeit, ihm mit der Faust einen Stoß in den Rücken zu geben.

Über Tschalgan aber erklang und ergoß sich weit, weit das feierliche festliche Läuten ...

Leo N. Tolstoi

Vermummte aus Otradnoje

Die verkleideten Hofleute, Bären, Türken, Schankwirte, Damen, schreckliche und komische Gestalten, die Kälte und Fröhlichkeit mitbrachten, drängten sich anfangs schüchtern im Vorzimmer zusammen; dann kamen sie, indem sie sich hintereinander versteckten, in den Saal und begannen erst zögernd, dann immer zuversichtlicher und zahlreicher ihre Lieder, Rundtänze und Weihnachtsspiele.

Die Gräfin ging, nachdem sie alle besichtigt, erkannt und über ihre Verkleidungen gelacht hatte, in den Salon zurück, Graf Ilja Andrejitsch aber blieb im Saal sitzen, lachte laut und nickte den Spielenden seinen Beifall zu. Die jungen Leute waren verschwunden.

Nach einer halben Stunde zeigten sich zwischen den anderen Verkleideten eine alte Dame im Reifrock, das war Nikolaj; eine Türkin – Petja; ein Bajazzo – Dümmler; ein Husar – Natascha und ein Tscherkeß – Sonja, die sich mit gebranntem Kork Schnurrbart und Brauen gemalt hatte.

Nachdem die jungen Leute von den Nichtverkleideten nachsichtige Bewunderung geerntet hatten, fanden sie ihre Kostüme so schön, daß sie sich noch weiter zu zeigen wünschten. Nikolaj, der sie alle mit seiner Trojka auf der vortrefflichen Schlittenbahn fahren wollte, schlug vor, ein Dutzend der verkleideten Hofleute mitzunehmen und sich zum Onkel zu begeben.

»Nein, warum wollt ihr den alten Herrn belästigen?« sagte die Gräfin; »da hättet ihr kaum Platz, euch umzudrehen. Wenn ihr fort wollt, so fahrt zu Meljukows.«

Frau Meljukow war eine Witwe, die mit Kindern im verschiedensten Alter und den dazu gehörenden Gouverneuren und Gouvernanten etwa vier Werst von Rostows lebte. »Ja, meine Liebe, das ist ein guter Einfall«, rief der heiter gestimmte alte Graf. »Gleich will ich mich verkleiden und mit euch fahren. Ich werde Pachette zu unterhalten wissen.«

Aber die Gräfin wollte sich nicht dazu verstehen, den Grafen fortzulassen, der eben dieser Tage Schmerzen im Bein gehabt hatte. Es wurde ausgemacht, daß Ilja Andrejitsch nicht mit sollte, daß aber, wenn Luisa Iwanowna (Madame Schoß) einwilligte, die jungen Mädchen mit ihr zu Meljukows fahren dürften. Sonja, gewöhnlich so schüchtern und zurückhaltend, bat diesmal am dringendsten, daß Luisa Iwanowna ihnen dies Vergnügen nicht versagen möge. Sonjas Anzug war der hübscheste von allen, Schnurrbart und Brauen standen ihr allerliebst, jedermann sagte ihr, sie sehe reizend aus, und sie befand sich in einer ihr sonst fremden, erregten und unternehmenden Stimmung. Eine Ahnung flüsterte ihr zu, daß heute oder nie ihr Schicksal sich entscheiden würde – in ihrer Männertracht schien sie ein ganz anderer Mensch zu sein.

Luisa Iwanowna erklärte sich bereit, und nach einer halben Stunde fuhren vier Trojkas mit Schellen und Glöckchen knirschend auf dem gefrorenen Schnee an der Freitreppe vor.

Natascha schlug zuerst den Ton der Weihnachtsfröhlichkeit an, und diese Fröhlichkeit, die von einem auf den anderen überging, steigerte sich mehr und mehr und erreichte den höchsten Grad, als sie alle in die Nacht hinaustraten und sich plaudernd, einander anrufend, schreiend und lachend in die Schlitten verteilten. Zwei der Trojken bestanden aus gewöhnlichen Zugpferden; die dritte, mit einem Orjolschen Traber in der Mitte, gehörte dem alten Grafen; die vierte, mit dem kleinen, zottigen, schwarzen Mittelpferd, war Nikolajs persönliches Eigentum. Nikolaj, der über sein Matrosenkostüm einen festgegürteten Husarenmantel gezogen hatte, stand aufrecht im Schlitten und hielt die Zügel.

Es war so hell, daß er die im Mondschein glänzenden Metallverzierungen des Pferdegeschirrs und die Augen der Pferde erkannte, die sich erschreckt nach den Mitfahrenden umsahen, welche sich lärmend unter dem dunkeln Dach der Freitreppe zusammendrängten.

In Nikolajs Schlitten saßen Natascha, Sonja, Madame Schoß und zwei Mägde; in dem des alten Grafen Dümmler mit seiner Frau und Petja; die anderen beiden Schlitten nahmen die verkleideten Hofleute ein.

»Vorwärts, Sachar!« rief Nikolaj dem Kutscher des Vaters zu, um ihn unterwegs überholen zu können.

Der Schlitten des alten Grafen fuhr ab; seine Kufen kreischten, als ob sie auf dem Schnee festgefroren wären, und die tiefgestimmten Glöckchen klingelten, während die Seitenpferde sich an die Deichseln drängten und die Hufe in den festen, glänzenden Schnee einschlugen, den sie aufwühlten und umherschleuderten. Nikolaj folgte dem ersten Gespann; hinter ihm brausten und knirschten die beiden andern Schlitten. Anfangs fuhren sie in leichtem Trabe längs des Gartens hin, und die Schatten der kahlen Bäume legten sich über den Weg und verdeckten das glänzende Licht des Mondes. Kaum aber hatten sie den Zaun hinter sich gelassen, als sich nach allen Seiten die grauweiße, diamantenfunkelnde Schneeebene erschloß, die unbeweglich vom Mondlicht übergossen dalag. Einmal, zweimal stieß der erste Schlitten auf Schneehaufen, und ebenso stießen sich die nachfolgenden Schlitten daran, indem sie verwegen den Zauberbann der Winternacht störten.

»Eine Hasenspur! Viele Spuren!« erscholl die Stimme Nataschas in der frostgefesselten Nacht.

»Wie deutlich man alles sieht, Nikolenka!« sagte Sonja.

Nikolaj sah sich nach ihr um und beugte sich herüber, um ihr besser ins Gesicht zu schauen. Ein neues, reizendes Antlitz mit schwarzen Brauen und Schnurrbart blickte ihm – so nah und so fern im Mondenschein – aus dem Zobelpelzwerk entgegen. ›Früher war das Sonja‹, dachte Nikolaj, beugte sich noch näher heran und lächelte.

»Was ist Ihnen, Nikolaj?« fragte Sonja.

»Gar nichts!« antwortete er und wandte sich wieder den Pferden zu.

Als sie auf die große, glattgefahrene Landstraße hinauskamen, fingen die Pferde von selbst an, den Lauf zu beschleunigen. Das linke Seitenpferd wiegte den Kopf und schüttelte ruckweise die Stränge; das Mittelpferd, das sich von einer Seite auf die andere neigte, spitzte seine Ohren, als ob es fragte: Soll ich losgehen oder ist's noch zu früh? Weit vor ihnen ertönten die Glöckchen und zeigte sich auf dem Schnee das schwarze Dreigespann Sachars, und das Rufen und Lachen der Verkleideten klang aus seinem Schlitten herüber.

»Nun, meine Lieben, Wackeren!« rief Nikolaj, indem er mit der einen Hand die Zügel anzog und mit der andern die Peitsche seitwärts ausstreckte, und nur aus dem Luftzug, der ihnen plötzlich stärker entgegenzuwehen schien, aus der Bewegung der vorwärts strebenden und den Lauf beschleunigenden Seitenpferde konnte man erkennen, wie blitzschnell die Trojka vorwärts flog. Nikolaj sah sich um. Mit Peitschenknall, Geschrei und lautem Antreiben der Mittelpferde folgten die anderen Gespanne. Sein Mittelpferd wiegte sich gleichmäßig im Trabe ohne Seitensprünge unter dem Krummholz und zeigte deutlich, daß es noch schneller laufen könnte, wenn es nötig wäre.

Nikolaj holte den ersten Schlitten ein; sie fuhren eine Anhöhe hinunter und kamen auf einen breit ausgefahrenen Weg, der sich über eine Wiese längs des Flusses hinzog.

›Wohin fahren wir denn? Über die schiefe Wiese, wie es scheint ... doch nein, es ist etwas Neues, das ich noch nie gesehen habe. Es ist nicht die schiefe Wiese und nicht der Djomkaberg ... Gott weiß, was es sein mag ... es ist etwas

Fremdes, Zauberhaftes; aber was es auch sei – einerlei!‹ Nikolaj rief seine Pferde an und suchte die erste Trojka zu überholen.

Sachar hielt seine Pferde etwas zurück und wandte sein bis zu den Augenbrauen mit Reif bedecktes Gesicht nach Nikolaj um. Dieser ließ seinen Pferden die Zügel schießen. Sachar streckte die Arme aus, schnalzte mit der Zunge und ließ auch seinen Pferden den vollen Lauf.

»Nun halte dich tapfer, junger Herr!« rief er Nikolaj zu.

Immer schneller jagten die beiden Gespanne nebeneinander her, immer schneller griffen die Hufe der Pferde aus. Nikolaj fing an, Vorsprung zu gewinnen. Sachar hob, ohne die Stellung der ausgestreckten Arme zu verändern, mit einer Hand die Zügel in die Höhe.

»Possen, Herr!« rief er. Nikolaj ließ seine Pferde in Galopp übergehen und fuhr Sachar voraus. Der feine, trockene Schnee stob den Fahrenden ins Gesicht, und dicht am Schlitten sah man die Schatten der laufenden Pferde, hörte man das Traben der schnell wechselnden Hufe, und wirr durcheinander tönte das Knirschen der Kufen und das Schreien der Frauenstimmen in dem zurückbleibenden Schlitten.

Nikolaj hielt die Pferde wieder an und sah umher. Ringsum lag noch immer die wie mit Sternen übersäte, vom Mondschein überflutete zauberhafte Schneeebene.

›Sachar ruft, daß ich links fahren soll – warum links?‹ dachte Nikolaj, ›fahren wir denn zu Meljukows? Ist denn das Meljukowka? Weiß Gott, wohin wir fahren und was uns bevorsteht . . . Es ist alles so seltsam, so schön!‹

Er sah sich nach dem andern Schlitten um.

»Sieh mal, sein Schnurrbart und seine Wimpern sind ganz weiß geworden«, sagte einer von den in seinem Schlitten sitzenden hübschen, fremden Menschen mit feinen Brauen und Schnurrbart.

›Das war, glaube ich, Natascha‹, dachte Nikolaj, ›und dies ist

179

Madame Schoß; vielleicht aber auch nicht! Ich weiß auch nicht, wer dieser Tscherkeß mit dem Schnurrbart ist, aber ich liebe sie.‹

»Friert euch nicht?« fragte er. Sie antworteten nicht und lachten. Dümmler schrie ihm aus dem folgenden Schlitten etwas zu; wahrscheinlich etwas Drolliges, aber es war nicht zu verstehen.

»Ja, ja!« antworteten lachende Stimmen.

›Das ist ja ein verzauberter Wald, mit schwarzen, verschimmernden Schatten und Diamantengeflimmer und einer Flucht von Marmorstufen, und da sind die silbernen Dächer verzauberter Gebäude, und ich höre das gellende Geschrei wilder Tiere. Wenn das wirklich Meljukowka ist, so ist's noch sonderbarer, daß wir Gott weiß wo herumgefahren und doch nach Meljukowka gekommen sind‹, dachte Nikolaj.

Es war wirklich Meljukowka, und auf der Freitreppe liefen ihnen Mägde und Diener mit Lichtern und vergnügten Mienen entgegen.

»Wer ist da?« hörte man auf der Freitreppe fragen.

»Verkleidete aus dem gräflichen Hause. Ich erkenne sie an den Pferden«, antworteten andere Stimmen.

Anton Tschechow

Die Nacht der Schrecken

Iwan Petrowitsch Panichidin erblaßte, schraubte die Lampe herab und begann schließlich mit erregter Stimme zu erzählen: »Dunkle, undurchdringliche Finsternis lagerte über der Erde, als ich in der Weihnachtsnacht des Jahres 1883 von einem jetzt verstorbenen Freund zurückkehrte, in dessen

Wohnung wir uns bei einer spiritistischen Séance verspätet hatten. Die Querstraßen, durch die mein Weg mich führte, waren nur spärlich beleuchtet, so daß ich mich häufig von meinem Tastgefühl leiten lassen mußte. Ich wohnte damals in Moskau, im Hause des Beamten Trupow, in einer der allerödesten Gegenden des Stadtviertels Arbat. Während ich so dahinschritt, waren meine Gedanken schwer und drük-kend...

›Dein Leben nähert sich seinem Ende ... Geh in dich ...‹ Dies war nämlich die Phrase, die mir Spinoza, dessen Geist uns während der Séance zu zitieren gelungen war, gesagt hatte. Ich bat um Wiederholung, der Teller aber wiederholte die Phrase nicht nur, sondern fügte auch noch hinzu: ›Heute nacht.‹ Ich glaube nicht an den Spiritismus noch kann mich der Gedanke an den Tod oder etwa eine Anspielung darauf verstimmen. Der Tod, meine Herren, ist unvermeidlich, er ist alltäglich, trotzdem ist der Gedanke an ihn der menschlichen Natur zuwider... Jetzt aber, da mich undurchdringliche und kalte Finsternis umgab, da Regentropfen wie toll vor meinen Augen wirbelten und über meinem Kopf der Wind jämmer-lich heulte, da ich nicht eine Sterbensseele im Umkreis er-blicken und nicht einen einzigen menschlichen Laut verneh-men konnte, erfüllte ein unbestimmtes und unerklärliches Grauen meine Seele. Obwohl ich von allen Vorurteilen frei bin, eilte ich vorwärts und fürchtete mich, mich umzu-schauen oder auch nur zur Seite zu blicken. Es kam mir vor, daß ich, wenn ich mich umsähe, unbedingt den Tod als ein Gespenst erblicken würde.«

Panichidin atmete hastig, nahm einen Schluck Wasser und fuhr fort: »Dieses unbestimmbare, aber vielleicht verständli-che Grauen wollte mich nicht einmal dann verlassen, als ich, nachdem ich das vierte Stockwerk des Trupowschen Hauses erklommen, die Tür aufschloß und mein Zimmer betrat. Dunkel war es in meiner bescheidenen Behausung. Im Kamin seufzte der Wind, er klopfte an die Ofentür, als bäte er darum, ins Warme gelassen zu werden.

Wenn man Spinoza Glauben schenken dürfte, lächelte ich, ist es mir beschieden, heute nacht bei diesem Gestöhne zu sterben. Immerhin ist es unheimlich!

Ich setzte ein Zündholz in Brand... Im selben Augenblick jagte ein wilder Windstoß über das Dach des Hauses. Das leise Stöhnen verwandelte sich in ein zorniges Heulen. Irgendwo unten klapperte ein halb abgerissener Fensterladen, meine Ofentür aber jammerte erbärmlich um Hilfe...

Schlimm müssen es in solcher Nacht die Obdachlosen haben, mußte ich denken.

Allein ich hatte nicht Zeit, mich solchen Erwägungen hinzugeben. Denn als sich der Schwefel an meinem Streichholz mit blauer Flamme entzündet hatte und ich mein Zimmer überschauen konnte, stellte sich mir ein unerwarteter und grauenhafter Anblick dar... Wie schade, daß der Windstoß nicht auch mein Streichholz getroffen hatte! Leicht möglich, daß ich dann nichts gesehen hätte und mir die Haare nicht zu Berge gestanden wären. Ich schrie auf, machte einen Schritt zur Tür zurück und schloß voll Entsetzen, Verzweiflung und Verwunderung die Augen...

Denn in der Mitte des Zimmers stand ein Sarg.

Das blaue Flämmchen brannte nicht lange, und doch genügte es, um die Umrisse des Sarges zu erkennen... Ich erblickte den rosafarbenen, viele kleine Funken widerspiegelnden Sargdeckel und sah das auf ihm angebrachte Kreuz aus Goldborten. Es gibt Dinge, meine Herren, die sich unserm Gedächtnis einprägen, obwohl wir sie nicht länger als vielleicht nur einen Augenblick gesehen haben. So ging es mir mit diesem Sarg. Ich sah ihn nicht länger als eine Sekunde, und dennoch blieb mir jede Einzelheit in Erinnerung. Es war ein Sarg für einen mittelgroßen Menschen, und zwar war er, der zarten rosa Farbe nach zu schließen, für ein junges

Mädchen bestimmt. Die teure Politur, die Füße und Bronze-
griffe – alles sprach dafür, daß die Verstorbene vermögend
war.

Hals über Kopf floh ich aus meinem Zimmer und flog,
ohne zu überlegen, ja ohne auch nur zu denken, dem Gefühl
eines unbegreiflichen Schreckens gehorchend, die Treppe
hinab. Gang und Treppe waren dunkel, meine Beine ver-
wickelten sich in meinen Pelz, und ich staune bis heute darüber, daß ich nicht stürzte und mir den Hals brach. Als ich
endlich die Straße erreicht hatte, lehnte ich mich an einen
nassen Laternenpfahl und versuchte, mich zu beruhigen. Mein
Herz klopfte heftig, es verschlug mir fast den Atem . . .«

Eine der zuhörenden Damen schraubte die Lampe wieder
höher, rückte näher an den Erzähler heran, und dieser fuhr
fort: »Ich hätte mich nicht so sehr darüber gewundert, wenn
ich in meinem Zimmer eine Feuersbrunst angetroffen hätte,
einen Dieb oder gar einen tollen Hund . . . Ich hätte mich
nicht einmal gewundert, wäre die Decke eingestürzt oder
hätte der Fußboden nachgegeben oder wären die Wände ein-
gefallen . . . Denn das ist natürlich und somit verständlich. Allein – wie konnte ein Sarg in mein Zimmer kommen? Woher
kam er? Ein teurer Sarg war es, offenbar für eine junge Ari-
stokratin bestimmt – aber wie konnte er in die ärmliche Behausung eines kleinen Beamten geraten? War er leer, oder lag
in ihm – ein Leichnam? Und wer war sie, die zur Unzeit aus
dem Leben geschiedene Reiche, die mir einen so grauenhaf-
ten und sonderbaren Besuch abstattete? Welch quälendes
Rätsel!

Wenn dies kein Wunder ist, so ist es ein Verbrechen, schoß
es mir durch den Kopf.

Ich verlor mich in Vermutungen. Meine Tür war während
meiner Abwesenheit stets verschlossen, die Stelle, an der sich
der Schlüssel befand, war nur meinen allernächsten Freunden
bekannt. Es war doch ausgeschlossen, daß meine Freunde

diesen Sarg in mein Zimmer gestellt hatten. Es gab freilich noch die weitere Möglichkeit, daß der Sarg durch einen Irrtum der Sargträger zu mir geschafft worden war. Sie konnten sich im Stockwerk oder in der Tür geirrt und den Sarg an einen Ort gebracht haben, an den er nicht gehörte. Aber wer weiß denn nicht, daß die Sargträger bei uns zulande das Zimmer nicht verlassen, ehe man sie für ihre Arbeit bezahlt oder ihnen zumindest ein Trinkgeld gegeben hat?

Die Geister haben meinen Tod vorausgesagt, fuhr es mir durch den Kopf. Sind nicht am Ende sie es, die mich bei der Gelegenheit auch noch mit einem Sarg versehen haben?

Meine Herrschaften, weder glaubte ich damals noch glaube ich heute an den Spiritismus, dieses Zusammentreffen aber mußte sogar einen Skeptiker in eine mystische Stimmung versetzen.

Aber das ist doch zu dumm, und ich bin feige wie ein Schulbub, entschied ich mich schließlich. Es muß eine optische Täuschung gewesen sein – und nichts anderes! Während ich vorhin nach Hause ging, war ich so trübe gestimmt, daß es kein Wunder ist, wenn meine kranken Nerven mir das Bild eines Sarges vorgaukelten... Natürlich war es nichts als eine optische Täuschung! Was sollte es denn sonst gewesen sein?

Der Regen peitschte mein Gesicht, wütend zerrte der Wind an meinem Pelz und an meiner Mütze... Ich war schrecklich durchnäßt und völlig durchfroren. Es war höchste Zeit, fortzugehen, doch... wohin...? Nach Hause zurückzukehren – das hieß doch, mich dem Risiko aussetzen, den Sarg zum zweitenmal zu sehen; dieser Anblick indes ging über meine Kräfte. Ich, der ich im ganzen Umkreis keine Sterbensseele gesehen und keinen menschlichen Laut gehört hatte, ich hätte, allein mit diesem Sarg, in dem vielleicht ein toter Körper lag, möglicherweise den Verstand verloren. Bei dem strömenden Regen jedoch und bei der Kälte konnte ich unmöglich länger auf der Straße bleiben.

Ich beschloß daher, die Nacht bei meinem Freund Upokojew zu verbringen, der sich in der Folge, wie Ihnen bekannt sein dürfte, erschossen hat. Er wohnte in den möblierten Zimmern des Kaufmanns Tscherepow, im Totengäßchen.«

Panichidin trocknete den kalten Schweiß, der auf seinem blassen Antlitz ausgebrochen war, und fuhr schwer atmend fort: »Mein Freund war noch nicht zu Hause. Nachdem ich an seine Tür geklopft und mich überzeugt hatte, daß er nicht daheim war, tastete ich auf dem Querbalken nach dem Zimmerschlüssel, öffnete die Tür und trat ein. Ich warf meinen nassen Pelz auf den Fußboden, tastete mich in der Dunkelheit an die Ottomane heran und setzte mich, um ein wenig auszuruhen. Es war sehr dunkel... Klagend summte der Wind durch die Fensterrahmen. Im Ofen zirpte eine Grille ihr eintöniges Lied. Vom Kreml her läuteten die Glocken zur Frühmesse. Hastig zündete ich ein Streichholz an. Aber sein Licht war nicht imstande, meine düstere Stimmung zu zerstreuen, ganz im Gegenteil. Ein furchtbares, unaussprechliches Grauen kam über mich... Ich schrie auf, taumelte und eilte besinnungslos aus dem Zimmer... Denn im Zimmer meines Kameraden hatte ich das gleiche erblickt wie in meinem eigenen Zimmer – einen Sarg!

Der Sarg bei meinem Kameraden war fast zweimal so groß wie der bei mir, sein bräunlicher Überzug verlieh ihm einen besonders düsteren Anstrich. Wie war er hergeraten? Ich konnte nicht länger daran zweifeln, daß es sich um eine optische Täuschung handelte... Es war undenkbar, daß in jedem Zimmer ein Sarg stand! Es war offenbar nichts anderes als eine Erkrankung meiner Nerven, eine Halluzination. Wohin immer ich jetzt auch ginge, überall würde ich diese schreckensvolle Wohnstatt des Todes vor mir sehen. Mit anderen Worten, ich hatte den Verstand verloren und war an einer Art ›Sargmanie‹ erkrankt – die Ursache meiner Geisteszerrüttung brauchte ich nicht lange zu suchen: ich brauchte mich nur an die spiritistische Séance und an die Worte Spinozas zu erinnern...

›Ich verliere den Verstand!‹ dachte ich entsetzt und griff an meinen Kopf. Mein Gott! Was soll ich nur tun?

Der Kopf wollte mir bersten, meine Füße trugen mich nicht mehr... Der Regen strömte unaufhörlich, der Wind blies durch und durch, und dabei hatte ich weder meinen Pelz mehr noch meine Mütze. Mich in das Zimmer zurückzubegeben, um sie zu holen, war ausgeschlossen, es überstieg meine Kräfte... Die Angst preßte mich in ihre kalten Arme. Die Haare standen mir zu Berge, kalter Schweiß bedeckte mein Antlitz, obwohl ich jetzt glaubte, daß das Ganze nur eine Halluzination sei.

Was sollte ich tun?« fuhr Panichidin fort. »Ich verlor den Verstand und lief Gefahr, mich entsetzlich zu erkälten. Zum Glück erinnerte ich mich daran, daß unweit vom Totengäßchen ein guter Freund von mir wohnte, Pogostow, der unlängst die ärztliche Laufbahn eingeschlagen und in jener Nacht die spiritistische Sitzung mit mir zusammen besucht hatte. Ich eilte zu ihm... damals hatte er noch nicht die reiche Kaufmannstochter geheiratet und wohnte im Hause des Staatsrates Kladbischtschenskij im fünften Stockwerk.

Allein, meinen Nerven war es bestimmt, bei Pogostow eine neue Folter über sich ergehen zu lassen. Während ich die Treppe zum fünften Stockwerk hinaneilte, hörte ich einen furchtbaren Lärm. Oben wurden Türen zugeschlagen, ich vernahm laute hastige Schritte. ›Hierher!‹ hörte ich einen herzzerreißenden Schrei. ›Hierher, Hausmeister!‹

Wenige Augenblicke darauf fegte von oben eine dunkle, pelzbekleidete Gestalt mit verbeultem Zylinder mir entgegen die Treppe herunter... ›Pogostow!‹ rief ich, da ich in der Gestalt meinen Freund Pogostow erkannte. ›Sind Sie es? Was ist los?‹

Als Pogostow mich erreicht hatte, blieb er stehen und packte krampfhaft meine Hand. Er war sehr blaß, atmete schwer und zitterte. Seine Augen irrten hin und her, seine Brust wogte ...

›Sind Sie das, Panichidin?‹ fragte er mit dumpfer Stimme. ›Sind Sie es auch wirklich? Sie sind bleich, als kämen Sie aus dem Grabe ... Doch sind Sie auch wirklich keine Halluzination? ...Mein Gott ... Sie sehen furchtbar aus ...‹ – ›Aber was haben denn Sie selber? Ihr Gesicht ist völlig entstellt!‹ – ›Ach, mein Lieber, lassen Sie mich erst Atem schöpfen ... Ich bin überglücklich, daß ich Sie sehe, wenn Sie es wirklich sind und nicht etwa nur eine optische Täuschung. Verdammte spiritistische Sitzung ... Sie hat meine Nerven so untergraben, daß ich, als ich jetzt nach Hause kam, stellen Sie sich das nur vor, in meinem Zimmer ... einen Sarg sah!‹

Ich wollte meinen Ohren nicht trauen und bat ihn, seine Worte zu wiederholen. ›Einen Sarg, einen wirklichen Sarg‹, entgegnete der Arzt und setzte sich dabei erschöpft auf eine Treppenstufe. ›Ich bin wahrhaftig kein Feigling, doch da kann sich der Teufel selber erschrecken, wenn er nach einer spiritistischen Séance im Finstern auf einen Sarg stößt!‹

Stockend und verwirrt erzählte ich hierauf dem Arzt von den Särgen, die ich gesehen hatte ...

Eine Minute lang starrten wir einander mit weit offenen Augen und offenem Munde an. Darauf aber, um uns zu überzeugen, daß wir keine Traumgesichte sähen, machten wir uns daran, uns gegenseitig zu kneifen.

›Da es uns beiden weh tut‹, sagte der Arzt, ›schlafen wir mithin beide jetzt nicht und sehen einander nicht etwa nur im Traum. Mithin sind die Särge, sowohl meiner als auch Ihre beiden, nicht etwa eine optische Täuschung, sondern etwas wirklich Existierendes. Aber was sollen wir nun eigentlich beginnen, Väterchen?‹

Wir standen eine geschlagene Stunde lang auf der kalten

Treppe und verloren uns in Vermutungen, wir froren schrecklich und entschlossen uns endlich, unsere Verzagtheit zu überwinden, den Diener, der in jenem Stockwerk bediente, zu wecken und mit ihm zusammen das Zimmer des Arztes zu betreten. So machten wir es auch. Als wir das Zimmer betraten und die Kerze angezündet hatten, erblickten wir in der Tat einen weißlackierten Sarg mit goldenen Borten und Troddeln. Der Etagendiener bekreuzigte sich fromm.

›Jetzt werden wir endlich erfahren‹, sagte der blasse Arzt, am ganzen Körper bebend, ›ob dieser Sarg leer ist oder ob er . . . bewohnt ist.‹

Nach einer langen und begreiflichen Pause der Unentschlossenheit beugte sich der Arzt nieder, biß vor Angst und Erwartung die Zähne fest aufeinander und riß den Deckel vom Sarg. Wir schauten in den Sarg, allein . . .

Der Sarg war leer . . .

Kein Leichnam lag darin, statt dessen fanden wir in ihm einen Brief folgenden Inhalts: ›Lieber Pogostow! Du weißt, daß die Vermögensverhältnisse meines Schwiegervaters gänzlich zerrüttet sind. Er steckt bis an die Gurgel in Schulden. Morgen oder übermorgen wird sein Hab und Gut gepfändet werden, hierdurch aber wird nicht nur seine, sondern auch meine Familie völlig ins Elend gestoßen und unsere Ehe vernichtet, die mir teurer ist als alles andere auf der Welt. Auf dem gestrigen Familienrat haben wir beschlossen, alles zu verstecken, was wir an wertvollen und teuren Sachen besitzen. Da das ganze Eigentum meines Schwiegervaters nur aus Särgen besteht (es ist Dir ja bekannt, daß er der beste Sargtischler in der ganzen Stadt ist), kamen wir überein, die teuersten Särge zu verbergen. Ich wende mich an Dich als an meinen Freund, hilf mir, rette unser Vermögen und unsere Ehre! In der Hoffnung, daß Du mir behilflich sein willst, unseren Besitz zu erhalten, schicke ich, mein Täubchen, einen Sarg zu Dir und bitte Dich, ihn zu verstecken und so lange

aufzubewahren, bis ich ihn wieder zurückverlange. Ohne
Hilfe unserer Bekannten und Freunde müssen wir zugrunde
gehen. Ich hoffe, daß Du mir die Bitte nicht abschlagen wirst,
um so mehr, als der Sarg nicht länger als eine Woche bei Dir
stehen wird. Allen, die ich für unsere aufrichtigen Freunde
halten darf, habe ich ebenfalls je einen Sarg geschickt und
hoffe auf ihre Großmut und ihren Edelsinn. Dein Dich lie-
bender

    Iwan Tscheljustin.‹

Noch drei Monate danach befand ich mich im Krankenhaus,
um mich von meiner Nervenzerrüttung heilen zu lassen; unser Freund aber, der Schwiegersohn des Sargtischlers, hat sowohl seine Ehre als auch sein Eigentum gerettet und besitzt
zur Zeit ein Geschäft für Leichenbegängnisse; er treibt auch
einen Handel mit Gedenksteinen und Grabmälern. Seine
Geschäfte gehen nicht gut, und darum fürchte ich jeden
Abend, wenn ich meine Wohnung betrete, neben meinem
Bett ein weißes Marmordenkmal oder einen Katafalk er-
blicken zu müssen.«

X

VOM SCHNEESTURM ERFASST

Leo N. Tolstoj

DER SCHNEESTURM

Der Schneesturm wurde immer heftiger und heftiger, und auch von oben kam ein trockener, feiner Schnee herab; ich fühlte, daß es zu frieren begann: Nase und Wangen wurden mir immer starrer, immer häufiger strömte ein kalter Luftzug unter meinen Pelz, und ich mußte mich fest einwickeln. Bisweilen klirrte der Schlitten auf der blanken Eiskruste des Steppenbodens, von dem der Schnee fortgeweht war. Da ich schon über fünfhundert Werst ohne Nachtruhe gefahren war, schloß ich, obwohl ich auf den Ausgang unserer Irrfahrten sehr gespannt war, unwillkürlich die Augen und schlummerte ein. Als ich einmal die Augen öffnete, traf mich, wie ich im ersten Augenblick glaubte, ein klares Licht, das die weiße Ebene erhellte. Der Horizont war bedeutend weiter geworden, der schwarze niedrige Himmel war plötzlich geschwunden, von allen Seiten sah man die weißen Schlangenlinien des fallenden Schnees, die Umrisse der vorderen Schlitten waren deutlich sichtbar, und als ich in die Höhe schaute, glaubte ich im ersten Augenblick, die Sturmwolke hätte sich verzogen und nur der fallende Schnee verhülle den Himmel. Während ich geschlummert hatte, war der Mond emporgestiegen und warf durch die undichten Wetterwolken und den fallenden Schnee sein kühles und helles Licht.

Nur eines sah ich deutlich, das war mein Schlitten, die Pferde, den Fuhrmann und die drei Trojken, die vorausfuhren: vorn der Kurierschlitten, in dem immer noch, wie vorhin, nur der Fuhrmann auf seinem Kutschersitz saß und seine Pferde zu scharfem Trabe antrieb, der zweite, in dem zwei Leute saßen, die die Zügel locker gelassen, sich aus ihrem Armjak einen »Windschirm« gemacht hatten und unaufhörlich ihr Pfeifchen rauchten, wie man an den Funken erkennen konnte, die herüberschimmerten, und der dritte, in dem man nichts sah – vermutlich schlief der Fuhrmann mitten im Gefährt. Der Fuhrmann vorn hielt indessen, als ich erwacht war, von Zeit zu Zeit seine Pferde an und suchte den Weg. Sobald wir hielten, konnten wir das Heulen des Windes deutlich hören und überraschend klar die ungeheuren Schneemassen sehen, die durch die Luft fegten. Ich konnte sehen, wie im Mondlicht, das von dem Schneesturm verdunkelt war, die kleine Gestalt des Fuhrmanns mit der Knute in der Hand, mit der er den Schnee vor sich her aufstöberte, sich halb rückwärts, bald vorwärts in dem leuchtenden Nebel bewegte, dann wieder zu dem Schlitten zurückkam und von der Seite her auf den Kutschersitz sprang; und wieder konnte man durch das eintönige Pfeifen des Windes das liebliche helle Klirren und Klingen der Schellen hören.

Als der vorderste Kutscher aufstieg, um die Anzeichen des Weges oder Heuschober zu suchen, erklang jedesmal vom zweiten Schlitten her die muntere, kecke Stimme des einen der Kutscher, der dem vorderen zurief: »Hör', Ignaschka, wir sind nach links gekommen! Mußt mehr nach rechts mit dem Wind!« – oder: »Was fährst du im Kreise herum, wie nicht gescheit? fahr' nur über den Schnee, wie der Schnee liegt – dann bist du richtig«, – oder: »rechts, rechts, Bruder! Sieh, dort schimmert was, gewiß ein Meilenweiser«, – oder: »Was fährst du vom Weg ab, was fährst du vom Weg ab? Spanne doch nur den Schecken aus und laß ihn voranlaufen, er wird dich schon auf den Weg bringen. Das ist viel gescheiter!«

Aber der, der den Rat gab, spannte selbst nicht nur nicht das Seitpferd aus und ging auch nicht durch den Schnee, den Weg zu suchen, sondern steckte nicht einmal die Nase hinter seinem Armjak hervor; und als Ignaschka, der vorn fuhr, auf einen seiner Ratschläge ihm zurief, er solle selbst vorn fahren, wenn er wüßte, wohin er zu fahren habe, antwortete der

Ratgeber, wenn er Kurierpferde hätte, dann würde er schon fahren und uns auf den Weg bringen. »Unsere Pferde aber gehen nicht vorwärts im Schneesturm!« rief er, »das sind nicht solche Pferde!«

»Dann fasele nicht«, antwortete Ignaschka und pfiff munter seinen Pferden zu.

Der zweite Fuhrmann, der mit dem Ratgeber in demselben Schlitten fuhr, sagte Ignaschka kein Wort und mischte sich überhaupt nicht in die Sache, obgleich er noch nicht schlief, was ich daraus schloß, daß sein Pfeifchen noch glühte, und daß ich, so oft wir stehen blieben, sein ruhiges ununterbrochenes Geplauder hörte. Er erzählte ein Märchen. Einmal nur, als Ignaschka zum sechsten oder zum siebenten Male hielt, war er offenbar ärgerlich darüber, daß die angenehme Fahrt unterbrochen wurde, und rief ihm zu: »Na, was gibt's schon wieder? ... Sieh einer, den Weg will er finden! Im Schneesturm! Ein Feldmesser selbst findet hier den Weg nicht; fahr du lieber, solange die Pferde anziehen. Zu Tode frieren werden wir uns schon nicht ... Vorwärts, los!«

»Ih! Ist nicht im vorigen Jahr ein Poschtillon erfroren?« ließ sich mein Fuhrmann vernehmen.

Der Fuhrmann des dritten Schlittens war die ganze Zeit über nicht erwacht. Nur einmal, während wir hielten, schrie ihm der Ratgeber zu: »Philipp, he ... Philipp!« Und als er keine Antwort bekam, bemerkte er: »Ist er vielleicht schon erfroren? ... Sieh doch mal nach, Ignaschka!«

Ignaschka, der zu allem bereit war, trat an den Schlitten heran und begann den Schlafenden zu schütteln.

»Sieh einer, von einem Viertel ist er schon ganz hin! Bist du erfroren, so sag's doch!« redete er ihm zu und schaukelte ihn hin und her.

Der Schläfer brummte vor sich hin und begann zu schimpfen.

»Er ist lebendig, Brüder!« sagte Ignaschka und lief wieder

nach vorn; und wir fuhren weiter und sogar so schnell, daß das kleine braune Beipferd an meinem Schlitten unaufhörlich mit dem Schwanz an den Wagen stieß und von Zeit zu Zeit in einem ungeschickten Galopp nachspringen mußte.

Ich glaube, es war schon gegen Mitternacht, als der Alte und Wassilij, die den ausgebrochenen Pferden nachgesetzt hatten, zu uns zurückkamen. Sie hatten die Pferde eingefangen und uns eingeholt; aber wie sie das in dem dunklen, lichtlosen Schneegestöber mitten in der kahlen Steppe fertig gebracht hatten, bleibt mir ewig unbegreiflich. Der Alte ritt im Trab auf dem Gabelpferd und fuchtelte mit Armen und Beinen. (Die anderen beiden Pferde waren an das Kummet gebunden: im Schneesturm darf man die Pferde nicht locker lassen.) Als er uns erreicht hatte, begann er wieder, meinen Fuhrmann auszuschelten.

»Siehst, schieläugiger Teufel, wirklich . . .«

»I, Onkel Mitritsch«, rief ihm der Erzähler aus dem zweiten Schlitten zu, »lebst noch? . . . Kriech' bei uns unter.«

Der Alte aber antwortete ihm nicht und fuhr fort zu schimpfen. Als er glaubte, es wäre nun genug, kam er an den zweiten Schlitten herangeritten.

»Hast alle eingefangen?« riefen sie ihm hier entgegen.

»Was denn?!«

Und seine kleine Gestalt beugte sich während des Trabes mit der Brust auf den Rücken des Pferdes, dann sprang er ab in den Schnee hinein, eilte, ohne einen Augenblick zu halten, dem Schlitten nach und stürzte sich hinein, indem er die Beine über den Rand hoch in die Luft streckte. Der stämmige Wassilij setzte sich schweigend, wie vorher, in den vordersten Schlitten zu Ignaschka und suchte nun mit ihm zusammen den Weg.

»Sieh einer, dies Schimpfmaul . . . Ach, du lieber Gott!« brummte mein Fuhrmann.

Nun fuhren wir eine lange Zeit ohne haltzumachen über die weiße Wüste in dem kalten, durchsichtigen Licht des Schneesturms. Ich öffne die Augen, immer noch ragt derselbe gewaltige Schopf und Rücken vor mir in die Luft, über und über von Schnee bedeckt, dasselbe niedrige Krummholz, unter dem zwischen den angezogenen Zügelriemen immer in gleicher Entfernung der Kopf des Gabelpferdes mit der schwarzen Mähne sich hin- und herwiegt, die leicht vom Wind nach einer Seite getrieben wird; hinter dem Rücken zur Rechten immer noch dasselbe braune Beipferd mit dem kurz aufgebundenen Schweif und dem Strangholz, das von Zeit zu Zeit an den Korb des Schlittens schlägt. Sehe ich nach unten – immer derselbe flockige Schnee, den die Schlittenkufen teilen und der Wind unermüdet aufhebt und immer nach einer Seite fortträgt. Vorn eilt in immer gleichem Abstand der erste Schlitten; zur Rechten, zur Linken, alles weiß und flimmernd. Vergeblich sucht das Auge einen neuen Gegenstand: kein Wegpfahl, kein Schober, kein Zaun – nichts ringsumher zu sehen.

Überall alles weiß, weiß und beweglich: bald scheint der Horizont unermeßlich weit, bald eingeengt auf zwei Schritt nach allen Seiten; bald wächst plötzlich eine weiße hohe Wand zur Rechten empor und läuft den Schlitten entlang, bald verschwindet sie plötzlich und türmt sich vorn auf, um immer weiter und weiter zu eilen und wieder zu verschwinden. Schaut man zum Himmel empor, so glaubt man im ersten Augenblick, es sei alles hell – man glaubt durch den Nebel hindurch die Sterne zu sehen; aber die Sterne entschwinden dem Blick immer höher und höher, und man sieht nichts als Schnee, der, an den Augen vorüber, auf das Gesicht und den Pelzkragen fällt; der Himmel ist nach allen Seiten gleich hell, gleich weiß, farblos, eintönig und beständig veränderlich. Der Wind scheint seine Richtung zu wechseln: bald bläst er ins Gesicht und verklebt die Augen mit Schnee, bald wirft er von allen Seiten den Pelzkragen über den Kopf und schlägt ihn spottend gegen mein Gesicht, bald heult er hinter uns durch irgendeine Spalte. Man hörte das schwache, ununterbrochene Knirschen der Hufe und Schlittenkufen, und, wenn wir über tiefen Schnee kommen, das verhallende Klingen der Schellen. Manchmal nur, wenn wir gegen den Wind und über die nackte eisige Kruste fahren, schlägt Ignats energisches Pfeifen und der weithallende Ton der Glöckchen mit der nachklingenden klirrenden Quinte deutlich an unser Ohr, und diese Töne durchbrechen trostreich den düstern Charakter der Wüste, dann wieder tönen sie einförmig und schlagen mit unerträglicher Genauigkeit immer dasselbe Motiv an, das unwillkürlich durch meine Sinne zieht.

Der eine Fuß begann mir zu frieren, und als ich mich umwandte, um mich besser einzuhüllen, fiel mir der Schnee, der auf Kragen und Mütze lag, in den Rücken und machte mich erschauern; im allgemeinen aber war mir in meinem erwärmten Pelz noch behaglich, und ein leichter Schlaf senkte sich über mich.

›Erfriere ich wirklich schon?‹ dachte ich im Schlaf. ›Das Erfrieren beginnt immer mit Einschlafen, heißt es. Schon besser ertrinken, als erfrieren – da wird man wenigstens mit dem Netz herausgezogen, übrigens ist es ganz gleich, ob man ertrinkt oder erfriert, wenn mich nur da hinten im Rücken dieser Stock nicht drückte, oder was es sonst ist, und ich das Bewußtsein verlöre.‹

Und ich verliere auf einen Augenblck das Bewußtsein.

›Aber wie wird das enden?‹ sage ich mir plötzlich in Gedanken, öffne die Augen und schaue in den weißen Raum hinaus. ›Wie wird das enden, wenn wir keinen Heuschober finden, und wenn die Pferde stehen bleiben, was leicht kommen kann? – Alle müßten wir erfrieren.‹

Ich muß gestehen, obgleich ich mich ein wenig ängstigte,

war doch der Wunsch, es möchte uns etwas Außerordentliches, etwas Tragisches begegnen, in mir noch stärker als die schwache Furcht. Es schien mir gar nicht übel, wenn wir gegen Morgen in ein fernes, unbekanntes Dorf kämen, wenn die Pferde von selbst uns halberfroren hinbrächten, wenn sogar einige erfroren wären. Und Gedanken dieser Art zogen mit außerordentlicher Klarheit und Schnelligkeit an meinem Geist vorüber. Die Pferde bleiben stehen, der Schnee häuft sich immer höher und höher. Man sieht von den Pferden nur noch die Krummhölzer und die Ohren; plötzlich aber taucht oben Ignaschka mit seiner Trojka auf und fährt an uns vorüber. Wir flehen ihn an, wir schreien: er möchte uns mitnehmen, aber der Ton wird vom Wind fortgetragen und verhallt ungehört. Ignaschka lacht vor sich hin, schreit die Pferde an, pfeift sich eins und verbirgt sich vor uns in einer tiefen schneeverwehten Schlucht.

Der Alte sprengt zu Pferde heran, fuchtelt mit dem Ellbogen durch die Luft und will fortsprengen, kann sich aber nicht von der Stelle rühren; mein alter Fuhrmann mit der großen Mütze stürzt über ihn her, stößt ihn auf die Erde und tritt ihn in den Schnee. »Du Hexenmeister«, schreit er, »du Schimpfmaul, wir wollen uns zusammen verirren.« Der Alte aber dringt mit dem Kopf durch den Schneehaufen: nun ist er ein Hase und rennt von uns fort. Alle Hunde setzen ihm nach. Der Ratgeber, eben derselbe Fjodor Philippytsch, meint, wir sollen uns alle im Kreise herumsetzen, es sei gar nicht so schlimm, wenn wir vom Schnee verschüttet würden: es würde uns warm werden.

In der Tat ist uns warm und gemütlich; nur der Durst quält uns. Ich hole meine Reisetasche hervor, bewirte alle mit Rum und trinke selbst mit großem Vergnügen. Der Erzähler erzählt ein Märchen vom Regenbogen – und über uns ist auch schon eine Schneedecke und ein Regenbogen. »Jetzt wollen wir uns jeder ein Zimmer im Schnee machen und

schlafen!« sage ich. Der Schnee ist weich und warm, wie Pelz-
werk. Ich mache mir ein Zimmer und will hineingehen, Fjodor Philippytsch aber, der in meinem Reisekasten mein Geld
gesehen hat, spricht: »Halt, gib das Geld her, du mußt doch
sterben!« und packt mich am Bein. Ich gebe das Geld und
bitte nur, man möchte mich loslassen; sie glauben mir aber
nicht, daß dies all mein Geld sei, und wollen mich töten. Ich
ergreife die Hand des Alten und beginne, sie mit unaussprech-
licher Wonne zu küssen: die Hand des Alten ist zart und süß.
Anfangs entzieht er sie mir, dann aber läßt er es geschehen
und streichelt mich sogar selbst mit der andern Hand. Fjodor
Philippytsch aber kommt näher auf mich zu und droht mir.
Ich stürze in mein Zimmer: aber es ist kein Zimmer, sondern
ein langer weißer Gang, und ein Mensch hält mich an den
Beinen fest. Ich mache mich los. In den Händen des Menschen, der mich festhält, bleibt meine Kleidung und ein Teil
meiner Haut; ich aber friere und schäme mich – schäme mich
um so mehr, als die Tante mit ihrem Sonnenschirm und ihrer
homöopathischen Apotheke, Arm in Arm mit dem Ertrunke-
nen, mir entgegenkommt. Sie lachen und verstehen die Zeichen nicht, die ich ihnen mache. Ich stürze mich über den
Schlitten, meine Beine schleifen im Schnee nach; der Alte
aber verfolgt mich und fuchtelt weiter mit den Armen. Der
Alte ist schon ganz nah. Da höre ich – vor mir läuten zwei
Glocken, und ich weiß, ich bin gerettet, wenn ich sie errei-
che. Die Glocken klingen immer deutlicher und deutlicher;
aber der Alte hat mich eingeholt, ist mit seinem Körper über
mein Gesicht gestürzt, so daß ich die Glocken kaum höre, ich
ergreife wieder seine Hand und beginne sie zu küssen, aber
der Alte – ist nicht mehr der Alte, sondern der Ertrunkene
und schreit: »Ignaschka, halt an, da sind die Heuschober von
Achmetko, glaube ich! Geh doch mal hin, sieh nach!« Es ist zu
entsetzlich! Nein, ich erwache lieber.
Ich öffne die Augen. Der Wind hat mir den Zipfel von Al-

joschkas Mantel ins Gesicht gejagt, mein Knie ist unbedeckt, wir fahren über die nackte Eisrinde hin, und die Terz der Schellen klingt hell und lieblich durch die Luft mit ihrer nachzitternden Quinte.

Ich spähe nach den Schobern; aber statt der Schober erblicke ich, nun schon mit offnen Augen, ein Haus mit einem Balkon und die zackigen Mauern einer Festung. Ich habe wenig Interesse daran, dieses Haus und die Festung näher zu betrachten; ich möchte am liebsten wieder den weißen Gang sehen, durch den ich gerannt bin, die Kirchenglocken hören und die Hand des Alten küssen. Ich schließe wieder die Augen und schlafe ein.

Ich schlief fest; aber die Terz des Glockenspiels hörte ich die ganze Zeit, ich sah sie im Schlaf bald in Gestalt eines Hundes, der sich bellend auf mich stürzt, bald einer Orgel, in der ich selbst eine Pfeife bin, bald in Gestalt französischer Verse, die ich schreibe. Bald wieder schien mir diese Terz als ein Folterinstrument, in das meine rechte Ferse ununterbrochen eingezwängt ist. Und das war so stark, daß ich erwachte, die Augen öffnete und mir den Fuß rieb. Er begann zu frieren. Die Nacht war immer noch so hell, so trübe, so weiß. Immer noch rüttelte mich und den Schlitten dieselbe Bewegung; immer noch saß Ignaschka seitwärts und schlug die Beine aneinander; immer noch lief dasselbe Beipferd mit ausgestrecktem Hals und träge die Beine hebend im Trab durch den Schnee. Der Riemen der Zügel schlug an den Bauch des Pferdes. Der Kopf des Gabelpferdes mit der flatternden Mähne ging, bald die an das Krummholz gebundenen Zügel anziehend, bald locker lassend, gleichmäßig auf und nieder. Aber alles das war noch mehr als früher von Schnee bedeckt und überweht. Der Schnee wirbelte von vorn, verschüttete von der Seite die Schlittenkufen, die Beine der Pferde bis an die Knie, und fiel von oben dicht auf Kragen und Mütze. Der Wind kam bald von rechts, bald von links, spielte mit dem Kragen, mit dem Zipfel von Ignaschkas Armjak und mit der Mähne des Beipferdes und heulte über das Krummholz und die Gabeldeichsel hin.

Es war schrecklich kalt geworden, und kaum streckte ich den Kopf aus dem Kragen hervor, so fiel ein eisiger trockner Schnee wirbelnd auf Augenwimpern, Nase und Mund und in den Nacken hinein; im Kreis umher ist alles weiß, hell und schneeig, nirgends etwas anderes als trübes Licht und Schnee. Mir wurde ernstlich angst. Aljoschka schlief am Boden mitten im Schlitten; sein ganzer Rücken war von einer dichten Schneeschicht bedeckt. Ignaschka hielt sich wacker: er zerrte ununterbrochen an der Leine, schrie den Pferden zu und schlug die Beine aneinander. Die Schellen klangen so wundervoll wie immer. Die Pferde schnaubten, aber sie gingen etwas langsamer und stolperten immer häufiger, Ignaschka sprang wieder auf, fuchtelte mit seinem Fausthandschuh durch die Luft und stimmte mit seiner dünnen, gepreßten Stimme ein Lied an. Aber mitten im Lied hielt er den Schlitten an, warf die Zügel über den Bock und stieg aus. Der Wind heulte gräßlich; der Schnee fiel wie mit Schaufeln auf die Rockschöße nieder. Ich sah mich um; die dritte Trojka war nicht mehr hinter uns, sie war irgendwo zurückgeblieben. In der Nähe des zweiten Schlittens sah man durch den Schneenebel den Alten von einem Bein auf das andere hüpfen. Ignaschka entfernte sich drei, vier Schritt von dem Schlitten, setzte sich in den Schnee, legte seinen Gurt ab und wollte sich die Stiefel ausziehen.

»Was machst du denn?« fragte ich.

»Ich muß die Stiefel wechseln, sonst frieren mir die Füße ganz ab«, antwortete er und setzte seine Beschäftigung fort.

Mir war's zu kalt, den Hals aus dem Kragen hervorzustecken, um nachzusehen, wie er das machte. Ich saß gerade aufrecht, die Augen auf das Beipferd gerichtet, das mit gespreizten Beinen dastand und todmüde den kurzgebundenen, schneebedeckten Schweif hin und her bewegte. Der Stoß, den Ignat dem Schlitten gegeben hatte, als er auf den Kutschersitz sprang, hatte mich geweckt.

»Wo sind wir jetzt?« fragte ich. »Werden wir wenigstens mit Tagesanbruch am Ziel sein?« – »Seien Sie unbesorgt, wir bringen Sie hin«, antwortete er. »Jetzt, wo ich die Stiefel gewechselt habe, sind die Beine tüchtig warm.«

Und er fuhr los, die Schellen erklangen, der Schlitten setzte sich wieder in Bewegung, und der Wind pfiff unter den Kufen hin. Und wir glitten wieder über das endlose Schneemeer dahin.

Ich war fest eingeschlafen. Als Aljoschka mich mit den Beinen anstieß und ich erwachte und die Augen öffnete, war es schon Morgen. Es schien noch kälter zu sein als in der Nacht. Von oben kam kein Schnee mehr; aber der heftige, trockne Wind trug noch immer die Schneeflocken über das Feld, besonders unter die Hufe der Pferde und unter die Kufen. Der Himmel zur Rechten, im Osten, hatte eine schwere dunkelblaue Farbe, aber immer heller und heller zeichneten sich grelle, orangenrote schräge Streifen. Über unseren Köpfen schimmerte hinter den dahineilenden, weißen, kaum geröteten Wolken das blasse Blau des Himmels hindurch; links lag helles, leichtes, wechselndes Gewölk. Ringsumher, soweit das Auge reichte, lag auf dem Feld weißer, in scharf geschiedenen Schichten aufgewehter, tiefer Schnee. Hie und da tauchte grauschimmernd ein Schneehaufen empor, über den hartnäckig ein feiner, trockener Schneestaub hinflog. Nirgends war die Spur eines Schlittens, eines Menschen oder eines Tieres zu sehen. Die Umrisse und die Farbe des Rückens von Fuhrmann und Pferd hoben sich sogar scharf von dem weißen Hintergrund ab ... Der Rand von Ignaschkas dunkelblauer Mütze, sein Kragen, sein Haar und sogar seine

Stiefel waren weiß. Der Schlitten war über und über von Schnee verweht, das graue Gabelpferd hatte die ganze rechte Seite des Kopfes und das Stirnhaar mit Schnee besetzt; mein Beipferd hatte die Beine bis zu den Knien mit Schnee bedeckt und das ganze zottig gewordene schweißige Hinterteil war rechts mit Schnee beklebt. Die Quaste hüpfte auf und nieder wie im Takt einer Melodie, und das Beipferd selbst lief wie früher; nur an dem eingefallenen auf- und niedergehenden Leib und an den herabhängenden Ohren konnte man sehen, wie erschöpft es war. Ein neuer Gegenstand nur lenkte die Aufmerksamkeit auf sich: das war ein Meilenweiser, von dem der Schnee auf die Erde herabfiel und zu dessen rechter Seite der Wind einen ganzen Berg aufgehäuft hatte und der flatternde Schnee von einer Seite nach der andern flog. Mich setzte es ungeheuer in Erstaunen, daß wir die ganze Nacht mit demselben Pferd zwei Stunden gefahren waren, ohne zu wissen wohin, ohne haltzumachen, und trotzdem schließlich ans Ziel gekommen waren. Unser Glöcklein schien noch lustiger zu klingen. Ignat wickelte sich ein und schrie; hinter uns schnaubten die Pferde und tönten die Schellen der Schlitten des Alten und des Ratgebers; aber der, der geschlafen hatte, war sicherlich irgendwo in der Steppe von uns abgekommen. Als wir eine halbe Werst weiter gefahren waren, trafen wir eine frische, kaum von Flocken bedeckte Spur eines Schlittens und eines Dreigespanns, und hie und da zeigten sich darauf rötliche Blutfleckchen, die wahrscheinlich von einem Pferd waren, das sich gerissen hatte.

»Das ist Philipp. Sieh einer, er ist noch früher da als wir!« sagte Ignaschka.

Da wird auch schon das Häuschen mit dem Schild sichtbar, das einsam am Wege steht, mitten im Schnee, der es fast bis an das Dach und an die Fenster überdeckt hat. Vor der Schenke steht ein Dreigespann von Grauschimmeln, ganz feucht von Schweiß, mit gespreizten Beinen und düster gesenkten Köp-

fen. Vor der Tür ist gefegt, eine Schaufel steht da; von dem
Dach aber treibt und wirbelt der heulende Wind den Schnee
herab.

Bei dem Ton unserer Glocken tritt aus der Tür ein großer,
rothaariger Fuhrmann mit einem Glas Wein in der Hand und
ruft uns zu. Ignaschka dreht sich zu mir um und bittet um die
Erlaubnis, zu halten. Da sehe ich zum erstenmal sein Gesicht.

Sein Gesicht war nicht dunkel, hager und gradnasig, wie ich
nach seinem Haar und nach seiner Gestalt erwartet hatte. Es
war ein rundes, heiteres, völlig stutznasiges Gesicht mit
einem großen Mund und hellglänzenden blauen, runden
Augen. Wangen und Hals waren rot, wie mit einem Tuch-
läppchen gerieben; die Augenbrauen, die langen Wimpern
und der Flaum, der den unteren Teil seines Gesichts bedeckte, waren vom Schnee verklebt und ganz und gar weiß.
Bis zur Station hatten wir im ganzen noch eine halbe Werst,
wir hielten an.

»Nur schnell«, sagte ich. »In einer Minute«, antwortete Ignaschka, sprang vom Kutschersitz und ging auf Philipp zu.

»Her damit, Bruder«, sagte er, zog den Handschuh von der
rechten Hand und warf ihn samt der Peitsche in den Schnee.
Dann stürzte er, den Kopf zurückgeworfen, in einem Zuge
das Glas Branntwein herunter, das ihm jener gereicht hatte.

Der Schankwirt, der den Eindruck eines verabschiedeten
Kosaken machte, trat mit einem halben Maß in der Hand aus
der Tür.

»Wem soll ich einschenken?« sagte er.

Der lange Wassilij, ein hagerer, blonder Bauer mit einem
Ziegenbärtchen, und der Ratgeber, ein wohlbeleibter Mann
mit weißen Augenbrauen und Wimpern und einem weißen
dichten Bart, der sein schönes Gesicht umrahmte, gingen hin
und tranken jeder ein Glas. Auch der Alte war zu der Gruppe
der Trinkenden herangetreten, aber es wurde ihm nicht ein-

geschenkt, und er ging zu seinen hinten angebundenen Pferden und begann eins von ihnen über Rücken und Hinterteil zu streicheln.

Der Alte war ganz so, wie ich ihn mir vorgestellt hatte: klein, hager, mit einem runzligen, blauangelaufenen Gesicht, einem dünnen Bärtchen, einer spitzen Nase und angefaulten gelben Zähnen. Er trug eine ganz neue Kutschermütze, aber seine Pelzjacke war ganz ausgehaart, mit Teer bespritzt und im Rücken und in den Schößen zerrissen. Sie bedeckte nicht einmal seine Knie und seine hanfenen Beinkleider, die in mächtigen Filzstiefeln steckten. Er ging ganz gebückt, die Stirn gerunzelt, Gesicht und Knie zitterten, und er machte sich beständig an dem Schlitten zu schaffen, offenbar um sich zu erwärmen.

»Nanu, Mitritsch, gib das Viertelchen zum Besten. Das würde dich tüchtig erwärmen«, sagte der Ratgeber zu ihm.

Mitritsch zuckte zusammen. Er rückte die Zügel an seinen Pferden zurecht, brachte das Krummholz in Ordnung und kam auf mich zu.

»Bitte, Herr«, sagte er, zog die Mütze von seinem grauen Haar und verneigte sich tief – »die ganze Nacht sind wir herumgeirrt, haben den Weg gesucht: möchten Sie uns nicht ein Viertelchen schenken? Wahrhaftig, Väterchen, Durchlaucht, ich habe nichts, um mich zu erwärmen«, fügte er mit einem rührenden Lächeln hinzu.

Ich gab ihm einen Viertelrubel. Der Schenkwirt brachte ein Viertel heraus und goß dem Alten ein. Er legte seinen Handschuh und seine Peitsche ab und streckte seine dürre, schwarze, pockennarbige und ein wenig blau angelaufene Hand nach dem Glase aus; aber sein Daumen wollte nicht gehorchen, als wäre er ein fremder Teil. Er konnte das Glas nicht fassen und verschüttete den Wein in den Schnee.

Die Fuhrleute brachen alle in lautes Lachen aus. »Sieh einer, wie der Mitritsch erfroren ist, nicht mal den Branntwein kann er halten.« Mitritsch aber war außer sich darüber, daß er den Branntwein vergossen hatte.

Sie füllten ihm indessen ein zweites Glas ein und gossen es ihm in den Mund; sofort wurde er lustig, rannte in die Schänke, zündete sein Pfeifchen an, grinste mit seinen gelben faulen Zähnen und schimpfte bei jedem Wort, das man sprach, tüchtig los. Als er das letzte Viertelchen getrunken hatte, gingen die Fuhrleute zu ihrem Wagen, und wir fuhren weiter.

Der Schnee wurde immer weißer und greller, so daß er die Augen blendete, wenn man ihn ansah. Am Himmel breiteten sich die orangengelben, rötlichen Streifen immer höher und höher, immer heller und heller aus; sogar die rote Sonnenscheibe wurde am Horizont durch die graublauen Wolken sichtbar; das Blau des Himmels wurde glänzender und dunkler. In der Nähe der Station war auf dem Weg eine helle, deutliche gelbe Spur, hie und da waren Löcher im Boden; die frostige, herbe Luft gab eine angenehme Leichtigkeit und Frische. Mein Dreigespann jagte rasch vorwärts. Der Kopf des Gabelpferdes, der Hals mit der Mähne, die um das Krummholz flatterte, ging schnell auf und nieder, fast immer an derselben Stelle zu dem Schellengeläut des Jagdgeschirrs, dessen Zünglein nicht mehr gegen die Wände anschlug, sondern anklirrte. Die guten Seitpferde, die gleichmäßig die hartgefrorenen, schiefen Stränge anzogen, rannten energisch vorwärts. Die Seitenriemen schlugen ihnen gegen Bauch und Beine. Manchmal geriet ein Beipferd von dem gebahnten Weg in einen Schneehaufen und warf uns den Schnee in die Augen, wenn es sich mutig hindurcharbeiten wollte.

Ignaschka trieb in seinem munteren Tenor an; der trockne Frost knirschte unter den Schlittenkufen; hinter uns ertönten die beiden Glocken hell und feierlich und das trunkene Schreien der Fuhrleute. Ich blickte zurück: die grauen, zottigen Beipferde rannten mit vorgestrecktem Hals und gleichmäßig verhaltenem Atem durch den Schnee. Philipp schwang die Peitsche und rückte seine Mütze zurecht; der Alte lag noch wie vorher im Schlitten und hatte die Beine in die Höhe gezogen.

Zwei Minuten später knirschte der Schlitten auf den Brettern der reingefegten Auffahrt vor dem Stationsgebäude, und Ignaschka wandte mir sein schneeverwehtes, Frost atmendes Gesicht zu.

»Da sind wir, Herr!« sagte er.

Alexander Puschkin

Winterabend

Der Sturm verhüllt den Himmel mit Nebel
und läßt die Schneewirbel kreisen;
bald beginnt er wie ein Tier zu heulen,
bald zu weinen wie ein Kind,
bald auf dem verfallenen Dach
plötzlich mit dem Stroh zu rascheln,
bald wie ein verspäteter Wanderer
an unser Fenster zu klopfen.

Unsere alte Hütte
ist traurig und dunkel.
Was bist du denn, meine Alte,
am Fenster in Schweigen versunken?
Wurdest du, meine Liebe, müde
durch das Sturmestosen,
oder schlummerst du beim Surren
deiner Spindel?

Trinken wir, liebe Gefährtin
meiner armseligen Jugend,
trinken wir aus Kummer; wo ist der Krug?
Das Herz wird fröhlicher werden.
Singe mir das Lied, wie die Meise
still jenseits des Meeres lebte;
singe mir das Lied, wie die Jungfrau
am Morgen Wasser holen ging.

Der Sturm verhüllt den Himmel mit Nebel
und läßt die Schneewirbel kreisen;
bald beginnt er wie ein Tier zu heulen,
bald zu weinen wie ein Kind.
Trinken wir, liebe Gefährtin
meiner armseligen Jugend,
trinken wir aus Kummer; wo ist der Krug?
Das Herz wird fröhlicher werden.

Konstantin Paustowskij

Wie wenig braucht der Mensch zu seinem Glück

Es war Winter. Rußland lag tief im Schnee begraben.

Wenn wir mit Verwundeten fuhren, dann hatte ich keine Zeit zu bemerken, was draußen vor sich ging. Doch auf dem Rückweg blieb jeder Sanitäter allein in seinem sauber gescheuerten, leeren Wagen, und dann hatte man Zeit genug, aus dem Fenster zu schauen, zu lesen und zu schlafen.

Von diesen Rückfahrten blieb mir die Erinnerung an unendlich viel Schnee, an den weißen Schimmer, der den Wa-

gen mit seiner Helligkeit erfüllte, an den niedrigen graublauen Himmel, der die Farbe einer grauen Taube hatte. Immer wieder kam mir ein Vers in den Sinn, den ich irgendwo
einmal gelesen hatte: ›Das schweigende Land, ganz weiß in
weiß, wie eine Braut in Schleier gehüllt ...‹ Und seltsam
stimmten zu diesem Schnee und diesem Vers die weißen Kittel und Hauben der Schwestern, wenn sie am Morgen durch
den Zug gingen.

Basarnyj Sysgan. An diese Station erinnere ich mich, weil
ich dort ein kleines Erlebnis hatte. Wir standen die ganze
Nacht über auf einem Abstellgleis in Basarnyj Sysgan. Ein
Schneesturm tobte. Am Morgen war unser Zug vollständig
eingeschneit.

Ich ging mit meinem Wagennachbarn, dem gutmütigen,
etwas schwerfälligen Nikolascha Rudnew, einem Studenten
der Landwirtschaftlichen Akademie in Petrowskoje, in die
Bahnhofswirtschaft, um Kringel zu kaufen.

Wie stets nach einem Schneesturm war die Luft durchsich-
tig, klar und scharf. Der Speiseraum war leer. Auf einem langen, mit Wachstuch bedeckten Tisch standen vor Frost
bräunlich gewordene Hortensienblüten. Neben der Tür hing
ein Plakat, das eine Gemse auf den schneebedeckten Gipfeln
des Kaukasus zeigte. Unter der Gemse stand gedruckt:
»Trinkt Kognak der Firma Saradshew«. Es roch nach gebrate-
nen Zwiebeln und nach Kaffee.

Ein stupsnasiges Mädchen mit einer Schürze über der kurzen pelzgefütterten Jacke saß in Gedanken versunken an
einem Tisch und betrachtete einen Jungen mit erdfarbenem
Gesicht. Der Junge hatte einen langen, mageren Hals, der
vom engen Kragen seiner wollenen Joppe beinahe wundge-
rieben war. Spärliche blaßblonde Haare fielen ihm in die
Stirn.

Der Junge trank Tee aus einem Steingutkrug. Er streckte
die Füße unter den Tisch, und aus seinen zerrissenen Stiefeln

rann das Tauwasser. Von einer dicken Schnitte Schwarzbrot brach er große Stücke ab, schließlich schob er die Krümel auf dem Tisch zusammen und schüttete sie sich in den Mund.

Wir kauften Kringel, setzten uns an ein Tischchen und bestellten Tee.

Hinter einem Bretterverschlag bullerte ein ins Kochen geratener Samowar.

Das stupsnasige Mädchen brachte uns den Tee mit einigen halbvertrockneten Scheibchen Zitrone, wies mit einer Kopfbewegung auf den Jungen in der wollenen Joppe und sagte:

»Ich gebe ihm immer etwas zu essen. Auf meine Kosten, ich nehm's nicht von der Wirtschaft. Er ernährt sich durch Almosen. Bettelt in den Zügen, geht durch die Wagen.«

Der Junge hatte inzwischen den Tee getrunken, er stülpte den Krug um, stand auf, bekreuzigte sich vor der Reklame für den Kognak von Saradshew, nahm eine unnatürlich steife Haltung an, heftete seine Blicke starr auf das breite Fenster des Wartesaals und hob an zu singen. Offensichtlich wollte er mit diesem Gesang dem gutherzigen Mädchen seine Dankbarkeit bezeigen. Er sang mit hoher, klagender Stimme, und das Lied dieses Jungen erschien mir damals wie die Stimme des elenden dörflichen Rußland. Von den Worten des Liedes habe ich nur wenig behalten.

> ... Er begrub sie allein
> Im feuchten Hain,
> Im feuchten Hain
> Unterm Eichenstamm,
> Unterm Eichenstamm ...

Unwillkürlich schaute ich in die gleiche Richtung wie der Junge. Ein verschneiter Weg führte zwischen bereiften Haselnußsträuchern in eine Schlucht. Hinter der Schlucht stieg über den Strohdächern der Getreidedarren der Rauch aus den Öfen in den grauen, scheuen Himmel. In den Augen des Jungen stand Sehnsucht – Sehnsucht nach solch einem kleinen schiefen Häuschen, das es für ihn nicht gab, mit breiten Sitzbänken längs der Wand, mit zersprungenen, papierverklebten Fensterchen, mit dem Duft ofenheißen Roggenbrotes, an dessen Unterseite kleine schwarze Kohlestückchen eingebacken sind.

Ich dachte: ›Wie wenig braucht der Mensch doch zu seinem Glück, wenn er kein Glück hat, und wie viel braucht er, sobald sich ihm das Glück zuneigt.‹

Alexander Blok

Vom Schneesturm erfasst

Der Schneesturm sang.
Und die Schneenadeln stachen.
Und die Seele vereiste.
Du hast mich erfaßt.

Du warfst den Kopf in die Höhe.
Du sagtest: »Schau dich an, schau dich an,
ehe du vergißt,
was du liebst.«

Und du zeigtest auf die fernen Linien der Stadt,
auf die verschneiten, blauen Felder,
auf die ziellose Kälte.

Und der erhobene Hammer der schneeigen Wirbelstürme
schleuderte uns in den Abgrund, wo Funken stiebten,
wo Schneeflocken furchtsam wirbelten . . .

Irgendwelche Funken,
irgendwelcher Schneeflocken unsicherer Flug . . .
Wie schnell – so schnell
hast du über mir
das blaue Gewölbe
umgestürzt . . .

Der Schneesturm wirbelte auf,
ein Stern stürzte nieder,
nach ihm ein zweiter . . .

Und Stern nach Stern
jagte dahin,
den Sternenwirbeln
neue Abgründe
öffnend.

Am Himmel flammten dunkle Augen auf
so hell!
Und ich vergaß die Kennzeichen
des schönen Landes –
in deinem Glanz, Komet!
in deinem Glanz, silberschneeige Nacht!

Und es jagten dahin verwüstende,
maßlose Jahre,
als ob das erstarrende Herz
für immer untergegangen sei.

Doch hinter dem fernen Pol wandelt
die Sonne meines
Herzens,
gefesselt vom eisigen Gürtel
deiner Anarchie.

So gehe doch auf im frostigen Reif,
maßloses Licht – Morgenröte!
Erhebe über der blauen Weite
das Szepter des verloschenen Königs!

XI

WEIHNACHTEN IN DER FREMDE

Fjodor M. Dostojewskij

Sibirische Weihnacht

Endlich brach der Weihnachtsmorgen an. Schon früh, noch vor Sonnenaufgang, wurde die Reveille getrommelt, wurde die Kaserne aufgeschlossen und der wachhabende Unteroffizier, der zum Nachzählen der Arrestanten eintrat, beglückwünschte uns zum Fest. Man wünschte ihm gleichfalls alles Gute und sagte es höflich und freundlich. Nach einem kurzen Gebet ging Akim Akimytsch, und gingen noch viele andere, die ihre Gänse und Spanferkel in der Küche hatten, eilig hinaus, um nachzusehen, was mit ihnen inzwischen geschehen war, wie sie gebraten wurden, wie es mit diesem, jenem und sonst noch etwas stand. Durch die kleinen, von Schnee und Eis blinden Fensterscheiben unserer Kaserne konnte man in der Dunkelheit erkennen, daß in beiden Küchen, in allen sechs Öfen, helles Feuer lohte, das schon vor Tagesanbruch angemacht worden war. Über den Hof gingen bereits die Arrestanten hin und her, alle in ihren Halbpelzen, die teils ganz angezogen, teils nur über die Schultern geworfen waren: ein jeder strebte zur Küche. Einige aber, übrigens nur sehr wenige, hatten schon die Branntweinhändler aufgesucht. Das waren die Ungeduldigsten, die niemals warten konnten. Im allgemeinen aber führten sich alle sehr anständig auf, ruhig und ganz ungewöhnlich würdig. Von den sonst üblichen Schimpfereien und Streitigkeiten war nichts zu hören und zu sehen. Alle begriffen und fühlten, daß es ein großer Tag, ein hohes Fest war. Es gab auch manche, die in die anderen Kasernen gingen, um diesen oder jenen von ihren näheren Bekannten zum Fest zu beglückwünschen. Es zeigte sich bei allen so etwas wie Freundschaft. Hier muß ich bemerken, daß man unter den Arrestanten sonst fast überhaupt nichts von

Freundschaft sah – ich rede nicht von allgemeiner Kameradschaft, die war sogar in hohem Maße vorhanden, sondern von Freundschaft zwischen zwei einzelnen. So etwas gab es so gut wie überhaupt nicht. Alle waren im Verkehr miteinander trocken und hart, abgesehen von sehr wenigen Ausnahmen, und das war ein formell anerkannter, einmal eingeführter und angenommener Ton.

Ich trat gleichfalls aus der Kaserne hinaus, es begann kaum, kaum zu tagen, die Sterne flimmerten noch am Himmel, ein kalter, feiner Dampf erhob sich langsam von der Erde und verschwand. Aus den Küchenschornsteinen wälzte sich der Rauch in dicken Säulen. Einige mir begegnende Arrestanten beglückwünschten mich aus eigenem Antrieb freundlich zum Fest. Ich dankte ihnen und antwortete ebenso. Mit manchen von ihnen hatte ich in diesem ganzen Monat noch kein Wort gesprochen.

Wenige Schritt vor der Küche holte mich plötzlich ein Arrestant aus der Militärkaserne ein, der seinen Halbpelz sich nur über die Schultern geworfen hatte. Schon von weitem hatte er mich erblickt und über den halben Hof angerufen: »Alexander Petrowitsch! Alexander Petrowitsch!« und er eilte mir nach zur Küche hin. Ich blieb stehen und erwartete ihn. Es war ein junger Bursche mit rundem Gesicht, mit stillem Ausdruck in den Augen, sehr wenig gesprächig: mit mir hatte er noch kein Wort gewechselt und meiner Person bis dahin überhaupt noch keine Aufmerksamkeit geschenkt. Ich wußte nicht einmal, wie er hieß. Er kam ganz atemlos herangelaufen, blieb direkt vor mir stehen und starrte mich mit eigentümlich stumpfem, gleichzeitig aber auch seligem Lächeln an.

»Was wünscht Ihr von mir?« fragte ich ihn nicht ganz ohne Verwunderung, als ich sah, daß er nur lächelte, stand und mich groß ansah, ein Gespräch aber nicht begann.

»Ja, wie denn, es ist doch Feiertag...« murmelte er verdutzt, und da er selbst gewahr wurde, daß er sonst nichts zu sagen hatte, verließ er mich und trat eiligst in die Küche. Ich will hier gleich bemerken, daß wir auch nachher nie miteinander ein Wort gewechselt haben, so lange wie ich im Ostrogg (Zuchthaus) blieb.

In der Küche ging es lebhaft zu: ein ganzer Haufen drängte, stieß und quetschte sich vor den glühend heißen Backofen. Ein jeder wollte sein Eigentum bewachen und dessen Kochprozeß beobachten. Die »Köchinnen« schickten sich bereits an, die Herstellung der Staatskost in Angriff zu nehmen, da das Essen an diesem Tag früher angesagt war. Übrigens begann noch niemand zu essen, obgleich nicht wenige große Lust dazu verspürten, doch wahrten sie heldenmütig den Anstand. Man erwartete den Geistlichen und erst nachher sollte das Fleischessen nach der Fastenzeit beginnen.

Inzwischen begannen – noch war es kaum Tag geworden – von der Wache her die Rufe zu erschallen: »Köche her!«, die sich im Laufe von mindestens zwei Stunden fast in jeder Minute wiederholten. Der Gefreite rief die Köche, damit sie die Spenden, die von allen Enden der Stadt dargebracht wurden, entgegennahmen. Sie bestanden in ungeheuren Mengen von Kalatschen, Broten, Käsekuchen, Pfannkuchen, süßen Broten – kurz, in allen Sorten des Festtagsgebäcks. Ich glaube, es gab da wohl keine einzige Hausfrau in den Kaufmanns- und Bürgerkreisen, die nicht etwas aus ihrer Küche geschickt hätte, um den »Unglücklichen« zum Fest eine Freude zu machen. Es gab viel reiche Spenden, schönes Gebäck von Butterteig, vom feinsten Mehl und in großen Mengen geschickt; es gab aber auch sehr arme Gaben – irgend ein Kalatsch zu zwei Kopeken und zwei gewöhnliche, kaum sichtbar mit Sahne bestrichene Pfannkuchen: das war eine Gabe des Armen an den Armen, vom wenigen, das er selbst besaß. Alles wurde mit gleicher Dankbarkeit entgegengenommen: nicht der geringste Unterschied wurde zwischen den Gaben und den Gebern gemacht. Die in Empfang nehmenden Arrestanten nahmen ihre Mützen ab, verbeugten sich, dankten, beglückwünschten zum Fest, und trugen dann das Geschenk in die Küche. Als sich nach einiger Zeit ganze Berge von solchen Broten angehäuft hatten, wurden die Ältesten jeder Kaserne gerufen, und sie teilten dann das ganze in gleiche Teile. Es gab weder Streit noch Schelten: alles wurde ehrlich und gewissenhaft geteilt. Was unserer Kaserne zufiel, wurde dann bei uns verteilt. Akim Akimytsch und noch ein anderer Arrestant besorgten das: sie zerschnitten das Gebäck eigenhändig und reichten eigenhändig einem jeden, was ihm zukam. Nicht der geringste Einspruch wurde laut, nicht der geringste Neid machte sich bemerkbar: alle waren mit dem zufrieden, was sie erhielten; es war nicht einmal ein Schimmer von einem Verdacht zu bemerken, daß die Gaben unterschlagen oder ungerecht verteilt werden könnten.

Nachdem Akim Akimytsch seine Arbeit in der Küche beendet hatte, kleidete er sich mit allem Anstand und aller Feierlichkeit an, vergaß kein einziges noch so kleines Häkchen, und nachdem er damit fertig war, schritt er unverzüglich zum Gebet. Er betete ziemlich lange. Außer ihm beteten noch viele andere, doch waren es meistens bejahrtere Männer. Die jungen dachten kaum daran, höchstens daß einer sich beim Aufstehen flüchtig bekreuzigte. Nach dem Gebet trat Akim Akimytsch auf mich zu und beglückwünschte mich nicht ohne Feierlichkeit zum Fest. Ich lud ihn sogleich zu meinem Tee ein und er darauf mich zu seinem Ferkelbraten. Kurz darauf kam Petrow, um mir gleichfalls Glück zu wünschen. Wie mir schien, hatte er bereits ein wenig getrunken, und obschon er sehr eilig gekommen war, so hatte er doch nicht viel zu sagen, sondern stand nur kurze Zeit gewissermaßen erwartungsvoll vor mir und eilte dann bald wieder in die Küche.

Inzwischen war in der Militärkaserne alles Nötige zum Empfang des Geistlichen vorbereitet worden. Diese Kaserne war nicht so eingerichtet wie die anderen: in ihr zogen sich die Pritschen an den Wänden hin und nicht in der Mitte des Zimmers, so daß sie im ganzen Ostrogg der einzige Raum war, in dem man, falls nötig, die Arrestanten versammeln konnte. Wahrscheinlich war sie sogar gerade zu diesem Zweck so gebaut worden.

In die Mitte der Kaserne hatte man einen kleinen Tisch hingestellt, mit einem reinen Handtuch bedeckt, ein Heiligenbild aufgestellt und das Lämpchen davor angezündet. Endlich kam auch der Geistliche mit einem Kreuz und dem Weihwasser. Nachdem er vor dem Heiligenbild gebetet und gesungen hatte, stellte er sich vor die versammelten Arrestanten hin, die dann in aufrichtiger Andacht einzeln zu ihm traten und das Kreuz küßten. Hierauf ging der Geistliche in alle Kasernen und besprengte sie mit Weihwasser. In der Küche segnete und lobte er auch unser Ostroggbrot, das wegen seiner Schmackhaftigkeit in der ganzen Stadt bekannt war, und die Arrestanten beschlossen sofort, ihm zwei frische, soeben aus dem Ofen gekommene Brote zu schicken, die ohne weiteres einem Invaliden eingehändigt wurden, damit er sie in die Wohnung des Geistlichen trug.

Das Kreuz wurde mit derselben Ehrfurcht begleitet, wie es zuerst empfangen worden war, und gleich darauf kamen der Platzmajor und der Kommandeur angefahren. Letzterer wurde bei uns sehr geachtet und sogar geliebt. Er durchschritt in Begleitung des Platzmajors sämtliche Kasernen und beglückwünschte uns alle zum Fest. Hierauf begab er sich auch in die Küche, wo er die Festtagskohlsuppe kostete, die diesmal vorzüglich zubereitet war: es war für jeden Sträfling ungefähr ein Pfund Rindfleisch mitgekocht worden. Außerdem gab es noch Grützbrei, zu dem man nach Herzenslust Butter hinzutun durfte. Der Platzmajor begleitete den Kommandeur zum Wagen und dann befahl er, daß mit dem Essen begonnen werde. Die Arrestanten bemühten sich, ihm nicht unter die

Augen zu kommen. Man haßte bei uns seinen bösen Blick hinter den Brillengläsern hervor, mit dem er auch jetzt noch nach links und rechts ausschaute, ob er nicht irgendwo Unordnung entdecken, irgendwo einen Sündenbock finden könne.

Dann kam das Essen. Akim Akimytsch hatte sein Spanferkel vorzüglich zubereitet. Doch eines vermag ich nicht zu erklären, wie das kam: kaum war der Platzmajor fortgefahren, als sich schon sehr viel angeheitertes Volk zeigte, während noch vor kaum fünf Minuten alle nüchtern gewesen waren. Man sah überall bereits sich rötende und strahlende Gesichter, und bald waren auch Balalaiken zur Stelle. Der kleine Pole folgte schon mit seiner Geige irgend einem »Feiernden«, der ihn für den ganzen Tag gemietet hatte, und spielte und fidelte ihm lustige Tänze vor. Die Unterhaltung wurde lauter, wurde trunken und geräuschvoll. Doch das Essen verlief noch ohne große Störungen. Alle waren satt.

Viele von den Älteren und Soliden begaben sich sofort nach dem Mahl in ihre Kasernen und machten ein Schläfchen, was auch Akim Akimytsch tat, da er wahrscheinlich der Meinung war, daß man an einem Feiertag nach dem Mittag unbedingt schlafen müsse. Der altgläubige Greis aus Starodubowo kroch, nachdem er eine Zeitlang gestumpft hatte, auf den Ofen, schlug sein Buch auf und betete, so gut wie ohne jede Unterbrechung bis tief in die Nacht hinein. Es war ihm schwer, diese »Schmachhaftigkeit«, wie er sagte, mit anzusehen. Die Tscherkessen hatten sich auf die kleine Treppenstufe vor der Tür hingesetzt und blickten neugierig und doch mit einem gewissen Ekel auf das betrunkene Volk. Zufällig begegnete mir Nurra: »Jamán, jamán!« (schlecht, schlecht) sagte er kopfschüttelnd und mit ehrlichem Unwillen, »ach, jamán! Allah wird bös sein!« Issai Fomitsch zündete eigensinnig und hochmütig seine Kerze an und machte sich an eine Arbeit, augenscheinlich in der Absicht, zu zeigen, daß er diesen Feiertag überhaupt nicht achte. Hier und da in den Ecken gab's schon Spielhöllen.

Die Invaliden fürchtete man nicht und für den Unteroffizier, der sich übrigens selbst bemühte, nichts zu bemerken, wurden Wächter aufgestellt. Der wachhabende Offizier steckte im Verlauf des Tages dreimal seine Nase in den Ostrogg, doch die Spielhöllen und die Betrunkenen verschwanden noch eh man's gedacht mit wundernehmender Geschwindigkeit, und auch er schien sich entschlossen zu haben, kleine Unordnungen diesmal nicht zu beachten. Zu diesen kleinen Unordnungen gehörten auch die Angeheiterten. Allmählich aber wurde man freier, berauschter, und es begannen Hader und Streit. Noch waren die Nüchternen in der Überzahl, so daß es immer welche gab, die die anderen bewachen konnten. Dafür aber tranken die »Feiernden« ohne jedes Maß, tranken und sangen.

Welimir Chlebnikow

Weihnachten im dritten Kriegsjahr

An die Familie Chlebnikow   Saratow, 25.12.1916

Meine Lieben!
Meinen Gruß an Euch! Schicke Euch eine Belehrung. Lebt in Frieden, zankt Euch nicht, liebt und helft einander, aber vor allem vergeßt nicht, daß es nötig ist, die Ehre des Namens der Familie Chlebnikow zu wahren.

Ich muß am ersten Weihnachtstag hüpfen und springen, und das hat mich so erbittert, daß ich angefangen habe, Briefe und Belehrungen zu schreiben. Nach Saratow hat man mich nicht gelassen: das heißt, ich kann nicht grüßen. Was tun! so ist es, so, so. Ich habe auch wirklich mit der Hand in der Tasche gegrüßt, und der Oberleutnant fauchte mich an: »Die Hand, wo hast du die Hand!« In der Nacht auf Weihnachten habe ich Jagd gemacht auf innere Feinde. Hinter dem Birkenwäldchen glitzert mit tausend Feuern Saratow. Unsere Scheune ist eingehüllt von den eisigen Haaren schmelzender Eiszapfen und kommt einem wie halb tot vor, mit gelben Hasenaugen. Sie atmet listig. Mehr schreibe ich Euch nicht, weil Ihr mir nicht schreibt.

Ich sehe es vor mir, Ihr habt Tränen in den Augen, Familienschrecken, den Krieg der zwei. Schämt Euch! Ihr Kinder!

Traurig, daß ich auf einem so schmierigen Blättchen schreibe. Schreibt an Schura, daß ich wieder im Fangeisen bin. Ihr Kinder! benehmt Euch friedlich und ruhig bis zu Kriegsende. Es sind nur noch 1 1/2 Jahre, bis der äußerliche Krieg übergeht ins tote Wogen des inwendigen Kriegs.

... und Stempelzeichen des Friedens und der Liebe.

Ich habe nur einen einzigen Brief von Vera bekommen.

Schickt mir die »Trompete der Marsianer« und »Fräulein Tod«. Heute habe ich vor Rührung geweint. Zu Heiligabend haben sie uns ein französisches Brot und ein Stück Wurst ausgegeben, wie Hunden.

»Besonderer Gruß« an den Pavdinier Schura.

Jossif Brodskij

WEIHNACHTSROMANZE

In namenloser Wehmut gleitet
das kleine Feuerschiff der Nacht
inmitten endlos öden Backsteins
fort aus dem Alexanderpark,
die scheue kleine Nachtlaterne,
teerosengleich, macht den Trabanten
zu Häuptern der Verliebten und
zu Füßen der Passanten.

In namenloser Wehmut gleiten
Schlafwandler, Trinker durch die Nacht.
Das nächste Moskau sucht ein Fremder,
der traurig einen Schnappschuß macht.
Mit heiklen Gästen rauscht ein Taxi
hin zur Ordynka. Schon verklungen.
Private Villen und Verstorbne
stehn eng umschlungen.

In namenloser Wehmut gleitet
trüb durch die Stadt hin der Poet,
ein trübe-mondgesichter Pförtner
vorm Laden für Petroleum steht,
ein alter Lüstling drückt sich hastig
durch miese Gäßchen. Mittnacht läutet.
Ein Geisterzug von Neuvermählten
in namenloser Wehmut gleitet.

Durch Moskaus Vorstadtdunkel gleitet
ein zufälliger Irgendwer,

ein jüdischer Akzent schwebt irrend
die müde gelbe Treppe her,
und von der Liebesglut zur Trübsal –
eh noch das neue Jahr begann –
treibt eine stadtbekannte Schöne,
die ihren Gram nicht deuten kann.

Ein kalter später Abend gleitet
vorbei, und Schnee fällt zitternd nieder.
Ein Eiseswind, ein bleicher Wind
umkrallt die rotgefrornen Glieder.
Der Honig abendlicher Lichter
ergießt sich. Chalwa duftet. Droben
trägt Heiligabend auf dem Kopf
die Nachtpiroggen.

Dein Neujahrstag als Wogenreiter
durchs dunkelblaue Meer der Nacht
in namenloser Wehmut gleitet –
als sei's ein neuer Lebensanfang,
als gäb es Ruhm und Licht, Erfolg
und reichlich Brot; grad so, als ging's
im Leben jetzt nach rechts statt wie
zuvor nach links.

Fürstin Maria N. Wolkonskaja

Silvester in Kasan

Ich reiste Tag und Nacht, ohne irgendwo zu übernachten oder auch nur zu essen. Tee trank ich nur dort, wo zufällig der Samowar bereit war. Sonst reichte man mir ein Stück Brot oder ähnliches in die Kibitka, dazu ein Glas Milch, das war alles. Im Wald überholte ich einmal einen Trupp von Gefangenen. Sie gingen hintereinander, bis zu den Hüften im Schnee, denn die Winterwege waren noch nicht festgefahren. Ihr Schmutz und ihre Armseligkeit machten einen abstoßenden Eindruck. Und ich fragte mich: ›Ob Sergej auch so ausgemergelt, unrasiert und ungekämmt ist?‹

In Kasan langte ich gegen Abend an. Es war Silvester. Man setzte mich in einem Gasthaus ab, warum, weiß ich nicht. Im selben Gebäude fand eine Zusammenkunft des Adels statt. Alle Säle waren hell erleuchtet, und ich sah maskierte Männer zum Ball gehen. Da dachte ich ›Welch ein Gegensatz! Hier versammelt man sich zu Tanz und Fröhlichkeit, doch ich, ich fahre wie in einen Abgrund. Für mich ist alles zu Ende, Gesang und Tanz gibt es für mich nicht mehr!‹ Diese kindische Haltung war in meinem Alter wohl verzeihlich: Ich war erst einundzwanzig Jahre alt.

Meine Gedanken wurden durch den Eintritt eines Beamten des Militärgouverneurs unterbrochen. Er warnte mich und sagte, ich täte besser daran umzukehren, denn die Fürstin Trubezkaja, die vor mir hier vorbeigekommen sei, habe in Irkutsk bleiben müssen, da man sie nicht weiterfahren ließ; zudem sei ihr Gepäck durchsucht worden.

Ich antwortete, von mir seien alle Vorsichtsmaßnahmen getroffen worden und man werde mich durchlassen, besäße ich doch die erforderliche Genehmigung des Zaren.

Dabei fielen mir die Worte meiner Schwester Orlowa ein, mit denen sie mich an der Abreise zu hindern suchte: »Was tust du? Vielleicht ist dein Mann verkommen, hat sich dem Trunk ergeben.« – »Um so mehr Ursache habe ich, zu fahren!« war meine Antwort gewesen.

Ich setzte die Reise fort. Es war ein fürchterliches Wetter. Der Gastwirt hatte mir gesagt, es sei vernünftiger abzuwarten, denn es würde Schneesturm geben.

Da ich aber der Meinung war, daß ich in Sibirien noch größere Schwierigkeiten würde überwinden müssen, befahl ich, die Schutzmatte vom Oberdeck der Kibitka herunterzulassen, und fuhr los. Doch ich kannte die Steppenschneestürme nicht. Der Schnee sammelte sich auf der Schlittendecke, so daß sich zwischen uns und dem Kutscher ein richtiger Schneeberg bildete. Nach einer Weile ließ ich meine Uhr repetieren. Sie schlug Mitternacht. Das war mein Silvester, meine Begrüßung des neuen Jahres! Ich wandte mich meiner Zofe zu, um ihr zum neuen Jahr zu gratulieren, aber sie war schlechter Laune und machte ein so abweisendes Gesicht, daß ich nur dem Kutscher zurief: »Ich gratuliere dir zum neuen Jahr.«

Meine Gedanken wanderten zu meinen Eltern, in meine Jugend und Kindheit zurück. Wie festlich wurde dieser Tag stets bei uns begangen, mit welchen Freuden und Vergnügungen! Doch wie mochte es meinem armen Sergej gehen? Die bedrückende Wirklichkeit bot sich mir in ihrer ganzen Unerbittlichkeit dar, und von nun an dachte ich nur noch an meinen Mann.

Die Pferde blieben stehen. Der Kutscher sagte, wir seien vom Weg abgekommen, er müsse aussteigen und ein Obdach suchen. Glücklicherweise befand sich eine Holzfällerhütte in der Nähe. Wir gingen hinein, ich ließ den Ofen heizen, brühte Tee für die Leute und wartete den Morgen ab. Dann setzte ich die Reise fort.

Dergestalt fuhr ich fünfzehn Tage lang, manchmal sang ich,

manchmal rezitierte ich Gedichte. Unterwegs erlebte ich nichts Erwähnenswertes. Die Gegend, durch die ich fuhr, sah ich nicht, es herrschte klirrender Frost, und deshalb hielt ich die Kibitka geschlossen.

Eines Abends, als mir der Diener sagte, daß wir uns einer Poststation nähern, ließ ich die Schutzmatte hochziehen. Mein Blick fiel auf mehrere große Lagerfeuer, die mitten im Dorf brannten und an denen sich eine Volksmenge wärmte. Frauen, Kinder, Soldaten, Bauern – alle standen um die Feuer herum. »Was ist das?« fragte ich. »Die Silberfuhre aus Nertschinsk.« Ich war entzückt. ›Jetzt erhalte ich Nachricht von meinem Mann!‹ dachte ich, ging in die Poststation und bestellte mir zum Schein Tee.

Bald trat auch der Offizier ein, der die Silberfuhre begleitete, aber ohne die Mütze abzunehmen und in stinkende Tabakwolken gehüllt. An einem Knopf seines Uniformrockes baumelte ein schmieriger Tabakbeutel. Trotz seines brutalen Aussehens fragte ich ihn, wo sich die Staatsverbrecher befänden. Er sah mich scharf an, drehte mir den Rücken und antwortete beim Hinausgehen über die Schulter: »Ich kenne sie nicht und will nichts von ihnen wissen.« (Es war ein gewisser Fintingof, der später wegen seines unsittlichen Lebenswandels im Solowezki-Kloster eingekerkert wurde.)

Da trat ein Soldat, der sich seines Vorgesetzten schämte, auf mich zu und sagte halblaut: »Ich hab sie gesehen, sie sind gesund und befinden sich im Bezirk Nertschinsk, im Blagodatsker Bergwerk.« Dieser Mann war menschlicher und höflicher als sein Chef.

Sonstige Abenteuer erlebte ich auf meiner Reise nicht, nur gingen einmal meine Pferde durch, ausgerechnet auf dem höchsten Gipfel des Altai. Aber ich sprang in den Schnee, ohne auch nur den geringsten Schaden zu nehmen.

Jewgenij Tschirikow

Die Wölfe

Weihnachten ist da! Aber Weihnachten in der Fremde – was ist das schon für ein Weihnachten? Keine funkelnden und glitzernden Schneewehen, keine Trojkas mit Glöckchen, keine violetten Rauchschwaden, die zum Himmel steigen, keine Weihnachtssänger, keine Festtagsspiele mit Liedern und Wahrsagereien, keine vom Reif versilberten Bärte, keine purpurnen, vom Frost geröteten Mädchenwangen, keine verschmitzt unter den Kopftüchern hervorblitzenden Augen und keinerlei Teufelswerk.

Wir haben kein Weihnachten. Weit entfernt ist es, hinter Bergen und Meeren, dort, »wo die Mädchen spinnen und ihre Spinnräder in den Himmel legen« ... Unser Weihnachten ist ein Märchen geworden. Und wie sehr wünschte man sich jetzt Märchen! Jetzt zumal, an unseren hohen Festtagen ...

Unwillkürlich werden da die Gedanken nach Hause gelenkt, in die Heimat, und man entflieht allen Widrigkeiten des Raumes, der Zeit und der rauhen Wirklichkeit ...

Und schon bin ich zu Hause, unter dem heimatlichen Himmel, gerade achtzehn Jahre alt, und alle sind am Leben, selbst die, die schon lange in der Heimaterde vermodern.

Auch der Großvater und die Großmutter sind lebendig! Wie Weihnachten sind sie wieder auferstanden und leben mit mir auf der Erde. Großvater ist ein nicht sehr großer, aber stämmiger und breitschultriger alter Mann, mit einem breiten schaufelförmigen Bauernbart und silbernen Locken. So ein schöner, gewinnender Graubart! Mag er auch schon grau sein, seine Augen sind jung, ein Lachen ist in ihnen verborgen und die Lebensfreude blitzt noch aus ihnen. Und lachen kann er ganz wie ein Junger: schallend, unbekümmert, mitreißend ... Er trägt einen langen Mantel und hohe Stiefel, unter dem Mantel ein geblümtes, besticktes russisches Hemd und einen Gürtel mit Quasten. Man sieht sofort, daß er einer der alten ›Narodniki‹ (Anhänger der Bewegung »Volksfreunde«) ist. Von Jugendtagen an bis zum Alter lebte er in den Wäldern, diente als Förster, und als man ihn befördern und ins Forstministerium in die Hauptstadt versetzen wollte, lehnte er ab: »Fünfunddreißig Jahre habe ich im Wald gelebt, jetzt möchte ich auch im Wald sterben«, sagte er. Nicht von ungefähr nannten ihn die Bauern »Waldgeist«.

Er war ein leidenschaftlicher Jäger. Ins Forstinstitut trat er nur ein, um den Wald an seiner Seite zu haben. Und als es ihn in den Muromschen Wald verschlug, in dem nach der Volkssage einst Solovej, der Räuber, gelebt haben soll, blieb er in ihm hängen. Er starb auch dort.

Und das ist die Großmutter: schon eine alte Frau, aber die frühere Schönheit hat sich immer noch nicht den Jahren ergeben und kann sich nicht verbergen. Das Gesichtchen ist ganz wie aus Elfenbein geschnitzt, und obwohl die dunkelbraunen Augen müde davon sind, auf Gottes Welt zu blicken, so blitzt doch ab und zu das frühere Feuer in ihnen auf, das immer noch unter der Asche des Lebens glüht. Auf dem Kopf hat sie graues Haar, die Augenbrauen jedoch sind schwarz, wie kleine Pfeilchen. Die Hände sind schlank und fein, vor allem ihre Gestalt ist ganz und gar nicht greisenhaft. Man sieht sofort, daß sie in ihrer Jugend eine Schönheit gewesen war, was auch durch ein großes Porträt bezeugt wird, das an einem gut sichtbaren Platz in Großvaters Waldklause prangt. Gemalt hatte es ein berühmter Künstler, der einst in die Großmutter verliebt gewesen war. Wenn man dieses Porträt betrachtet und dann die Augen auf den Großvater richtet, so kommt es einem in den Sinn, daß der Großvater gar nicht der Großvater ist, sondern Kostschej, der Unsterbliche, der die schöne herzallerliebste Jungfrau geraubt hat und sie nun in seinem Waldschloß versteckt hält! Und im Grunde genommen war es auch so: Großvater war der Sohn eines verarmten Adligen, der sich bis zum Rang eines Majors hinaufgedient hatte, während Großmutter aus einem ruhmvollen Fürstengeschlecht stammte. Es hätte ihr angestanden, auf Hofbällen zu tanzen, stattdessen hat sie ihre ganze Jugend in einer Waldhöhle verbracht. Als sie jedoch nach Großvaters Tod in die Stadt übersiedelte, lebte sie keine zwei Jahre mehr; sie starb vor Sehnsucht nach der Einsamkeit . . .

So war das mit Großvater und Großmutter. Eine uralte, wahre Geschichte!

Ich war Großvaters Lieblingsenkel: Er liebte mich, weil ich mit fünfzehn Jahren von seiner Jagdleidenschaft angesteckt worden war und gut schießen konnte. Nach seinem Tod hinterließ er mir seine Lieblingswaffe, die berühmte »Lebeda«. Ich habe Großvaters Gewehr immer gehütet, doch die Bolschewiken plünderten und nahmen es mir weg . . .

An Weihnachten fuhr ich gewöhnlich zu Großvater und Großmutter. Sie schickten mir ihre Pferde bis Kasan entgegen. Eine Trojka mit ausgesuchten Waldajer Glöckchen. Kein Läuten, sondern geradezu Musik! Besonders im Wald, unter den überhängenden Schneewehen der riesigen Tannen und Fichten. Mein Gott, wie schön ist es, in einer Frostnacht durch einen verschneiten Wald zu fahren, mit Glöckchen und Schellengeläut! Man kann es nicht beschreiben, wie eine junge Seele in weißen, glückstrahlenden Träumen schwelgt! Der Großvater wußte, daß es kein größeres Vergnügen für mich gab, als im Winter mit den Hunden auf die Jagd zu gehen. Nur eines wußte er nicht, daß mich außer Hasen und Füchsen nämlich noch etwas dorthin lockte und helle Träume unter dem Glöckchen- und Schellengeläut im Wald wachrief. Daß . . .

Verliebt war ich! Und mein Schwarm fuhr zu Weihnachten ebenfalls dorthin. So daß sich mir also verschiedene Perspek-

tiven mit der Fahrt in den Muromschen Wald eröffneten ...
Man nannte sie Milotschka, und wirklich ... Ach ja, ich habe
doch versprochen, von den Großeltern zu erzählen ...

Und doch ist das ohne Milotschka unmöglich! Es geht
darum, daß ich unter Milotschkas Stolz und Unnahbarkeit
litt, wie ein leidenschaftlich verliebter Jüngling nur leiden
kann. Und obwohl der Großvater so tat, als bemerke er
nichts, begriff er es doch ganz genau und versuchte mir in
meinem Unglück zu helfen. Sobald es ihm auffiel, daß ich
traurig und auf der Jagd zerstreut war oder, wie er es nannte,
Krähen zählte, pflegte er vorwurfsvoll den Kopf zu schütteln
und zu sagen: »Ein Feigling bist du, Freundchen ...«

Damit meinte er meine Untätigkeit und Schüchternheit
Milotschka gegenüber. Und einmal, an Weihnachten, erzählte er mir wie zur Belehrung, welche Rolle Tapferkeit und
Verwegenheit spielen, wenn es um das Erringen des Glücks
geht: »Die Kühnheit, mein Freund, nimmt Städte ein! Und
das gleiche gilt auch für die Liebe ...Da jagst du nun Häschen
und Füchschen, ich jedoch würde nach Wölfen und Bären
suchen, und auch deine Großmutter habe ich sozusagen mit
der Waffe in der Hand geheiratet ...«

Natürlich platzten wir Zuschauer alle in Gelächter aus,
Großmutter aber hob verlegen die Schultern und meinte:
»Ach, schwatzen Sie doch keine Dummheiten, Stepan Iwanowitsch!« Der Großvater blickte spöttisch in ihre Richtung,
warf sein Löwenhaupt zurück und lachte selbstzufrieden:
»Ich sage euch, das war auch so eine Stolze, schlimmer noch
als deine Milotschka, und doch ist sie deine Großmutter geworden! Einen Kammerjunker hatten die Eltern für sie vor-
gesehen, stattdessen ist sie an einen Waldgeist geraten. Mit der
Waffe in der Hand habe ich euch die Großmutter erkämpft!«

Großvaters Augen blitzten in Siegeslaune auf, er war ganz
in der Pose eines Helden, während Großmutter ihr wie aus
Stein gemeißeltes Köpfchen ergeben auf ihre Stickerei senkte

und nur hin und wieder leise seufzte: »Ach, was für ein Angeber!«

»Angefangen hat alles ziemlich ähnlich, Brüderchen. Ganz zufällig bin ich der stolzen Schönheit Fürstin Irina Nikolajewna Obolenskaja begegnet, auf einem Wohltätigkeitsball. Mit einem Knopf blieb ich am Kettchen ihres Fächers hängen. Ich war damals als Student und Festordner auf jenem Ball. So eine komische Geschichte. Die Umstehenden halfen uns, voneinander loszukommen, die Fürstin ärgerte sich und lachte gleichzeitig; ich aber stellte mich vor, als ich mich losgemacht hatte, und forderte die mir unbekannte Schöne zum Tanz auf, da die Musikkapelle gerade einen Walzer anstimmte. Wahrscheinlich aus Verwirrtheit – willigte sie ein. Wohlwollend legte sie mir ihr linkes Händchen auf die Schulter, und wir begannen uns zu drehen. Eine Schönheit war sie: Sämtliche Männer auf dem Ball sperrten Augen und Münder auf! Nun, ich habe mich, wie man so sagt, sofort verknallt . . .«

»Aber Stepan Iwanowitsch, wie drücken Sie sich denn aus!« flüsterte Großmutter aus ihrer Ecke.

»Das gehört nicht zur Sache, Irina Nikolajewna«, warf Großvater beiläufig in ihre Richtung ein. »Und so, liebe Freunde, begannen meine Qualen. Ich habe nicht weniger gelitten als Goethes Werther, bin aber trotzdem noch am Leben, und die Fürstin Irina Nikolajewna Obolenskij sitzt unter uns. Nun, also . . . . Sie war völlig unnahbar. Keinerlei Aufmerksamkeit schenkte sie mir. Ich machte mich mit ihrem Bruder, einem Studenten, bekannt, drang in das fürstliche Haus ein, doch nichts ging voran! Ein Nicken, ein säuerliches Lächeln auf den Lippen, zusammengekniffene Äuglein – mit einem Wort, eine Königin und ihr Untertan, ein Sklave, ein Nichts. Doch wir Jäger lassen uns nicht so leicht einschüchtern. Zu jener Zeit jagte ich bereits Bären.«

»Ja was war ich denn, Stepan Iwanowitsch, etwa irgendein Tier?«

»Genau, genau, Irina Nikolajewna! Eine junge, kleine aristokratische Löwin!«

»Und ich sah, daß sie verstand, worum es ging, und es sich nur nicht anmerken ließ. Sie panzerte sich mit ihrem Stolz. Doch da erfuhr ich ganz plötzlich von ihrem Bruder, daß sich wegen seiner Schwester, das heißt wegen Irina Nikolajewna, zwei Prätendenten auf den ehelichen Thron duelliert hatten. Es ist wahr, sie haben sich gegenseitig nicht einen Kratzer zugefügt, aber dennoch haben sie beide ihre Liebe bewiesen. Nun, und ihre Tapferkeit ebenfalls ... Doch wie und womit sollte ich das eine wie das andere unter Beweis stellen? Allein mit einem Angebot der Hand und des Herzens kann man das nicht belegen. Unterdessen gelang es mir trotz meiner seltenen Besuche im fürstlichen Haus, die Witterung aufzunehmen, daß einer der vornehmen Duellanten sich nicht nur einiger Aufmerksamkeit von seiten der Eltern erfreute, sondern auch ...«

»Ach, wie Sie lügen, Stepan Iwanowitsch! Schämen Sie sich, noch bin ich nicht tot ...«

»Ich behaupte es ja nicht, sondern sage nur, daß es mir so vorkam. Aber ein Antrag von seiner Seite kam doch?«

»Ja.«

»Und Sie haben geantwortet, daß Sie es sich überlegen würden?«

»Ich war dumm und habe das wiederholt, was mir meine Mutter angeordnet hat zu sagen, im Falle, daß er ...« – »Nun, liebe Freunde, ich sah, daß ich entschlossen handeln mußte. Ich versuchte durch »Ideen« Einfluß« zu gewinnen, aber sie fing an, sich vor einer Unterhaltung mit mir zu fürchten. Egal, ob auf diese oder jene Weise, es war, als stieße ich mit dem Kopf an eine steinerne Mauer! Zwei Jahre zogen sich diese Querelen hin. Und dann, als sich mein Studium bereits dem Ende näherte und eine Stelle als Förster in einer abgelegenen Gegend in Aussicht stand – und damit auch die end-

gültige Trennung und ein Kreuz über dem Grab der Liebe –,
kam mir ein glücklicher Zufall zu Hilfe. Der vornehme
Schafskopf, Kandidat auf den ehelichen Thron, lud die fürstliche Jugend zu Weihnachten auf sein Landgut zur Hasenjagd
ein. Ich mischte mich in das Gespräch und gab mich der-
maßen als Kenner der Materie aus, daß man mich ebenfalls
zum Kommen aufforderte. Nun Stepan, denke ich, jetzt sei
kein Esel! Wir kamen also auf dem Gut an, im Kostromer
Gouvernement. Unter uns war auch Ihre Erlaucht, die Fürstin Irina Nikolajewna. Auf dem Lande, in der freien Natur
verringerten sich ihr Hochmut und ihr Stolz glatt um fünfzig
Prozent. Der Mensch wurde zum Menschen: lustig, lieb, gesprächig und nicht abgeneigt, ein wenig zu kokettieren ...
Dann begannen die weihnachtlichen Gelage, Tänze, Maske-
raden, Trojkafahrten. Die Jagd geriet gänzlich in Vergessen-
heit. Ich unterhielt mich mit dem Förster und erfuhr, daß Tag
für Tag die Wölfe heulten. Und da kam mir der Gedanke, mit
einem lebenden Ferkelchen auf die Jagd zu gehen! Ein glücklicher Einfall, den mir der Herrgott selbst aus Mitleid geschickt hatte. So erzählte ich einmal während des Abendessens, wie man mit einem Ferkelchen auf Wolfsjagd geht: man
nehme ein gutes, kräftiges Pferdchen, einen geräumigen
Schlitten, damit man sich nicht überschlägt oder herausfällt,
das lebende Ferkel steckt im Schlitten in einem Sack, an den
man einen langen Strick mit einem Bündel Stroh oder Lum-
pen befestigt. Dann fährt man durch den Wald und läßt das
Ferkel lauthals quieken. Der Wolf hört das, kommt hervor
und setzt dem Schlitten nach, er denkt, das Ferkelchen renne.
Nun, und dann muß man schießen! Es ist eine gefährliche
Jagd. Sie erfordert Tapferkeit. Und die Hand darf nicht zittern. Auch die Wölfe, an die man gerät, sind unterschiedlich. –
Die Männer ließen sich nicht besonders verlocken, doch die
Mädchen bekamen glänzende Augen, ihre Wangen röteten
sich ... »Ach, wie interessant!« Besonders Irina Nikolajewna

wurde ganz aufgeregt. Ich sah, an welchen Köder das Fischlein angebissen hatte ... Tags darauf ließ ich gegen Abend alle Vorbereitungen treffen und nach dem Abendessen, als alles fertig war, erkundigte ich mich: »Nun, meine Herrschaften, wer ist am tapfersten? Wer geht mit mir und dem Ferkel auf die Wölfe? Ich fahre jetzt los!«

Große Verwirrung. Ich glaube nicht, daß die Fürstin tapferer war als alle anderen, doch man muß die Wahrheit sagen: Noch hatte keiner von den Männern geantwortet, als sie entzückt ausrief: »Ich komme mit Ihnen!«

Durch ihren Wagemut setzte sie die ganze Gesellschaft in Erstaunen, Herren wie Damen. Anstatt seine Kandidatur anzumelden, begann der Rivale, der Fürstin Irina Nikolajewna die Sache auszureden: das Pferd könne erschrecken und durchgehen, man könne leicht bei den Schlaglöchern aus dem Schlitten fliegen und in Stücke gerissen werden, kurzum, allerlei Schreckensvisionen. Mit der Aufgeregtheit eines Verliebten oder einfach aus Bänglichkeit klang seine Stimme irgendwie schuldbewußt und wenig überzeugend, ich aber lachte in mich hinein und überredete den Nebenbuhler ironisch, mit uns zu fahren.

»Ausgezeichnet! Ich werde fahren, aber ohne Irina Nikolajewna ...«

Lange stritten sie. Irina Nikolajewna nannte meinen Rivalen einen Angsthasen, dieser war beleidigt und verwies auf seinen Orden, den er für seine Teilnahme an den Kämpfen bei Plewna erhalten hatte. Sie zitierte aus Gribojedows vortrefflicher Komödie *Verstand schafft Leiden:* »Dienstgrade werden von Menschen verliehen, irren aber ist menschlich!« –

»Ich erachte es für notwendig, daß Ihre Eltern die Frage über Ihren Ausflug entscheiden!« erklärte der Gekränkte streng und begab sich ins Haus.

»Fahren wir schnell!« sagte Irina Nikolajewna lachend, und nachdem wir rasch den Schlitten bestiegen hatten, glitten wir in den silbrigen Nebel der Frostnacht hinaus. Sie war in gehobener Stimmung, sah sich nach möglichen Verfolgern um und schwenkte ungeschickt die Peitsche, wobei ich mehr abbekam als das Pferd. Das Ferkelchen im Sack quiekte und als Echo kam das helle Lachen des Mädchens zurück. Na, und ich kam mir bereits halbwegs vor wie der Sieger.

Da war auch schon der Wald, ein weißes verzaubertes Zarenreich, geheimnisvoll und von märchenhafter Schönheit. Ich hielt das Pferdchen zurück, um es nicht vorzeitig zu ermüden, und wir glitten in leichtem Trab durch die Waldkorridore. Welch ein Zauber! Der endlose Weg wechselte sich mit Lichtungen ab, die riesigen Sälen glichen, bald runden, bald quadratischen, bald in die Länge gezogenen. Das Schloß von Väterchen Frost! Die Stille und Lautlosigkeit wurde nur von Zeit zu Zeit unterbrochen vom Knarren des Schlittens und dem scharfen gläsernen Kreischen der eisernen Schienen unter den Kufen. In dieser feierlichen Stille spricht man auch irgendwie nicht. Wie in einer Kirche. Ich ersetzte das Gespräch durch Fürsorglichkeit für meine Zarentochter: Sind auch nicht die Händchen und Füßchen erfroren, zieht es da nicht irgendwo durch ein Loch – und als Lohn dafür erhielt ich ein Lächeln und dankbare Blicke unter dem Daunentuch hervor. So gelangten wir schweigend zum Wächterhaus. Der Forstaufseher erwartete uns schon. Eine halbe Stunde saßen wir im Waldhäuschen, wärmten uns mit Tee auf und unterhielten uns, natürlich, über Wölfe, und auf welchen Wegen man ihnen am schnellsten und sichersten begegnen könnte . . .

»Zur Hasenschlucht muß man . . . Dort heulen sie. Das heißt, zuerst auf dem Weg nach Serebrjanka, dann nach links über die neue Schneise und die führt auf einen Feldweg, und von dort sind es nur noch drei Werst, bis die Schluchten anfangen . . .« – »Werden wir nicht auf dem Waldweg in den Schneewehen steckenbleiben?« – »Großer Gott, nein! Der

Schlitten ist leicht und der Schnee fest. Wir haben anhalten-
den Frost. ... aber eine Sache gibt es, sehr geehrte Herrschaften: Offenbar muß ich mich zu Ihnen setzen!« – »Warum?« –
»Das Fräulein hat wohl noch nie ein Pferd gelenkt, hier aber
ist es so: Der Jäger darf sich nur mit seiner Sache beschäftigen.
Entweder das eine oder das andere: Entweder die Wölfe oder
das Pferd. Außerdem fürchte ich, daß Sie sich verirren werden. Im Winter ist es nachts schwierig, die Wege auseinan-
derzuhalten...«

Der Waldhüter hatte recht mit dem, was er sagte, aber Sie
müssen verstehen, mir paßte das überhaupt nicht. Offen gesagt kam mir jetzt auch das Ferkelchen im Sack überflüssig
vor. Ich nahm den Forstaufseher nicht mit. Sagte, dem Pferd
sei es zu schwer.

»Sieh mal einer an, du steckst aber voller Mitleid!« sagte der
Waldaufseher und blickte zu Boden.

Ich überprüfte das Gewehr, den Revolver und das Jagd-
messer und bereitete alles vor. Wir fuhren los. Ich warf die
Schnur mit dem Köder aus dem Schlitten und stieß von Zeit
zu Zeit das Ferkelchen an. Doch sein Quieken brachte meine
Reisegefährtin schon nicht mehr zum Lachen. Wahrscheinlich hatten die Worte des Forstaufsehers über die Wölfe ihre
Tapferkeit doch etwas beeinträchtigt. Sie saß da, blickte
furchtsam nach allen Seiten, fragte, was das Schwarze dort sei;
zuckte zusammen, gähnte ab und zu.

»Ist Ihnen kalt?« – »Nein...« – »Haben Sie Angst?« Sie
schwieg. Da brachte ich ruhig und auch überzeugend hervor:
»Mit mir brauchen Sie nichts zu fürchten.«

Wir fanden die Schneise, bogen ab. Das Ferkelchen
quiekte immer häufiger und immer lauter, aber kein Wolf
ließ sich blicken. So erreichten wir die Schluchten. Wir hielten an, damit das Pferd ein wenig ausruhen konnte. Es war
ganz silbrig und zottig vom weißen Reif. Der jungen Fürstin
waren vom langen Sitzen die Füße eingeschlafen, sie wollte

aus dem Schlitten steigen, doch die Füße gehorchten ihr nicht. Das war komisch! Als wäre sie betrunken. Ich half ihr, nahm sie am Arm. Die Händchen waren abgefroren. Ich zog die Handschuhe aus, rieb sie mit Schnee und wie aus Versehen drückte ich nach getaner Arbeit einen Kuß darauf. »Ziehen Sie doch meine Fäustlinge an!« – »Und Sie?« – »Um mich machen Sie sich keine Sorgen.«

Wieder ein Lächeln und ein dankbarer Blick unter dem Daunentuch hervor ... Mir kam der Gedanke, ihr jetzt meine Liebe zu erklären, wußte jedoch nicht, wie ich anfangen sollte. Ich war noch nie ein Meister darin gewesen, unnützes Zeug zu schwatzen.

Ich weiß nicht, wie alles geendet hätte, wenn mir nicht die Wölfe zu Hilfe gekommen wären. Wir setzten uns in den Schlitten, fuhren im Schritt zurück. Plötzlich blieb das Pferd stehen, spitzte die Ohren und fing an zu schnauben! Ich begriff sofort, um was es ging. An das Gewehr! Ich sah mich um, aber meine Weggefährtin faßte mich am Arm: »Was ist passiert? Was ist?« – »Ein Wolf!«

Ich schlug das Pferd mit den Zügeln, aber es ging nicht vor-, sondern rückwärts. Aufmerksam blickte ich umher: Da vorne, unter einer verschneiten kleinen Tanne, war ein dunkler Fleck. Um zu schießen, war es zu weit, und das Pferd rührte sich nicht. Ich packte das Gewehr, kletterte hinaus ...

»Wo gehen Sie hin?« – »Zum Wolf!« – »Nein, nein, nein! Ich habe Angst ..., allein ...« – »Aber sonst geht das Pferd nicht weiter!« – »Ich lasse Sie nicht!«

Sie sprang aus dem Schlitten, nahm mich bei der Hand. Was soll man da tun? »Gehen Sie ein Stück zur Seite und erschrecken Sie nicht: Ich werde gleich schießen ...«

Das donnerähnliche Krachen des Schusses rüttelte die nächtliche Stille wach, und man konnte sehen, wie Leben in den dunklen Fleck dort vorne kam und er sich zu bewegen begann. Vor dem weißen Hintergrund des Schnees zeichnete sich deutlich die Silhouette des Wolfes ab. Das Pferd begann zu wiehern, das Weiße in seinen Augen blitzte. Meine Gefährtin zitterte wie im Fieber und warf mir flehentliche Blicke zu ... Eine Zeitlang, vielleicht zehn Minuten, verweilten wir auf der Stelle, dann setzten wir uns in den Schlitten und fuhren los. Zuerst im Schritt. Das Pferd drehte scheu den Kopf, spitzte die Ohren, blieb stehen, trabte weiter. Dann stürmte es unerwartet los und ging durch. »Halten Sie sich an mir fest!« Zehn Minuten jagten wir im Galopp durch die Waldschneise und erreichten endlich den eingefahrenen Weg.

Wegen der Stöße und Fußtritte quiekte das Ferkelchen ununterbrochen, und das Pferd stürmte plötzlich noch heftiger vorwärts.

»Wölfe!«, schrie meine Begleiterin auf. Ich sah mich um: Fünf Wölfe jagten hinter uns her. Sollte ich schießen? Das war gefährlich: Die zu dieser Jahreszeit in Rudeln herumstreunenden Wölfe geraten durch Schüsse in Wut. Vielleicht könnte man einen von ihnen verjagen, aber dann würden die anderen über uns herfallen und uns zerreißen. Die Wölfe holten uns ein. Meine Gefährtin war ohnmächtig. Da warf ich – ähnlich wie der Kapitän eines untergehenden Schiffes – den Sack mit dem Ferkelchen aus dem Schlitten ... Die Wölfe stürzten sich darauf, ballten sich zu einem Knäuel, rauften sich um die Beute, wir jedoch stürmten Hals über Kopf dahin. Das Pferd lenkte ich schon gar nicht mehr. All meine Sorgen galten jetzt dem armen geliebten Mädchen. Ich drückte sie an mich, wie ein Kleinod, beschwor sie, die Augen zu öffnen, küßte ihr die Hände, sprach von Liebe ... Ich habe gar nicht bemerkt, wie das Pferd uns zum Wächterhäuschen zurückgebracht hat. Es blieb stehen, schwer mit den Flanken atmend und vom silbrigen Rauch dampfend.

Ich weckte den Waldaufseher. Als wir die halbtote Irina Nikolajewna in das Häuschen brachten, schlug sie die Augen auf.

Der Waldhüter stellte den Samowar auf. Er heizte den

Ofen und brachte frisches Stroh. »Das Pferd keucht, es hält sich kaum auf den Beinen ... Wohin wollen Sie mit ihm fahren? Bis zum Morgen werden Sie wohl schon hier bleiben müssen ...«

Er lobte mich immerfort für meine Findigkeit und Tapferkeit: »Gut, daß Sie nicht vor Schreck den Verstand verloren haben! Hätten Sie ihnen nicht das Ferkelchen vorgeworfen, wären Sie nicht am Leben geblieben, sondern in Stücke gerissen worden«, sagte er, während er mit dem Teegeschirr klapperte, und führte eine Menge schrecklicher Fälle an ...

Ich werde euch nicht mehr erzählen, was weiter passierte. Allerdings kehrten wir am nächsten Tag als Braut und Bräutigam auf das Gut zurück.

»Auch du, Brüderchen, solltest dich bei den Wölfen bedanken!« schloß der Großvater und wandte sich an mich.

»Wofür sollte ich ihnen denn danken?«

Wenn das nicht alles so passiert wäre, hättest du keine Großeltern, und wenn es uns nicht gäbe, wärest auch du nicht auf der Welt. Du selbst aber sei wagemutig, wenn auch du eines Tages als ›Großvater‹ geehrt werden willst!«

XII

KINDHEITEN

Fürst Pjotr Krapotkin

Weihnachten auf Vaters Gut

Wenn der Winter kam, setzte sich Vater hin und schrieb folgendes: »An meinen Gutsverwalter von Nikolskoje im Gouvernement Kaluga, im Bezirk von Meschowsk an der Sirena, vom Fürsten Alexej Petrowitsch Krapotkin, Obersten und Ritter verschiedener Orden.

Nach Erhalt dieses und sobald genügend Schnee liegt, sollst du zu meinem Haus in Moskau fünfundzwanzig zweispännige Bauernschlitten senden, von jedem Haus ein Pferd und von jedem zweiten Haus einen Schlitten und einen Mann, und darauf sollst du laden (so viele) Viertel Hafer, (so viele) Weizen und (so viele) Roggen und dazu in gut gefrorenem Zustand alle Hühner, Gänse und Enten, die in diesem Winter geschlachtet werden sollen, in guter Verpackung und unter der Obhut eines geeigneten Wächters.«

Und so ging es ein paar Seiten fort bis zum nächsten Punkt. Dann folgte die Aufzählung der Strafen, die den Verwalter treffen sollten, kämen die Lebensmittel nicht in dem Hause, gelegen in obengenannter Straße, Nummer so und so, zu rechter Zeit und in guter Verfassung an.

Einige Zeit vor Weihnachten fuhren die fünfundzwanzig Bauernschlitten wirklich durch unser Tor und füllten den geräumigen Hof. »Frol!« rief mein Vater, sobald man ihm das große Ereignis gemeldet hatte. »Kirjuschka! Wegorka! Wo sind sie? Alles wird gestohlen werden! Frol, geh und nimm den Hafer in Empfang! Uliana, geh und nimm die Hühner! Kirjuschka, rufe die Fürstin!«

Das ganze Haus war in Aufruhr, wild rannten die Diener nach allen Richtungen, vom Saal in den Hof und vom Hof in den Saal und vor allem in die Mägdestube, um dort die Neuigkeiten von Nikolskoje auszukramen: »Pascha wird nach Weihnachten heiraten. Tante Anna ist entschlafen«, und so fort. Auch Briefe waren mitgekommen, und sehr bald stahl sich eine von den Mägden hinauf in mein Zimmer. »Bist du allein? Der Lehrer ist nicht da?« – »Nein, er ist in der Universität.« – »Gut, dann sei so freundlich und lies mir diesen Brief von Mutter vor!«

Und ich las laut den naiven Brief, der immer mit den Worten begann: »Vater und Mutter senden dir ihren Segen für alle Zeit deines Lebens.« Dann kamen die Neuigkeiten: »Tante Eupraxia liegt krank, alle Knochen tun ihr weh. Und deine Base ist noch nicht verheiratet, aber sie hofft es nach Ostern zu sein, und Tante Stepanidas Kuh ist Allerheiligen krepiert.« Nach den Neuigkeiten kamen zwei Seiten lang die Grüße: »Bruder Paul sendet dir Grüße, und die Schwestern Marie und Darja schicken Grüße, und dann schickt dir Onkel Dimitri viele Grüße« und so weiter. Doch trotz der Eintönigkeit der Aufzählung rief jeder Name Bemerkungen hervor: »Dann lebt sie noch, die arme Seele, da sie Grüße schickt; neun Jahre liegt sie schon und kann sich nicht rühren.« Oder: »Ach, er hat mich nicht vergessen; er muß also auf Weihnachten heimgekommen sein, so ein hübscher Junge. Du schreibst mir einen Brief, nicht wahr? Und dann darf ich den Guten nicht vergessen.« Ich versprach es natürlich und schrieb, wenn die Zeit kam, einen Brief genau in demselben Stil.

Waren die Schlitten entladen, so füllte sich das Vorzimmer mit Bauern. Sie hatten über ihre Schafspelze ihre besten Röcke gezogen und warteten, bis Vater sie in sein Zimmer rufen würde, um mit ihnen über den Schnee und die Aussichten für die neue Ernte zu reden. Sie wagten kaum, mit ihren schweren Stiefeln auf den gewichsten Boden zu treten; nur wenige waren kühn genug, sich auf den Rand einer eichenen Bank zu setzen, und lebhaft verwahrten sie sich dagegen, auf den Stühlen Platz zu nehmen. So warteten sie stundenlang und blickten unruhig auf jeden, der Vaters Zimmer betrat oder verließ.

Nicht lange darauf, gewöhnlich am nächsten Morgen, kam verstohlen eine von den Mägden ins Klassenzimmer. »Bist du allein?« – »Ja.« – »Dann geh schnell in das Vorzimmer. Die Bauern wollen dich sehen; etwas von deiner Amme.«

Wenn ich dann eilends hinunterging, gab mir ein Bauer ein kleines Bündel, das vielleicht ein paar Roggenkuchen, ein halb Dutzend hartgekochte Eier und Äpfel enthielt, alles in ein buntes Baumwolltuch gebunden. »Da, nimm; deine Amme Wassilissa schickt es dir. Sieh, ob die Äpfel nicht erfroren sind. Ich hoffe nicht; ich habe sie den ganzen Weg an meiner Brust gehalten. Solchen fürchterlichen Frost hatten wir.« Und das breite, bärtige, mit Frostbeulen bedeckte Gesicht verzog sich zu strahlendem Lächeln, während zwei Reihen schöner weißer Zähne durch einen ganzen Wald von Haaren schimmerten.

»Und dies ist für deinen Bruder von seiner Amme Anna«, sagte ein andrer Bauer, indem er mir ein ähnliches Bündel einhändigte. »›Armer Junge‹, sagte sie, ›er kann in der Schule gar nicht genug kriegen‹.«

Errötend und in Verlegenheit, was ich sagen sollte, flüsterte ich endlich: »Sage Wassilissa, daß ich sie küsse, und Anna auch für meinen Bruder«, wobei alle Gesichter noch strahlender wurden. »Ja, ich werde, verlaß dich drauf.«

Dann flüsterte Kirila, die an Vaters Tür aufpaßte, auf einmal: »Lauf schnell hinauf; dein Vater wird im Augenblick herauskommen. Vergiß das Tuch nicht; sie müssen's wieder mitnehmen.«

Wenn ich das abgeschabte Tuch sorgfältig zusammenfaltete, fühlte ich den leidenschaftlichen Wunsch, Wassilissa etwas zu schicken. Aber ich hatte nichts zu schicken, nicht einmal ein Spielzeug, und Taschengeld erhielten wir niemals.

Maxim Gorki

Bevor ich ein Schulkind wurde

Es war ein heiterer Tag. Die winterlichen Sonnenstrahlen fielen schräg durch die vereisten Scheiben der beiden Küchenfenster ein. Auf dem Tisch, der für das Mittagessen gedeckt war, schimmerte mit mattem Glanz das Zinngeschirr und funkelten eine Karaffe mit rotbraunem Kwaß und eine andere mit Großvaters dunkelgrünem, auf Betonien und Johanniskraut abgezogenem Schnaps. Durch die abgetauten Stellen an den Scheiben sah man den blendend weißen Schnee auf den Dächern leuchten, auf Zaunpfählen und Starkästen silberne Häubchen funkeln. In den sonnendurchblitzten Käfigen an den Fensterpfosten hüpften vergnügt meine Vögel: Die fröhlichen zahmen Zeisige zwitscherten, die Gimpel girrten, der Stieglitz schmetterte.

Doch der heitere, silberne, klingende Tag erfreute nicht und war überflüssig wie alles andere. Ich verspürte den Wunsch, die Vögel fliegen zu lassen, und begann, die Käfige von den Haken zu nehmen – in diesem Augenblick stürzte die Großmutter herein. Sie klatschte sich mit den Händen auf die Hüften, lief zum Ofen und schalt: »Ha, die Verdammten, sollen sie platzen! Ach, Akulina, was bist du für eine alte Närrin . . .«

Sie nahm die Pirogge aus dem Backofen, klopfte mit dem Finger an die Kruste und spie ärgerlich aus.

»Da – vertrocknet! Das soll aufgewärmt sein! Ach, ihr Teufel, platzen sollt ihr! Was glotzt du mich an, du Eule? Kurz und klein schlagen müßte man euch alle – wie alte Töpfe!«

Sie brach in Weinen aus, drehte die Pirogge gekränkt von einer Seite auf die andere und klopfte die trockene Kruste ab. Dicke, schwere Tränen klatschten auf die Kruste nieder.

Der Großvater und die Mutter kamen in die Küche; Großmutter schleuderte die Pirogge auf den Tisch, daß alle Teller hochsprangen.

»Da, seht nur, was euretwegen passiert ist! Verflixt und zugenäht!«

Die Mutter, heiter und ruhig, umarmte sie und redete ihr zu, sich nicht zu ärgern. Großvater, der müde und zerknittert aussah, setzte sich an den Tisch, band die Serviette um, blinzelte mit verschwollenen Augen in die Sonne und brummte: »Schon recht, macht nichts! Wir haben hier und da auch gute Piroggen gegessen. Der Herrgott ist eben knausrig, er belohnt Jahre der Mühe mit Augenblicken der Freude ... Setz dich doch, Warja ... schon gut!«

Er schien nicht recht bei Verstand zu sein, redete während des ganzen Mittagessens von Gott, vom gottlosen Ahab, vom schweren Los eines Vaters – Großmutter fiel ihm ärgerlich ins Wort: »Iß lieber und red nicht soviel!«

Mutters klare Augen blitzten, sie scherzte.

»Na, warst du sehr erschrocken vorhin?« fragte sie und stieß mich an.

Nein, sehr erschreckt hatte ich mich nicht, nur war mir jetzt alles peinlich und unverständlich.

Sie aßen, wie immer an Feiertagen, ermüdend lange und viel, sie scheinen nicht die gleichen Menschen, die sich vor einer halben Stunde angeschrien hatten, bereit, übereinander herzufallen, dieselben, die so geweint und geschluchzt hatten. Es fiel nicht leicht zu glauben, daß sie das alles im Ernst taten und daß das Weinen ihnen schwerfiel. Sowohl ihre Tränen und ihr Geschrei als auch all ihre gegenseitigen Quälereien, die so häufig aufflammten und so rasch erloschen, wurden für mich zu etwas Gewohntem, erregten mich immer weniger, bewegten mein Herz immer schwächer.

Viel später erst wurde mir klar, daß sich die russischen Menschen wegen der Armut und Dürftigkeit ihres Lebens überhaupt gerne an ihrem Kummer ergötzen, wie Kinder mit ihm spielen und sich nur selten ihres Unglücks schämen.

In einer endlosen Reihe von Alltagen ist auch der Kummer ein Fest, auch ein Brand – ein Vergnügen; auf einem leeren Gesicht wirkt selbst ein Kratzer als Schmuck.

Nach dieser Geschichte gewann die Mutter sofort an Spannkraft, richtete sich stolz auf und wurde die Herrin im Hause, während der Großvater kaum noch zu spüren war und nachdenklich und still umherging, sich selber nicht mehr ähnlich.

Er verließ kaum noch das Haus, saß einsam in seiner Dachstube und las in einem geheimnisvollen Buch, das sich »Aufzeichnungen meines Vaters« nannte. Er hielt es unter Verschluß in seinem Kasten, und ich habe mehr als einmal gesehen, daß er die Hände wusch, bevor er es hervorholte. Es handelte sich um einen kleinen, dicken, in rotbraunes Leder gebundenen Band; auf einem bläulichen Blatt vor der Titelseite prangte eine mit ausgeblaßter Tinte geschriebene Widmung in Zierschrift: »Meinem verehrten Wassilij Kaschirin in Dankbarkeit zum herzlichen Gedenken«. Es folgte ein seltsamer Name – er lief in einem Schnörkel aus, der einen fliegenden Vogel darstellte. Der Großvater schlug behutsam den schweren Buchdeckel um, setzte die silbergefaßte Brille auf und fuhr, während er auf die Widmung starrte, lange mit der Nase hin und her, um die Brille zurechtzurücken. Ich erkundigte mich wiederholt, was das denn für ein Buch sei, worauf er jedesmal mit Nachdruck erwiderte: »Das brauchst du nicht zu wissen. Wart ab – wenn ich sterbe, vererb ich es dir. Auch meinen Waschbärpelz sollst du haben.«

Er sprach mit der Mutter jetzt sanfter und weniger, hörte ihr aufmerksam zu, glitzerte mit den Augen wie Onkel Pjotr, winkte ab und brummte: »Schon gut! Mach, was du willst . . .«

In seinen Truhen lagen viele seltsame Kleidungsstücke: Damaströcke und Leibjäckchen aus Atlas, silberdurchwirkte seidene Sarafane und perlenbestickter Kopfputz, grellbunte Schultertücher, schwere mordwinische Halsschnüre, Ketten aus farbigen Steinen. Er trug das alles bündelweise in Mutters Zimmer und breitete es auf Tischen und Stühlen aus. Die Mutter bewunderte die schönen Dinge, während er meinte: »In unseren Tagen war alle Kleidung bei weitem schöner und reicher als heute! Die Kleidung war reicher, aber man lebte schlichter, einträchtiger. Schon gut, paß dir die Sachen an und putz dich . . .«

Eines Tages verschwand die Mutter für kurze Zeit im Nachbarzimmer und kehrte in einem blauen, golddurchwirkten Sarafan, mit einem perlenbestickten Kopfputz geschmückt, von dort zurück. Nach einer tiefen Verbeugung vor dem Großvater fragte sie ihn: »Ist's Ihnen so recht, Herr Vater?«

Der Großvater räusperte sich, er strahlte, ging mit ausgebreiteten Armen um sie herum, bewegte dabei die Finger und murmelte undeutlich, wie im Traum: »Hach, Warwara, hättest du einen Haufen Geld und ordentliche Leute um dich . . .«

Die Mutter bewohnte jetzt zwei Zimmer nach vorne, und es kamen oft Gäste zu ihr, am häufigsten die beiden Brüder Maximow: Pjotr, ein stattlicher, schöner Offizier mit mächtigem blondem Bart und blauen Augen, derselbe, in dessen Gegenwart der Großvater mich züchtigte, als ich den alten Herrn von nebenan bespien hatte, und Jewgenij, hochgewachsen auch er, schlankbeinig, mit blassem Gesicht und schwarzem Spitzbärtchen. Seine großen Augen erinnerten an Pflaumen, er trug einen grünlichen Uniformrock mit goldenen Knöpfen und goldenen Monogrammen auf den schmalen Schultern. Er pflegte die welligen langen Haare mit einer geschickten Kopfbewegung aus seiner hohen glatten Stirn zu werfen, lächelte nachsichtig und erzählte immer mit etwas dumpfer Stimme, wobei er gern einschmeichelnd begann: »Sehen Sie, ich meine ...«

Die Mutter hörte ihm blinzelnd zu, lächelte und fiel ihm öfter ins Wort: »Sie sind ein Kind, Jewgenij Wassiljewitsch, entschuldigen Sie ...«

Der Offizier klatschte sich mit der breiten Hand auf das Knie und rief: »Ein richtiges Kind ...«

Fröhlich und geräuschvoll verlief die Zeit zwischen Weihnachten und dem Dreikönigstag, fast jeden Abend erschienen bei der Mutter Masken, sie kostümierte sich auch selbst – stets war sie schöner als alle anderen – und fuhr mit ihren Gästen fort.

Jedesmal, wenn sie mit dem bunten Schwarm ihrer Gäste durch das Tor verschwand, schien das Haus in der Erde zu versinken, überall wurde es still und beängstigend langweilig. Die Großmutter glitt durch die Zimmer wie eine alte Gans und brachte alles in Ordnung, Großvater stand am Ofen, drückte den Rücken gegen die warmen Kacheln und sagte zu sich selbst: »Nun gut, schon recht ... Schaun wir an, was sie kann ...«

Nach dem Dreikönigstag brachte die Mutter mich und Sascha, Onkel Michails Sohn, zur Schule.

S. T. Aksakow

Winterfreuden

Der Eintritt des Winters mit seinem ersten Schnee und leichten Frost gab mir für einige Zeit wieder die Möglichkeit, mich meinem Vergnügen zu widmen. Im Schnee wurden Hasen aufgespürt, Grauhasen und Weißhasen. Mein Vater nahm mich mit, und in Begleitung eines Haufens von allerlei Volk umstellten wir den in seinem Lager liegenden Hasen fast von allen Seiten mit Netzen; von der gegenüberliegenden Seite her stürmte der ganze Haufen mit Geschrei und Geheul vor; der erschrockene Hase sprang auf und rannte in die aufgestellten Netze. Ich lief auch mit und lärmte, schrie und ereiferte mich natürlich noch mehr als alle anderen. Ich liebte dieses Amüsement sehr und redete gern darüber mit meinem Vater. Wenn meine Mutter mit irgend etwas beschäftigt war und ich sie durch meine Fragen und Belästigungen störte, oder wenn sie nicht wohl war, dann schickte sie mich gewöhnlich zum Vater mit den Worten: »Rede mit ihm von den Hasen!« und dann führten der Vater und ich über dieses Thema endlose Gespräche. Außer der Hasenjagd machte es mir ein großes Vergnügen, Fallen für kleines Raubgetier aufzustellen: für Iltisse, Hermeline und Wiesel. Die abgezogenen glatten, schönen Felle der gefangenen Tiere hingen als Trophäen an meinem Bett.

Aber bald fing der Schnee an, die Erde mit tiefer Schicht zu bedecken; Schneestürme wüteten, und alle meine Vergnügungen hörten vollständig auf. Ein furchtbares, trauriges Schauspiel ist so ein Schneesturm, nicht nur in der Steppe, sondern auch in der warmen Wohnung! Er verklebt die Fenster, treibt den Schnee sogar in den Hausflur, verschüttet alle Steige vom Gutshaus zu den Gesindewohnungen, so daß sie mit Schaufeln frei gemacht werden müssen; auf wenige Schritte ist ein Mensch nicht mehr zu sehen! Schließlich häuft er solche Schneemassen auf, daß es scheint, sie würden nie wieder wegtauen – und Kleinmut befällt unwillkürlich die Seele! In den Hauptstädten kann man sich davon keinen Begriff machen; aber die Bewohner des flachen Landes werden mich verstehen und meine Gefühle teilen.

Ich war ganz und gar in die Wände des Hauses eingeschlossen und konnte meine Mutter auf keine Weise bewegen, mich mit dem Vater wegzulassen, der manchmal nach den Fischzäunen fuhr, d. h. nach solchen Stellen, wo der Fluß auf Sandbänken durch ein Flechtwerk oder dichtstehende Pfähle abgesperrt ist, zwischen denen Reusen angebracht sind. In der Zeit zwischen Weihnachten und Neujahr, mitunter auch schon früher, begannen sich in ihnen Quappen zu fangen, manchmal sehr stattliche Tiere. Wenn sie nach Hause gebracht wurden, waren sie bisweilen von der starken Kälte ganz starr geworden; sie wurden dann in einen großen Kübel mit Wasser geworfen, und die marmorierten, dunkelgrünen, dickbäuchigen Quappen tauten dann allmählich auf und begannen ihre weichen Schwänze und ihre gefiederten, weichen Flossen zu bewegen und damit zu plätschern. Lange war ich von dem Kübel gar nicht wegzubekommen, betrachtete ihre Bewegungen und sprang jedesmal zurück, wenn von dem Geplätscher ihrer Schwänze das Wasser umherspritzte. Mein Vater hatte in seinen großen geflochtenen Fischbehältern immer eine Menge Quappen, und eine wohlschmeckende Quappensuppe und noch wohlschmeckendere Pasteten mit Quappenleber erschienen bei uns fast täglich auf dem Tisch, bis alle sich so übergegessen hatten, daß niemand sie mehr mochte. Dann wurden nur noch ab und zu Quappengerichte bereitet, und der Rest dieser Fische erst im Laufe der großen Fasten verzehrt.

Weil meine Mutter Städterin war, und auch weil sie ihre Kindheit und frühe Mädchenzeit in drückenden, trüben Verhältnissen verlebt hatte und dann durch Lektüre von Büchern und durch Bekanntschaft mit klugen, gebildeten Leuten sozusagen in äußerliche Berührung mit der Kultur gekommen war, eine Berührung, die häufig eine Art von Stolz und Nichtachtung gegen schlichtes, einfaches Wesen hervorruft: aus allen diesen Ursachen zusammen erklärt sich die Stellung, die meine Mutter zu den Reigentänzen, den Wahrsageliedern und den Christwochen-Aufführungen einnahm: sie hatte kein Verständnis für sie, mochte sie nicht leiden und kannte sie nicht einmal ordentlich.

Im Gegensatz zu ihr liebte meine Tante, da sie auf dem Lande groß geworden war, all dergleichen sehr; sie veranstaltete bisweilen Christwochen-Aufführungen und -Lieder bei sich in ihrer Stube, und die süßen, bezaubernden Klänge der Volksmelodien drangen von dem dritten Zimmer her an mein Ohr, versetzten mein Herz in Aufregung und versenkten mich in eine Art von unverständlicher Wehmut. Ich war sehr ungehalten darüber, daß mir nicht erlaubt wurde, bei diesen Aufführungen zugegen zu sein, geschweige denn selbst an ihnen teilzunehmen, und infolge dieses strengen Verbotes ließ ich mich schließlich dazu verlocken, meine verständige, so heiß geliebte Mutter zu täuschen. Selbstverständlich hatte ich zuerst meine Mutter mit Bitten und Fragen bestürmt, warum sie mich denn nicht zu den Aufführungen hinließe. Meine Mutter antwortete mir in bestimmtem, strengem Ton, es komme dabei viel Dummes, Häßliches und Unpassendes vor, was ich weder anhören noch ansehen dürfe, da ich noch ein Kind sei und gut und böse noch nicht zu unterscheiden verstehe. Aber da ich noch nichts Böses gesehen oder, wenn ja, nicht verstanden hatte, worin es bestehe, so gehorchte ich nur ungern, ohne innere Überzeugung, sogar mißvergnügt. Meine Tante dagegen und die Dienstmädchen redeten ganz anders; sie setzten mir auseinander, meine Mutter habe nun einmal einen solchen Charakter, daß sie mit allem unzufrieden sei und ihr auf dem Lande nichts gefalle; davon sei sie denn auch krank; weil sie selbst nicht lustig sei, wolle sie, daß auch die anderen es nicht sein sollten. Solche Reden wirkten heimlich auf meinen kindlichen Verstand, und die Folge davon war, daß mich die Tante einmal überredete, die Spiele verstohlen mit anzusehen; und das geschah folgendermaßen.

In der ganzen Christwoche fühlte sich meine Mutter nicht

recht wohl oder nicht recht bei guter Laune; gemeinsames Lesen fand nicht statt; aber der Vater las der Mutter irgendein langweiliges oder ihr bereits bekanntes Buch vor, nur um sie einzuschläfern, und sie pflegte nach dem Tee, der immer um sechs Uhr abends getrunken wurde, etwa zwei Stunden oder mehr zu schlafen. Ich ging während dieser Zeit zur Tante. In einer solchen geeigneten Stunde überredete sie mich, die Aufführungen mit anzusehen, wickelte mich vom Kopf bis zu den Füßen in einen Pelz, legte mich ihrem robusten Dienstmädchen Matrona auf die Arme und begab sich mit mir nach der Tischlerei, wo uns, in Bären, Truthähne, Kraniche, alte Männer und alte Frauen verkleidet, die ganze männliche und weibliche Jugend des Hofgesindes erwartete. Trotz der übelriechenden Talglichte, ja sogar eines rauchenden Leuchtspans, wodurch der weite Raum nur mangelhaft erhellt wurde, trotz der drückenden, mephitischen Luft, wieviel echte Lustigkeit steckte doch in diesen ländlichen Aufführungen!

Die wunderlichen Klänge der Christwochen-Lieder, diese aus dem höchsten Altertum stammenden Melodien, gleichsam ein Widerhall aus einer unbekannten Welt, sie bewahrten noch eine lebendige Zauberkraft und übten ihre Macht über die Herzen einer unermeßlich fernen Nachkommenschaft aus! Alle waren wie berauscht von Lustigkeit, wie trunken von Freude. Lautes, gemeinsames Gelächter übertönte oft die Lieder und Reden. Das waren nicht Schauspieler und Schauspielerinnen, die irgend jemanden zum Vergnügen anderer vorstellten; nein, die begeisterten Sängerinnen und Tänzerinnen gaben sich selbst; sich selbst vergnügten sie aus der Überfülle ihrer Herzen, und jeder Zuschauer war eine entzückte mitwirkende Person. Alles sang, tanzte, redete, lachte – und mitten in dem Getümmel, in dem Dunst und Qualm der lärmenden, allgemeinen Lustigkeit wickelten dieselben starken Hände wieder in den Pelz und trugen mich ungestüm hinweg aus der zauberhaften Märchenwelt. Lange konnte ich in dieser Nacht nicht einschlafen, und lange tanzten und sangen seltsame Gestalten um mich herum und verließen mich sogar im Traume nicht.

Das erstemal hatte ich mich zu dieser Täuschung ganz plötzlich, beinah durch Gewalt gezwungen, verleiten lassen und konnte, als ich nach Hause zurückgekehrt war, lange Zeit meiner Mutter nicht gerade in die Augen sehen; aber das entzückende Schauspiel hatte mich so gefesselt, daß ich das nächste Mal gern einwilligte und später selbst meiner Tante mit Bitten zusetzte, mich zu den Aufführungen mitzunehmen.

Endlich wurde die grausame Macht des Winters gebrochen, und die schreckliche Kälte nahm ab. Wir besaßen damals kein Thermometer, und ich kann daher nicht sagen, auf wieviel Grad die Kälte stieg; aber ich erinnere mich, daß Vögel davon starben und mir Sperlinge und Dohlen gebracht wurden, die im Flug wie tot niedergefallen und augenblicklich erstarrt waren; einige kamen durch Erwärmung wieder zum Leben.

Überhaupt muß ich bemerken, daß die Winter in der Zeit meiner Kindheit und meines frühen Jünglingsalters weit kälter waren als die jetzigen. Und dies ist nicht etwa eine Einbildung von der Art, wie sie in höherem Alter leicht vorkommen; als ich in Kasan wohnte, gefror vor Beginn des Jahres 1807 zweimal das Quecksilber, und wir schmiedeten es wie heißes Eisen.

Tatjana Tolstaja

Weihnachten bei uns zuhaus

Papa war gegen teures Spielzeug; daher bastelte Mama, als wir noch klein waren, uns selbst welches. So hatte sie uns zum Beispiel eine Negerpuppe gefertigt, die wir heiß liebten. Der Körper war aus schwarzem Perkal, die Augen aus weißem Linnen, das Haar aus schwarzem gegerbten Lammfell und die Lippen bildete ein rotes Stückchen Stoff.

Papa trug stets einen Russenkittel aus grauem Flanell und kleidete sich nur europäisch, wenn er in Moskau zu tun hatte. Es war sein Wunsch gewesen, daß auch meine Brüder und ich solche Kittel trugen, doch nach und nach setzte Mama ihre Vorstellungen durch. So erbat sie als erstes von Papa das Zugeständnis, uns zu Weihnachten Spielzeug schenken zu dürfen. »Für Serjoscha« erbettelte sie »*nur* ein Schaukelpferdchen« und »für Tanja *nichts weiter als eine Puppe*«.

Nach und nach wurden die Geschenke zu Weihnachten dann zahlreicher, wie auch die grauen Kittel durch vielfältigere und elegantere Kleidungsstücke abgelöst wurden, bis wir schließlich, Schritt für Schritt, doch das gleiche Leben führten wie alle Grundbesitzer unserer Kreise.

Regelmäßig, an den hohen Feiertagen, kam ein Priester ins Haus, um bei »Tantchen« Tatjana Alexandrowna den Mitternachtsgottesdienst zu feiern. »Tantchens« Gesellschafterin entzündete die Kerzen vor den beiden Vitrinen, die die Ikonen bargen. Die aus diesem Anlaß geputzten und polierten Silbereinfassungen der Heiligenbilder funkelten und spiegelten den Kerzenschein. Axinja Maximowna, »Tantchens« alte Kammerzofe, huschte lautlos hin und her, um Lichter und Leuchter aufzustellen, wie es sich gehörte, wobei sie sich jedes Mal bekreuzigte. Die Zimmer, deren Fußböden gescheuert worden waren, dufteten nach Minze und Kwaß, denn nach jedem Großreinemachen wurden in Fluren und Treppenhäusern Räucherschalen aufgestellt. Der Ritus war der folgende: In eine Kupferschale gab man einen rotglühenden Ziegel und getrocknete Minze; dann übergoß man den Ziegelstein mit Kwaß; das zischte und dampfte und ergab einen sehr angenehmen Malz- und Minzduft. (...)

Um die Weihnachtszeit stand das Haus kopf, denn zu den traditionellen Kostümfesten waren die Dorfbewohner und all unsere Bediensteten geladen. In einem Brief vom Januar 1865 beschreibt Mama ihrer Schwester einen dieser Maskenbälle:

»Schon früh am Morgen machten wir uns daran, Masken, Kronen, etc. zu verfertigen. Dann wurden die Dienstboten verständigt, vor allem Arina Frolkowaja (Du weißt sicher noch, wie ulkig sie sein kann), und abends war das Haus voll mit maskierten Gästen. Ich will Dir nur schnell unsere Kostüme beschreiben: Warja stellte einen französischen Zuaven dar, in roter Jacke, roten Hosen und ebenfalls roter Quastenmütze. Den ganzen Tag hatten wir auf das Zuschneiden und Nähen der Kostüme verwandt. Warja also bildete ein Paar mit Serjoscha, der als Marketenderin verkleidet war. Ein weiteres Paar waren Lisa und Duschka; Lisa als Marquis und Duschka als Marquise, in Seidenstrümpfen und Lackschuhen, das Haar gepudert und zu kunstvollen Locken gedreht, und unter dem Arm den Dreispitz: ein entzückender Anblick. Dann Grischa als vorne und hinten buckliger Hofnarr und Anna, die kleine Deutsche, als seine Partnerin. Angeführt wurde der Zug von einem winzigen Zwerg, den ich eigens für diesen Abend hatte kommen lassen; seine Partnerin war Maschka, die Tochter unseres Kochs. Sie waren die Könige aus dem Morgenland, trugen Gold- und Silberkrone und Reifen an Hand- und Fußgelenken über rußgeschwärzten bloßen Füßen; ihre königlichen Zepter waren riesige Stöcke und ihre roten Umhänge Tantchens und Maschenkas Umschlagtücher. Für diesen Maskenball hatte Tantchen nämlich ihre sonst fest verschlossenen Truhen und Schubladen durchstöbert. Die Dienstboten und die Bauern hatten sich alle eigene Kostümierungen ausgedacht.

Es herrschte eine solche Fröhlichkeit und ein derartiger *entrain* (Schwung), daß ich es Dir gar nicht zu schildern vermag. Serjoscha, der erst abends dazukam, hat niemanden erkannt und wußte sich vor Lachen kaum zu halten. Der Zwerg war aber auch umwerfend. Er war bei Tantchens Neffe Hausnarr gewesen, und er ist wirklich der geborene Possenreißer. Dem Gesinde wurde Likör, Tee, Pfefferkuchen und Äpfel angeboten; alle waren sehr fröhlich und glücklich. Grischa und die Zephyroten schwebten buchstäblich im siebten Himmel. Wanja war so ausgelassen, daß sie ihre Zuavenrolle vergaß und zu hüpfen begann, als der Reigen getanzt und ›Malina, kalina‹ gesungen wurde; sie strahlte vor Freude, als sei dies der glücklichste Tag ihres Lebens.

Als spät abends wieder Ruhe eingekehrt war, erklärte Serjoscha unvermittelt, nach einem solchen Erfolg müsse das Ganze noch einmal wiederholt werden. Und am liebsten gleich morgen. Aber ich bat um eine Verschnaufpause, und so wurde beschlossen, daß zu Epiphanie, am *jour des Rois*, ein großartiger Maskenball stattfinden solle, mit Dreikönigskuchen und allgemeiner Kostümierung. Und wieder wurde alles umgeräumt und das ganze Haus auf den Kopf gestellt. Ljowa und ich haben einen Thron aufgebaut. Auf den großen Eßzimmertisch stellten wir die beiden Sessel mit den vergoldeten Adlerköpfen; alles, Wände, Tische und Bänke wurden mit grünem Tuch bespannt, und hoch oben hatten wir mit einer rotgeblümten weißen Decke einen mit Kronen und Zierat besteckten Baldachin drapiert. Überall standen Schalen mit Blumen, Oleander und Orangenbäumchen – ein prachtvolles Bild! Das Ganze im Salon, vor der Glastür. Die überflüssigen Möbel wurden hinausgeräumt, um Platz zu schaffen.

Diesmal trug Warja ein Pagenkostüm: schwarzes Samtkäppchen mit roter Feder und Goldtressen im gelockten Haar, weißes Jackett, himbeerfarbene Weste, weiße Hose und himbeerfarbene Stulpenstiefel. Sie sah bezaubernd aus. Lisa war nach Art der Algerierinnen gekleidet. Das war derartig verwickelt und verschlungen, daß ich Dir nicht mehr sagen könnte, wie es wirklich war. Duschka hatte Ljowa in einen alten Major verwandelt; das war fabelhaft gelungen. Serjoscha trat als Frau auf. Ein anderer Mann erschien als Amme und trug als Wickelkind Waska-bjelka im Arm. Zwei weitere Personen stellten ein Pferd dar, auf dem Duschka ritt. Alle waren bereit, es war sechs Uhr vorbei, aber kein Serjoscha in Sicht.

Als wir die Hoffnung schon fast aufgegeben hatten, hörten wir plötzlich Schlittengeläut, und kurz darauf fiel Serjoscha mit seiner ganzen Horde ein. Wir führten sie in mein Zimmer, damit sie sich umkleiden konnten, während Ljowa die Seinen im Arbeitszimmer und Maschenka die Ihren bei Tantchen fertig machte. Inzwischen kümmerte ich mich um die Beleuchtung und das Essen und sah vor allem auch nach den Kindern. Dann erschienen die Musikanten, eine Geige, eine Posaune und ein riesiges, rundes, sehr sonores gitarrenähnliches Instrument. Grischa, als Harlekin mit Zimbeln und Glöckchen, wurde von zwei Pierrots begleitet – die Brandt-Söhne aus Kaburino –, während die Kammerzofe und die Frau des Kutschers als Gutsherr und Gutsherrin und ein kleiner Bub als Hirtenmädchen auftraten.

Das war ein einziges Klingeln, Rasseln und Pauken. Beschlossen wurde der Zug von einem Riesen, eine tolle Erscheinung, der mit dem Kopf bald an die Decke stieß. Unter dem in Tanzschritten sich wiegenden Riesen verbarg sich Keller – ein großartiger Auftritt! Auch das Gesinde war sehr zahlreich vertreten. Arina hatte sich als Deutsche verkleidet. Als alle versammelt waren, wurde der Dreikönigskuchen angeschnitten, und Brandt, der die Bohne zog, erkor Warja zur

Königin. Sie mußten den Thron erklimmen, und dann geriet alles außer Rand und Band. Es wurde gesungen, getanzt, gespielt, mit Luftballons gekämpft, mit Knallfröschen geknattert, man fand sich zum Reigen, aber auch zu Erfrischungen und Vesperbrot zusammen, und als Krönung wurde ein bengalisches Feuer entzündet. Nach diesem Trubel litten wir alle in der Nacht und am folgenden Tag an Kopf- und Magenschmerzen.

Ich war meist unten, bei den Kindern . . .

Da am nächsten Tag unsere Gäste ja noch da waren, haben wir einen Ausflug in zwei Trojkas gemacht; es war uns ein Vergnügen, einander zu überholen, und wir waren überhaupt alle furchtbar aufgedreht. Den Abend haben die Kinder mit allerlei Spielen zugebracht, aber am nächsten Morgen galt es, Abschied zu nehmen . . . Ljowa und ich wollten unsere Gäste ein Stück Weges im Wagen begleiten, aber kaum hatten wir die Straße erreicht, kam Wind auf, so daß wir alle wieder umkehrten, um daheim Mittag zu essen. Serjoscha verließ uns erst spätabends, und Maschenka und die Mädchen fuhren nach Pirogowo aufs Gut zurück.«

Nachwort

Das Weihnachtsfest der russisch-orthodoxen Kirche wird nach dem alten julianischen Kalender gefeiert, am 7. Januar, wenn bei uns das Dreikönigsfest gerade vorbei ist.

Zwar galt in Rußland seit Februar 1918 der gregorianische Kalender, aber den julianischen, der im alten Rußland seit dem 13. Jahrhundert gebräuchlich war, hat die russische Kirche bis heute beibehalten. In ihren Kalendarien erscheinen daher »alter Stil« (julianischer Kalender) und »neuer Stil« (gregorianischer Kalender) nebeneinander.

Und noch eine Besonderheit weist die russische Weihnacht auf: Sie ist erst seit Beginn 1992 wieder ein nationaler Feiertag, der offiziell begangen wird. Zwischen der Oktoberrevolution und der Auflösung der Sowjetunion (August 1991) lag Weihnachten buchstäblich »im Argen«; seine vielfältigen Traditionen, Bräuche und Riten hat man 72 Jahre lang unterdrückt, einen Teil davon »umgeleitet«. So war in den Zeiten atheistischer Sowjetherrschaft der religiöse Feiertag – die Erinnerung an die Geburt Christi – zwar verpönt, aber von den weltlichen Festtraditionen mochte man doch nicht ganz lassen. Statt Weihnachten putzten die Kommunisten das Neujahrsfest heraus, umgaben es mit Tannenbaum, mit »Väterchen Frost« als Geschenkbringer und ausgelassenen Gelagen: eine Art Abglanz der früheren adlig-bürgerlichen Weihnachtsfeste. Heute erst erinnert sich die russische Gesellschaft ihrer alten religiösen Kultur und füllt sie mit neuem Leben.

Zum 7. Januar 1999 hatte sich die Vereinigung der Kirchenglöckner Rußlands eine besondere Überraschung ausgedacht. Inmitten dichten Schneegestöbers erklangen die Glocken der Christus-Erlöser-Kathedrale im Zentrum Moskaus. Von Mittag an läuteten sie jede volle Stunde eine der kanonischen Erkennungsmelodien der fünf bedeutendsten Klöster im Lande. Dabei werden die klassischen Tonfolgen über die Klöppel geschlagen, der Glöckner bewegt sie durch Seile und ruft so den »leicht stumpfen, sehr heimeligen, schnell variierenden Rhythmus russischer Kirchenglocken« hervor (Miriam Neubert). Das Glockenspiel und seine melodische Kunst waren früher gleichfalls verpönt, heute gibt es wieder Schulen und Virtuosen dieser seltenen Tradition, die, wie der russisch-orthodoxe Glaube, ein byzantinisches Erbe ist.

Zwölf Kapitel umfaßt dieses Buch. Es ist die Zahl der magischen Zwölfnächte, der orthodoxen zwölftägigen Weihnachtsfeier und der Nimbus des zwölften Monats, der in Frostmythen eine Rolle spielt. »Fünf und sieben, die heiligen Zahlen, ruhen in der Zwölfe«, heißt es bei Schiller. Man kann sie als Zahl des geschlossenen Kreises ansehen, aber auch als Rundgang – nämlich als die Umrundung einer kaum anders zu bändigenden Vielfalt. Auf so manches Interessante, beispielsweise auf Nikolaj Leskows Weihnachtsgeschichten (die sich freilich häufig anderswo finden), mußte in dieser Sammlung verzichtet werden.

Kapitel I ist eine literarische Ouvertüre. Anna Achmatowas Poem erinnert an die großen Feuer, die in St. Petersburg auf den Vorplätzen der Theater angezündet wurden, damit die Kutscher, während sie auf ihre Herrschaft warteten, nicht Stein und Bein froren – und wie sie dann Mühe hatten, mit ihren Einspännern über die Newa zu kommen. »Die Rauhnächte waren von Feuern erwärmt,/Es rollten die Kutschen dicht über die Brücken …«

Mit den vierzig Tagen der Vorfasten, die unserer Adventszeit (und früherem katholischen Fastenbrauch) ähneln, macht uns Iwan Schmeljow bekannt. Anton Tschechows »Jungens«

ist eine Geschichte, deren tief erheiternde Lebendigkeit Thomas Mann beeindruckte: »Der Trubel bei der Ankunft der Jungen, der nach Kälte duftende Wolodja, die Weihnachtsvorbereitungen, die Blumenfabrikation – ach, solche Dinge halten einen am Leben fest!«

Ein Glanzstück satirischer Weihnachtsbeschreibung gibt schließlich Iwan A. Gontscharow.

Kapitel II widmet sich den personifizierten Naturgewalten, die einen festen Platz in den Mythen und Märchen der Ostslawen haben, aber eben auch in der gar nicht so »abgehobenen« russischen Literatur: so Nekrassows berühmtes Poem »Frost Rotnase« und Ostrowskijs allzeit populäres Märchendramolett »Snegurotschka«, das nicht nur von Tschaikowskij, sondern auch von Rimskij-Korsakow vertont worden ist.

Kapitel III sucht dem spezifisch russischen »Nikolaus« beizukommen. Es ist hier einer, der den Dieben hilft, der sich mit dem Teufel anlegt, dem zu Ehren (und auch manchem Namensjünger zuliebe) Punschorgien stattfinden. Der milde Mahner Nikolaj kann sich in »Stepka Rastrepka«, so heißt

Struwwelpeter auf russisch, in einen furchterregenden Zauberer verwandeln. Die Zauberkraft des hl. Nikolaj galt zu allen Zeiten, wie der russische Volksglaube weiß. So hat der Heilige einmal ein junges Mädchen, das mit seiner Ikone frech herumtanzte, reglos erstarren lassen; selbst Männer des allmächtigen KGB konnten ihr die Ikone nicht entreißen. »Schließlich wurden die Beteiligten ins Ministerium für Staatssicherheit bestellt und mußten unterschreiben, daß sie über das Geschehen Stillschweigen bewahren würden« (Andrew Sinjawskij).

Kapitel IV beginnt mit der berühmten Gogolschen Weihnachtsnacht, die beispielhaft zeigt, wie sehr folkloristische Elemente die Erzählung durchdringen – hier die ukrainische Folklore, mit den Koljadki (Weihnachtsliedern), vor der Haustür gesungen, mit den lärmenden Umzügen, mit der Morgenmette und anderem mehr. Als sich die entwöhnte russische Bevölkerung wieder auf das Weihnachtsfest besann, fand sie bei Gogol erste Orientierung. – Aber jede Epoche, auch die atheistische, hat im Grunde »ihre« Weihnachten gefeiert; Majakowskij, Ognjew, auch russische Emigranten geben dafür Beispiele.

Kapitel V ist der russisch-orthodoxen Liturgie und Predigt gewidmet. »Himmel und Erde mögen sich heute prophetisch freuen,/Engel und Menschen, lasset uns geistlich ein Fest feiern.« Es war der byzantinische Geistliche Gregor von Nazianz (379 bis 381 Bischof von Konstantinopel), der das Fest der Geburt Christi eingeführt hat. Vorbereitet wird es durch ein vierzigtägiges Fasten; es umfaßt fünf Tage Vor- und sechs Tage Nachfeier.

Kapitel VI geht den Imaginationen russischer Dichter nach. »Rozdestvenskaja zvezda«, Stern der Weihnacht, heißt eines der 25 Gedichte des Jurij Schiwago im Epilog, das die spirituelle Dimension des wohl bekanntesten russischen Romans erahnen läßt. Pasternak sieht Bethlehem im tiefsten

Winter liegen. »Es war wie im Märchen, trotz eisiger Kälte;/Vom Wegrande her, wo das Schneefeld begann,/Kam unsichtbar jemand – ein Engel? ein Mann?« – Das herzhafte, das märchenhafte, das von Gelächter durchschüttelte Weihnachten: hier wird es greifbar.

Kapitel VII eröffnet andere seelische Bereiche: das Individuum in Betrachtung der »heiligen« Nächte. Ein Innehalten, ein Absterben, ein Jahresneubeginn. Die Christusgedichte Chomjakows und Solowjews erweisen sich als eine genuin russische Form poetischer und gläubiger Vergegenwärtigung.

Kapitel VIII widmet sich, in Vers und Erzählung, dem Tannenbaum als Weihnachtssymbol. Auf einen bedeutenden Text, Dostojewskijs »Der Christbaum und die Hochzeit«, mußte aus Umfangsgründen verzichtet werden. Er läßt sich nachlesen in den vor Jahren versammelten »Weihnachts-Geistern« (dtv-Band 2303).

Kapitel IX geht auf das Phänomen der »Vermummten« ein. So heißen die personifizierten Zwölfnächte, so will es der alte Zauber des Sich Maskieren und Sich Verkleiden. Bei den Weißrussen ist die Zeit der »Vermummten« vor allem die, in der Märchen und Geschichten erzählt werden – die Vermummten ernähren sich davon.

Kapitel X entführt uns in die Welt der Schneestürme und der weiten Winterreisen mit Pferd und Schlitten. Bei Tolstoi steht die Beschreibung einer Extremreise durch die Winternacht ganz im Zeichen der elementaren Naturgewalt, kontrastiert durch die lebensvollen Konterfeis der verschiedenen Kutschertypen, die in den unendlichen Weiten Rußlands eine besondere Menschenklasse darstellten. Das Ich inmitten eines Schneesturms: ein Urmotiv der russischen Literatur.

Kapitel XI erweitert dieses Reisemotiv um die Erfahrung der Fremde – Verbannung, Flucht, die Schauplätze des Krieges und der sibirischen Katorga (Verbannung mit Zuchthaus), wo Piroggen zum Christfest ein Höchstmaß an Glückseligkeit bedeuten. »Weihnachten in der Fremde« – das sind auch Szenarien eines erträumten Zuhause.

Kapitel XII beschwört ein letztes Mal die Kindheit, jene mächtigste aller Empfindungen und Vorstellungen von der Weihnacht. Die in Gutsherrenzeiten sind kaum besser erzählt und erinnert worden als von den später großen Revolutionären: Alexander Herzen, Leo Tolstoi, Fürst Krapotkin. »Alle großen russischen Dichter sind Meister in der Darstellung des Kindes. Von Aksakow über Turgenjew, Dostojewski, Tolstoi zu Korolenko, Solugub, Tschechow, Gorki geht ein weiter Weg...« (Arthur Luther). Und wie ging es auf Jasnaja Poljana wirklich zu? Tolstois Tochter Tatjana verrät es.

Abschließend wäre zu sagen, daß diese weihnachtliche Sammlung bei weitem nicht die erste ist, aber eine, die alle literarischen Gattungen zu erfassen sucht, also auch Lyrik und Legenden, Märchen und Memoiren, Liturgie und Predigt. Im Unterschied zu anderen einschlägigen Anthologien informiert sie im Anhang genau über die Quellen, fügt die russischen Originaltitel hinzu und informiert über die Verfasser, vor allem über die weniger bekannten. Dabei schien es unerläßlich, die heute in den Nachschlagewerken gebräuchliche Transskription anzuwenden, was den Leser in die Lage versetzt, sich bei »Wilpert« oder in »Kindlers Literatur Lexikon« näher zu erkundigen.

Auch der Herausgeber dieser Sammlung bedurfte etlicher Erkundigungen bei Slawisten, seien es Übersetzer, Literaturhistoriker oder Folklore-Spezialisten. So ist es mir eine freudige Pflicht, vor allem drei Menschen für mancherlei Hilfe zu danken: Elisabeth Schlickewitz (München), Prof. Felix Karlinger (Kritzendorf/Niederösterreich) und Prof. Wolfgang Kasack (Köln).

DICHTER UND TEXTE

Dichter und Texte, mit Quellennachweis

Volksliterarische und liturgische Texte

S. 93   DAS LIED VON DER BARMHERZIGEN FRAU. Aus: Altrussische
         Kirchenlieder. In Nachdichtungen von Paul Althaus. Jena
         1927. S. 14–17.

S. 85   AUS DER LITURGIE AM WEIHNACHTSTAG (Sticheren, Aposti-
         chen, Triparion). Handschrift, aus dem Russischen übertra-
         gen.

S. 89   AUS DER WEIHNACHTSPREDIGT DES HL. GREGORIUS VON
         NAZIANZ. Aus: Gregorius von Nazianz, Ausgewählte Re-
         den. Hrsg. von F. A. Winter. Leipzig 1890. S. 91–95 (ge-
         kürzt).

Dichterische Poesie und Prosa

ACHMATOVA (ACHMATOWA), ANNA ANDREEVNA, d. i. A. A. GORENKO,
1819 IN Bol'soj Fontan bei Odessa geboren, gestorben 1966 in Do-
modedovo nahe Moskau – die wohl bedeutendste russische Lyrikerin
dieses Jahrhunderts. Nach ihrem Gedichtband »Anno Domini
MCMXXI« (1922) durfte sie bis 1940 nichts mehr publizieren, und
auch ihr Gedichtkranz »Rekviem«, dem unermeßlichen Leid der
russischen Frauen gewidmet (1935–40), konnte als Ganzes erst 1963
erscheinen (siehe KLL Bd. 1, S. 61 f.).

S. 81   Anna Achmatova, Europäische Weihnacht. Tagebucheintra-
         gung 24.12.1959. Aus: A. Achmatowa, Vor den Fenstern
         Frost. Gedichte und Prosa. Übersetzt von Fritz Mierau.
         Berlin 1988. S. 22. – Mit Genehmigung der Friedenauer
         Presse Katharina Wagenbach, Berlin.

S. 11   Anna Achmatova, Petersburg im Jahre 1913 (Peterburg i 1913
         rodu). Aus A. Achmatowa, Poem ohne Held (Poèma bez ge-
         roja, entstanden 1940/42). Leipzig 1979. S. 155 f. (Auszug –
         Übersetzt von Heinz Czechowski). – Mit Genehmigung des
         Reclam Verlages, Leipzig.

AKSAKOV (AKSAKOW), SERGEJ TIMOFEEVIČ, 1791 in Ufa geboren, gestorben 1859 in Moskau. Aus altrussischem Landadel stammend,
Freund von Gogol. Mit seinem autobiographisch inspirierten »Kinderjahre Bagrovs des Enkels« wirkte er nicht nur auf die Kinderpsy-
chologie ein, sondern auch auf die großen Prosaisten, die nach ihm
kamen (Dostoevskij, Tolstoj).

S. 17　S. T. Aksakov, Mutters Mandelgebäck. Aus: S. T. Aksakow, Bagrovs Kinderjahre (Detskie gody Bagrova vnuka, 1858). Aus dem Russischen von Erich Müller-Kamp. Zürich 1978. S. 121 f. – Mit Genehmigung des Manesse Verlages, Zürich.

S. 252　S. T. Aksakov, Winterfreuden. Aus: S. T. Aksakow, Familienchronik (Semejnaja chronika, 1856). Nach Sergius Raczynskis Übertragung aus dem Russischen bearbeitet von H. Röhl. Leipzig 1919. S. 389–395.

BERBEROVA (BERBEROWA), NINA NIKOLAJEVNA, geboren 1901 in St. Petersburg, gestorben 1993 in Philadelphia. Ihre Prosa und Lyrik behandeln vorzugsweise das Schicksal der Russen in der Emigration. Mit ihrem Ehemann, dem Lyriker Vladislav Chodasevič (1886–1939), hielt sich Nina Berberova jahrelang in Berlin, später in Paris auf, zum Schluß im amerikanischen Exil.

S. 161　Nina Berberova, Alles, bloß kein Tannenbaum. Aus: N. B., Ich komme aus St. Petersburg (Kursiv moj, 1983). Aus dem Russischen von Christine Süß. Düsseldorf 1990. S. 31 f.

BLOK (BLOCK), ALEKSANDR ALEKSANDROVIČ, 1880 in St. Petersburg geboren, dort gestorben 1921. Hervorragender Dichter des russischen Symbolismus, beeinflußt von der Theosophie Solov'evs. Sein revolutionäres Poem »Die Zwölf« (Dvenadcat', 1918) schließt mit den berühmten Verszeilen: »Vorn die Fahne, blutig, wehend, / Und, unsichtbar – denn es schneit –, / Einer noch, der ist gefeit, / Sturmfern, sanft, so schreitet er, / Schneeglanz, perlend, um sich her, / Rosenweiß sein Kränzlein ist – / Vorne gehet Jesus Christ.«

S. 213　Alexandr Blok, Vom Schneesturm erfaßt (Nastignutyij metel'ju), aus dem Gedichtzyklus »Die Schneemaske« (Sneznaja maska, 1907). Aus: Russische Lyrik. Herausgegeben von Kay Borowsky und Ludolf Müller. Übersetzt von Dietrich Wörn. Stuttgart 1983 (rub Nr. 7994). S. 291 f. – Mit Genehmigung des Reclam Verlages, Stuttgart.

S. 147　Alexandr Blok, In der Neujahrsnacht (Noc' na novyj god, 31.12.1901.). Aus: Alexander Block, Ausgewählte Werke, Bd. 1. Gedichte, Poeme. Berlin 1978. S. 56 f. Übersetzt von Adelheid Christoph. – Mit Genehmigung des Verlages Volk & Welt, Berlin.

BRIK, LILJA JURJEVNA, 1891 geboren in Moskau, gest. 1978 in Moskau. Verheiratet mit dem Lyriker Osip M. Brik, mit dem sie die

Zwanziger Jahre in der Berlinger Emigration verbrachte. Befreundet vor allem mit Vladimir Majakovskij und Wsewolod Meyerhold.

S. 144 Lilja Brik, Die weiße Nacht. Aus: Lilja Brik, Schreib Verse für mich. Erinnerungen an Majakowski und Briefe. Aus dem Russischen von Ilse Tschörtner. Berlin 1991. S. 43–45. Mit Genehmigung des Verlages Volk und Welt, Berlin.

BRODSKIJ, JOSSIF (JOSIF), 1940 geboren in Leningrad, gestorben 1996 in New York. Einer der bedeutendsten Lyriker der Gegenwart, 1987 mit dem Nobelpreis für Literatur geehrt. 1964 wurde Brodskij zu fünf Jahren Zwangsarbeit verurteilt, kam Ende 1965 frei, ging 1972 ins Exil: Über Wien in die USA..

S. 225 Jossif Brodskij, Weihnachtsromanze (1962, mit der Widmung: Für Jewgenij Rejn, in Zuneigung). Aus Jossif Brodskij, Einem alten Architekten in Rom. Gedichte. Aus dem Russischen von Karl Dedecius u. a. München 1978. S. 7. – Mit Genehmigung des Piper Verlages, München.

BUNIN, IVAN ALEKSEEVIČ, 1870 geboren in Voronež (Woronesch), gestorben 1953 in Paris. Der bedeutendste der im Zuge der Revolution emigrierten Dichter gewann einen Namen und breite Leserschaft mit dem autobiographischen Roman »Arsenjevs Leben« (1930); 1933 erhielt er den Nobelpreis für Literatur. Bunin war in jungen Jahren befreundet mit Čechov und Gor'kij. Weihnachtsmotive fanden sich schon in dem frühen Prosawerk »Das Dorf« (Derevnja, 1910), das auf die volkstümlichen Erzählungen Tolstojs zurückgreift.

S. 148 Ivan Bunin, Nadja. Aus: Iwan Bunin, Im Anbruch der Tage. Arssenjews Leben (Žizn Arsen' eva, 1930). Übertragen von J. Steinberg und R. Candreia. Berlin 1934. S. 74–77.

ČECHOV (TSCHECHOW), ANTON PAVLOVIČ, 1860 geboren in Taganrog, gestorben 1904 in Badenweiler (an Lungenschwindsucht). Einer der »modernsten« russischen Dichter des ausgehenden 19. Jahrhunderts, gleichermaßen berühmt für seine Dramen, seine Erzählungen und Kurzromane, seine Briefe. Als seinem Freund Gor'ki 1902 die Ehrenmitgliedschaft der Petersburger Akademie der Wissenschaften entzogen wurde, trat er – zusammen mit Vladimir Korolenko – aus Protest aus.

S. 18 Anton Čechov (Tschechow), Die Jungens (Mal'čiki, 21.12. 1897). Aus: Anton Tschechow, Gesammelte Romane und

Novellen. Bd. 4. Übersetzt von Alexander Eliasberg. München 1920. S. 9–18.

S. 180 Anton Čechov (Tschechow), Die Nacht der Schrecken (Strašnaja noc'). Aus: Anton Tschechow, Werke Bd. 1. Deutsch von Johannes von Guenther. Hamburg und München 1963. S. 27–35. – Mit Genehmigung des Ellermann Verlages, Hamburg.

CHLEBNIKOV, VELIMIR, 1885 geboren in Tundutovo (Astrachan), gestorben 1922 in Santalovo, Gebiet Novgorod. Genialischer Lyriker, in einem hochproduktiven Spannungsfeld zwischen Symbolismus und Futurismus. Erste dramatische Versuche wie »Schneeflöckchen« (Snežimočka, 1908) zeigen ihn als Neuromantiker; zuletzt entwickelte er einen »hermetischen, sprachalchemistischen Kosmos, den er in theoretischen Untersuchungen als *Durchbruch zu den Schichten des Schweigens* im Hinblick auf eine neuzuschaffende, völkerverbindende *Sternensprache* begriff« (Wolfgang Kasack).

S. 223 Velimir Chlebnikov, Weihnachten im dritten Kriegsjahr. Saratov, 25.12.1916. Aus: V. C., Gesammelte Werke, Bd. 2. Prosa, Schriften, Briefe. Herausgegeben von Peter Urban. Deutsch von Peter Urban und Rosemarie Ziegler. Reinbek b. Hamburg 1972; 2. Aufl. 1985. – Mit Genehmigung des Rowohlt Verlages, Reinbek.

CHOMJAKOV, ALEXEJ STEPANOVIČ, 1804 geboren in Moskau, gestorben 1816 in Ternovskoe. Poet und Kulturphilosoph, führender Kopf der russ. Slavophilen, Ergründer der östlichen Orthodoxie. In Moskaus intellektuellen Salons zu Hause, ein Anhänger Schellings und Hegels.

S. 143 A. S. Chomjakov, Sterne (Zvezdy, 1856; hs. »Lektüre des Neuen Testaments«). Aus: Russische Gedichte über Gott und Welt, Leben und Tod. Ins Deutsche übertragen von Ludolf Müller. München 1979. S. 77. – Mit Genehmigung des W. Fink Verlages, München.

ČIRIKOV (TSCHIRIKOW), EVGENIJ NIKOLAEVIČ, 1864 geboren in Kazan (Kasan), 1932 gestorben in Prag. Bekannter Romancier, der dem Gorkij'schen Verlag »Znanie« nahestand. Čirikov emigrierte 1922. Das Spätwerk ist stark autobiographisch geprägt.

S. 230 Evgenij N. Čirikov (Tschirikow), Die Wölfe (Volki). Aus E. N., Cirikov, Povesti (Erzählungen), 1906). Aus dem Russischen von Elisabeth Schlickewitz.

DOSTOEVSKIJ (DOSTOJEWSKI), FEDOR MICHAILOVIČ, 1821 geboren in Moskau, gestorben 1881 in St. Petersburg. Strafgefangener in Sibirien. Der große russische Romancier hat die Verbannung in die »Katorga« (Zuchthaus mit Zwangsarbeit) selbst erlebt. Erst zum Tode verurteilt, wegen Teilnahme an der Bewegung utopischer Sozialisten, wurde er Anfang 1850 zu vierjähriger Zwangsarbeit in Sibirien »begnadigt«. Als man ihn 1854 aus dem Zuchthaus Omsk entließ, diente er zunächst als Soldat in Sibirien, später als Offizier, und kehrte 1859, nun überzeugter Christ, nach Rußland zurück.

S. 217   F. M. DOSTOEVSKIJ, Sibirische Weihnacht. In: F. M. D., Aufzeichnungen aus dem Totenhaus (Zapiski izpodpol'ja, 1861/62). Aus: F. M. Dostojewski, Aus einem Totenhaus, Kap. X Das Weihnachtsfest. Übersetzt von E. K. Rahsin. München 1908, S. 248 ff. (gek.).

GOGOL' (GOGOL), NIKOLAJ VASIL'EVIČ, 1809 geboren in Soročincy (Ukraine), gestorben 1852 in Moskau. Begründer eines spezifisch russischen Prosastils; schon in den »Abenden« (1831/32) verband er romantische Motive mit Elementen seiner heimatlichen, ukrainisch-folkloristischen Tradition. Bedeutend als Dramatiker (»Der Revisor«) wie als Meister komisch-phantastischer Novellistik. Gogol war befreundet mit S. T. Aksakov, bekannt auch mit Alexandr Puškin.

S. 65   N. V. Gogol', Die Nacht vor Weihnachten (Noc' pered roždestvom). Aus: Nikolai Gogol, Abende auf dem Vorwerk bei Dikanka (Večera na chutore bliz Dikan'ki, 1831). Aus dem Russischen von Korfiz Holm.

GONČAROV (GONTSCHAROW), IVAN ALEKSANDROVIČ, 1812 geboren in Simbirsk, gestorben 1891 in St. Petersburg. Der Autor des Romanhelden Oblomov und einer der souveränen »Realisten« des 19. Jhs.

S. 26   I. A. Gončarov, Das Weihnachtsfest (Roždestvenskaja elka, 1875 in der Zs. »Golos«). Aus: I. A. Gontscharow, Ein Monat Mai in Petersburg. Erzählungen und Erinnerungen 1875–1891. Übersetzt von Beate Petras. Leipzig und Weimar 1988. S. 5–11. – Mit Genehmigung des Gustav Kiepenheuer Verlages, Leipzig.

GOR'KIJ (GORKI), MAKSIM, 1868 geboren in Nižnij Novgorod (dem späteren Gor'kij), gestorben 1936 in Moskau. Der Sohn eines Tischlers, der von Jugend an viel las und durch Vladimir Korolenko zum Schriftstellerberuf ermutigt wurde. Sein Werk steht für das alte und zugleich für das neue Rußland; Gor'kij gilt als einer der Begründer des »Sozialistischen Realismus«.

S. 248   Maksim Gor'kij (Maxim Gorki), Bevor ich ein Schulkind wurde. In: Maxim Gorki, Meine Kindheit (Detstvo, 1913). Aus: M. G., Autobiographische Romane. München 1976. Übersetzt von Georg Schwarz. (dtv Nr. 2007) S. 163–167. – Mit Genehmigung des Artemis & Winkler Verlages Düsseldorf/Zürich 1972/1998.

S. 70   Maksim Gor'kij (Maxim Gorki), Kirchgang. Aus: Maxim Gorki, Unter fremden Menschen (V ljudjach, 1914). Aus dem Russischen von August Scholz. Berlin 1918. S. 93, 95–97 (Kap. 5).

HERZEN, ALEKSANDR IVANOVIČ, 1812 geboren in Moskau, gestorben 1870 in Paris. Illegitimer Sohn des Gutsbesitzers I. A. Jakovlev und der aus Stuttgart stammenden Henriette Luise Haag, der seine Jugend auf dem väterlichen Gut im (ehemaligen) Gouvernement Penza verbrachte und, unter dem Einfluß St. Simons, Sozialist wurde. Herzen, der mehrfach verbannt wurde, verließ 1847 Rußland für immer und nahm an westeuropäischen revolutionären Bewegungen teil; er war befreundet mit Marx, Garibaldi, Mazzini und Kossuth.

S. 60   Alexandr Herzen, Orgie am Nikolajstag. Aus: Alexander Herzen, Mein Leben. Memoiren und Reflexionen (Byloe i dumy, I, 1851). Bd. 1. Aus dem Russischen von Hertha v. Schulz. Berlin 1962. S. 197f. – Mit Genehmigung des Aufbau Verlages, Berlin.

KOROLENKO, VLADIMIR GALAKTINOVIČ, 1853 geboren in Žitomir, gestorben 1921 in Poltava. Politischer Kopf und bedeutender Erzähler in der Ära vor Čechov, Gor'kij und den Symbolisten. Mit beiden war er befreundet. Korolenko wurde 1881 für vier Jahre nach Ostsibirien verschickt. Sein Romanheld Makar, die Figur eines erbarmungswürdigen und doch seiner menschlichen Würde bewußten Jakuten, spielt ebendort.

S. 11   V. G. Korolenko, Auf den Teichen von Rovno (Rowno). Aus: Wladimir Korolenko, Die Geschichte meines Zeitgenossen (Istorija moego sovremennika, I, 1906). Bd. 1. Aus dem Russischen von Rosa Luxemburg. Berlin 1919. S. 301–304.

S. 169   V. G. Korolenko, Makars Besäufnis. Auszug aus V. G. Korolenko, Makars Traum (Son Makara, 1885). Aus Korolenko,

Der Wald rauscht. Aus dem Russischen von M. Feofanoff. Leipzig 1903, S. 59–67.

KROPOTKIN, PETR ALEKSEEVIČ FÜRST, 1842 geboren in Moskau, gestorben 1921 in Dmitrov. Offizier, Mathematiker und Geograph, der 1872 in der Schweiz zum Anarchist wurde und nach der Rückkehr agitierte, was ihm mehrere Jahre Haft in der St. Petersburger Peter-Pauls-Festung eintrug. 1876 konnte er entfliehen, und er blieb bis zur Oktoberrevolution (1917) im westlichen Ausland. Als anarchischer Utopist erstrebte Kropotkin das Gemeineigentum an den Produktions- und Konsumtionsmitteln, was auch in Deutschland auf starke Beachtung stieß.

S. 245 P.A. Fürst Kropotkin, Weihnachten auf Vaters Gut. Aus: Fürst P. Kropotkin, Memoiren eines Revolutionärs (Memoirs of a revolutionist, II, 1899). Übersetzt von Max Pannwitz. Stuttgart 1900. S. 45–49.

MAJAKOVSKIJ, VLADIMIR VLADIMIROVIČ, 1893 geboren in Bagdady (Georgien), gestorben 1930 in Moskau. Avantgardistischer Lyriker, Futurist, Bolschewik; der Verherrlicher der Oktoberrevolution und Dichter des berühmten Poems »150 000 000« (1921). Befreundet mit Lilja Brik und Vladimir Chlebnikov.

S. 159 V.V. Majakovskij, Tannennadeln (Chvoi, Dez. 1916 im »Neuen Satirikon«). Aus: Wladimir Majakowski, Gedichte und Prosa. Deutsche Nachdichtungen von Hugo Huppert. Ergänzende Neuausgabe. Berlin 1953. S. 27f. – Mit Genehmigung des Verlages Volk und Welt, Berlin.

S. 72 V.V. Majakovskij, Heiligabend (Noc' pod roždestvom). Aus: Wladimir Majakowski, Das bewußte Thema (Pro èto, 1923). Nachgedichtet von Hugo Huppert. Berlin 1994. S. 116–118. Mit Genehmigung des Verlages Volk und Welt, Berlin.

MANDEL'ŠTAM, OSIP EMIL' EVIČ, 1891 geboren in Warschau, gestorben 1938 im KZ Vladivostok. Ein im letzten Jahrzehnt wiederentdeckter hochbedeutender Lyriker, Literaturtheoretiker und Kritiker, der bei den französischen Symbolisten »lernte« und dann seine eigene poetische Sprache fand.

S. 153 Ossip Mandelstam, Der Tannen weihnachtliches Leuchten (Susal'nym zolotom gorjat, 1908). Aus: Ossip Mandelstamm, Gedichte. Aus dem Russischen übertragen von Paul Celan.

Frankfurt a.M. 1959. – Mit Genehmigung des S. Fischer Verlages, Frankfurt.

NEKRASOV (NEKRASSOW), NIKOLAJ ALEKSEEVIČ, 1821 geboren in Nemirovo, gestorben 1878 in St. Petersburg. Berühmt für seine Verspoeme und Epen wie »Komu na Rusi žit'chorošo?« (»Wer lebt glücklich in Rußland«, 1866–77, dt. 1888). In seinem Frost-Poem beschwor er das Los vieler russischer Bäuerinnen.

S. 43   Nikolaj A. Nekrassow, Frost Rote Nase (Aus: Moroz, krasnyij nos, 1864). Aus: N.A. Nekrassow, Gedichte und Poeme. Nachdichtung von Martin Remané. Berlin und Weimar 1965. S. 274f. (»Waldkönig Frost«) – Mit Genehmigung des Aufbau Verlages, Berlin.

OGNËV (OGNJEW), NIKOLAJ, 1888 geboren in Moskau, dort gestorben 1938. Prosaist, der bekannt wurde durch seinen Roman »Das Tagebuch des Schülers Kostja Rjabzev«, worin er die Verhältnisse in den russischen höheren Schulen nach der Revolution schilderte.

S. 75   Nikolaj Ognëv, Komsomolzen-Weihnacht. Aus: Nikolai Ognjew, Das Tagebuch des Schülers Kostja Rjabzew. Aufzeichnungen eines Fünfzehnjährigen (Dnevnik Kosti Rjabceva, 1927). Übersetzt von Maria Einstein. Berlin 1928. S. 79–82.

PASTERNAK, BORIS LEONIDOVIČ, 1880 geboren in Moskau, gestorben 1960 in Peredelkino bei Moskau. Einer der bedeutendsten Lyriker und Romanciers des 20. Jhs., auch Übersetzer hohen Grades (Shakespeare, Goethes »Faust«, Kleist, Rilke, Petöfi). Bekam 1958 den Nobelpreis für Literatur zuerkannt, nicht zuletzt für die Romansensation »Dr. Živago« (ital. 1957); damals zwangen Pasternak die Repressalien im eigenen Land dazu, den Preis nicht anzunehmen.

S. 99   Boris Pasternak, Der Stern der Weihnacht (Roždestvenskaja zvezda, 1957). In B.L. Pasternak, Gedichte des Jurij Živago, Epilog zum »Doktor Schiwago«. Aus: Russische Gedichte über Gott und Welt, Leben und Tod. Ins Deutsche übertragen von Ludolf Müller. München 1979, S. 112–114. – Mit Genehmigung des Wilhelm Fink Verlages, München.

PAUSTOVSKIJ (PAUSTOWSKIJ), KONSTANTIN GEORGIEVIČ, 1892 geboren in Moskau, dort gestorben 1968. Eine bewegte Jugend: Paustovskij brach sein Studium in Kiew und Moskau ab, wurde Sanitäter im

Ersten Weltkrieg, Bürgerkriegskämpfer und Journalist, bereiste zehn Jahre Rußland kreuz und quer, oft den Beruf wechselnd. Seine erzählerische Begabung zeigte sich in der sechsbändigen, autobiographisch grundierten »Erzählung vom Leben« (1947–53) und dem ebenfalls sechsbändigen »Buch der Wanderungen« (1963).

S. 209   Konstantin Paustovskij, Wie wenig braucht der Mensch zu seinem Glück. Aus: Konstantin Paustowskij, Unruhige Jugend (Bespokojnaja junost', 1955). Aus dem Russischen von Josi von Koskull. München 1962. S. 62–64 (Auszug aus »Rußland im Schnee«). – Mit Genehmigung der nymphenburger in der F. A. Herbig Verlagsbuchhandlung, München.

PFANNKUCHE, AGATHE, 1874 geboren in Neuendorf/Holstein, gestorben 1944 in Oldenburg. Als Neunzehnjährige bekam sie durch Vermittlung eines Wunstorfer Bekannten die Stelle einer Erzieherin bei einer deutschen Kaufmannsfamilie in Moskau, wo sie zwei Jahre blieb (1893/94) und regelmäßig Briefe an ihr Elternhaus, »das schöne alte Pfarrhaus in Wunstorf bei Hannover« schickte.

S. 79   Agathe Pfannkuche, Weihnachten in Moskau. (Moskau, den 25./13.12.1893) Aus: Briefe aus Moskau (1893–1894), geschrieben von Agathe Pfannkuche. Herausgegeben von Ludolf Müller. Zweite, vermehrte und verbesserte Auflage. Tübingen 1975. S. 52–54.

PUŠKIN (PUSCHKIN), ALEKSANDR SERGEEVIČ, 1799 geboren in Moskau, gestorben 1837 in St. Petersburg. Einer der bedeutendsten russischen Dichter des 19. Jhs., Lyriker, Epiker, der wie kein zweiter auf die Literatursprache seines Landes eingewirkt hat. Erzählung »Der Schneesturm« in »Die Geschichte des verstorbenen Ivan Petrovič Belkin« (Povesti Belkina, 1831) siehe Weihnachtsgeister S. 221 ff.

S. 208   Aleksandr Puškin, Winterabend (Zimnij večer, 1825). Aus: Russische Lyrik. Von den Anfängen bis zur Gegenwart. Herausgegeben von Kay Borowsky und Ludolf Müller. Übersetzt von Rudolf Pollach. Stuttgart 1983 (rub. Nr. 7994). S. 119 f. – Mit Genehmigung des Reclam Verlages, Stuttgart.

SALTYKOV (SALTYKOW-SCHTDEDRIN), MICHAIL EVGRAFOVIČ (Pseud. N. ŠČEDRIN), 1826 geboren in Spas-Ugol, gestorben 1889 in St. Petersburg. Sein Lebenslauf war nicht untypisch: der Vater Gutsbesitzer, Lyzeum in Carskoe selo, Diensteintritt im Kriegsministerium – wo

Saltykov sich die Ideenwelt des utopischen Sozialismus erschloß; er schied 1868 aus dem Dienst, um zusammen mit Nikolaj A. Nekrasov eine neue Literaturzeitschrift herauszugeben (bis 1884). Er stand der Bewegung der Narodniki (»Volksfreunde«) nahe und wurde zum Begründer der russischen Satire als einer Kunstform.

S. 128 Michail Saltykov, Ein Weihnachtsmärchen (Roždestvenskaja skazka, 1885). Aus: Michail Saltykow, Geschichten und Märchen (Skazki, 1886). Übersetzt, eingeleitet und herausgegeben von Arthur Luther. Leipzig 1924. S. 408–419.

ŠMELËV (SCHMELJOW), IVAN SERGEEVIČ, 1875 geboren in Moskau, gestorben 1950 in Paris. Lebte 1919–22 auf der Krim und emigrierte dann nach Paris, wo er einer der erfolgreichsten Autoren der russischen Emigration wurde, zumal er die Welt des »alten gläubigen, in der Tradition beharrenden Rußland eindringlich und überzeugend« beschwor (Gero v. Wilpert).

S. 104 Ivan Šmelëv, Weihnachten. Aus: Iwan Schmeljow, Wanja im heiligen Moskau. Der Roman meiner Jugend (Ljeto Gospodnje, Das Jahr des Herrn, 1933). Übertragen von Rudolf Karmann. Freiburg 1958, 2. Aufl. 1974. S. 146–158. – Mit Genehmigung des Herder Verlages, Freiburg.

S. 14 Ivan Šmelëv (Schmeljow), Die Vorfasten. Ebda. S. 295–298. – Mit Genehmigung des Herder Verlages, Freiburg.

SOLOV'EV (SOLOWJEW), VLADIMIR SERGEEVIČ, 1853 geboren in Moskau, gestorben 1900 in Uzkoe bei Moskau. Einer der bedeutendsten christlichen Philosophen Rußlands, der – 1896 zur Unierten Kirche übergetreten – die Wiederbelebung religiösen Bewußtseins und philosophischen Denkens vorbereitet hat: vor allem wirksam in seiner mystischen Dichtung.

S. 78 Vladimir Solov'ev (Solowjew), Die Nacht auf Weihnachten (Noc' pered roždestvom, 24.12.1894). Aus: Solowjews Leben in Briefen und Gedichten. Herausgegeben von Ludolf Müller und Irmgard Wille. München 1979. S. 244f. – Mit Genehmigung des Auer Verlages, Donauwörth.

S. 116 Vladimir Solov'ev, Immanu-El (»Gott mit uns«, vor 1893). Ebda. S. 225. – Mit Genehmigung des Auer Verlages, Donauwörth.

TOLSTAJA, TATJANA (TANJA) LWOWNA, verheiratete SUCHOTINA, 1864 geboren in Jasnaja Poljana, gestorben 1950 in Rom. Die älteste

Tochter Lev Tolstojs, nach 1918 Aufseherin des Jasnaja-Poljana-Museums; emigrierte später nach Frankreich und dann nach Rom, wo sie ein Tolstoj-Museum einrichtete.

S. 258   Tatjana Tolstaja, Weihnachten bei uns zuhaus. Aus: Tatjana Tolstoi, Ein Leben mit meinem Vater. Erinnerungen an Leo Tolstoi. Aus dem Französischen von Annette Lallemand-Riedkötter. Köln 1978. S. 23 f., 25–27. – Mit Genehmigung des Kiepenheuer & Witsch Verlages, Köln.

TOLSTOJ, ALEKSEJ NIKOLAEVIČ, 1883 geboren in Nikolaevsk, gestorben 1945 in Moskau. Während des Ersten Weltkriegs Kriegsberichterstatter, schloß sich Graf Tolstoj 1917 den »Weißen« an und emigrierte ein Jahr später nach Paris, wo er seine Kindheits-Autobiographie niederschrieb – im Titel angelehnt an Lev N. Tolstojs Erstlingswerk »Detstvo« (»Kindheit«).

S. 153   Alexej Tolstoj; Der Tannenbaum. Aus: Alexej Tolstoj, Nikitas Kindheit (Detstvo Nikity, 1921). Aus dem Russischen von Cornelius Bergmann. Eisenach u. Kassel 1950.

TOLSTOJ, LEV (LEO) NIKOLAEVIČ GRAF, 1828 geboren in Jasnaja Poljana, gestorben 1910 in Astapovo. Graf aus altem Adelsgeschlecht; der Vater Gutsbesitzer. Einer der fruchtbarsten und in seiner Wirkung einflußreichsten Schriftsteller der Moderne, gleichermaßen bedeutend als Romancier, Novellist und als Verfasser von »sozialethischen Schriften«. 1862 heiratete er die Arzttochter Sof'ja Andreevna Bers (Behrs) und lebte mit ihr und zahlreichen Kindern fortan auf dem Gut Jasnaja Poljana. 1901 schloß der Hl. Synod (Moskau) Tolstoj aus der Russisch-orthodoxen Kirche aus, was weltweit mit Bestürzung aufgenommen wurde.

S. 193   L. N. Tolstoj, Der Schneesturm (Metel'). Aus: Leo N. Tolstoi, Novellen und Kleine Romane. Bd. 2. Aus dem Russischen von Raphael Löwenfeld. Leipzig 1901. Aus der Erzählung die Abschnitte IV, V, VIII, IX, X und XI.

S. 175   L. N. Tolstoj, Vermummte aus Otradnoje. Aus: Leo Tolstoi. Krieg und Frieden (Vojna i mir, II, 1868). Aus: Leo N. Tolstoi. Aus dem Russischen von Raphael Löwenfeld. Leipzig 1901. S. 437–443.

TSCHECHOW SIEHE ČECHOV

TSCHIRIKOW SIEHE ČIRIKOV

VOLKONSKAJA (WOLKONSKAJA), MARIA NIKOLAEVNA Fürstin, 1805 geboren, gestorben 1863. Ehefrau des Generalmajors Fürst Sergej Volkonskij (1788–1865), der 1819 zu den Dekabristen und nach deren Aufstand 1825/26 vom Zaren erst zum Tode verurteilt, dann zu Katorga (Zuchthaus mit Zwangsarbeit) und lebenslänglicher Verbannung »begnadigt« wurde. Die Fürstin ging mit ihm nach Sibirien. Ihr dort geborener Sohn Michail veröffentlichte postum ihre Erinnerungen (1904, offiziell 1914), denen russische Leser stets mit bewegter Anteilnahme folgten.

S. 227 Maria Fürstin Volkonskaja, Silvester in Kasan. Aus: Fürstin Wolkonskaja, Erinnerungen. Ins Deutsche übertragen von Lieselotte Remané. Berlin 1978. S. 34 f., 38 f. – Mit Genehmigung des Morgenbuch Verlages, Berlin.

In den wenigen Fällen, in denen ein Rechteinhaber nicht zu ermitteln war, ist der Verlag selbstverständlich bereit, geltend gemachte Ansprüche nach den üblichen Sätzen zu erfüllen.

Bildnachweis

Die Bildvorlagen entstammen teils der Tradition der russisch-orthodoxen Ikonographie respektive der Bilderwelt der Ostkirche, teils
der besonderen russischen Tradition der »Volksbilderbogen«, Lubok
genannt.

S. 9   Erzengel. Fresko an der Nowgoroder Theodor-Stratilates-
           Kirche, um 1370/80.

S. 35   Genreszene »Russische Spinnstube«. Holzstich um 1840.

S. 49   Der hl. Nikolaj. Kolorierter Holzschnitt um 1730. Hier dar-
           gestellt als der sog. Nikolaj von Moshaisk, Beschützer der
           Städte – was durch das Schwert in seiner Rechten und das
           Gebäude in seiner Linken symbolisiert wird.

S. 63   Dörfliche Szene (vgl. Umschlagbild). Russischer Volksbil-
           derbogen, 2. Hälfte 19. Jh.

S. 83   Christus im Korb. Griechisch-orthodoxe Darstellung.

S. 97   »Die Hirten hörten den Gesang der Engel«. Russische Mi-
           niatur zum Akathistos-Hymnus an die Gottesmutter.

S. 141   »Die Gastfreundschaft Abrahams« (alttestamentarische Drei-
           faltigkeit). Fresko des Feofan Grek (Theophan der Grieche)
           in der Nowgoroder Christi-Verklärungskirche, 1378.

S. 151   Dorfszene. Russischer Volksbilderbogen, 2. Hälfte 19. Jh.

S. 163   Tafelnde Popen in einem Gasthaus. Lithographie von Boris
           Michailowitsch Kustódijew (1878–1927). St. Petersburg
           1921.

S. 191   Lithographie von N. Borissowitsch Rosenféld, der im
           frühen 20. Jh. als Grafiker in Moskau lebte. Illustration zu
           Nikolaj Leskow, »Der verzauberte Wanderer« (Moskau
           1932).

S. 215   Lithographie von Wladimir Michailowitsch Konaschéwitsch
           (1888–1963): Illustration zu Maxim Gorki, »Das blaue Le-
           ben« (Leningrad 1931).

S. 243   »Spinne, meine Spinnerin«. Moskauer Volksbilderbogen.
           Alltagsszene: Ein junges Mädchen sitzt am Spinnrocken, ein
           Bauer und ein Junge flechten Bastschuhe.

S. 263   Russische Ikone, 18. Jh. Darstellung der Gottesmutter Iwer-
           skaja, deren Fest am 12. Februar gefeiert wird. Geht auf das
           Jahr 1648 zurück, als an dem Tag die wundertätige Ikone ins

Iwerskij-Swato-Kloster (Nowgoroder Gebiet) überführt
wurde.